U0554806

以人成事

Achieving Through People

刘 昕 著

中国人民大学出版社
· 北京 ·

前言

这是一本写给一线管理者、团队负责人、中高层领导者等非人力资源经理的书，其主要内容源于我在过去20余年里无数次向众多企业高管讲授的一门课程“非人力资源经理的人力资源管理”（我更喜欢用的课程名是“领导者与管理者的人力资源管理修养”）。

这也是一本写给人力资源从业者的书，看完本书你就能明白：为什么开展人力资源管理工作总会遇到很多困难？为什么老板和其他部门经理总对人力资源管理工作不重视、不支持？为什么人力资源管理工作总停留在职能性甚至事务性层面？为什么员工激励和绩效管理等工作总不见起色？

随着改革开放的持续深化，中国取得了持续多年的高速经济增长，中国企业的人力资源管理总体水平亦显著提升，华为等杰出企业更是在人力资源管理领域实现了从西方引进、学习到本土化创新的飞跃。尽管众多中国企业致力于提升人力资源管理水平，不惜重金聘请国内外咨询公司助力搭建或优化人力资源管理体系，然而真正对自己企业的人力资源管理感到满意的领导者却并不多。我发现，那些高层领导者与核心部门经理对人力资源管理有深刻理解并愿意主动担责的企业，人力资源管理咨询项目进展更为顺畅，实施效果也更佳。反之，项目失败的企业往往中高层管理者并不认为人力资源管理跟自己有关，亦不愿承担责任。

不少人或许认为学习领导力要比学习人力资源管理更上档次且更时髦。但多年的教学、研究与实践经验告诉我，尽管领导风格以及领导力的概念和理论多如牛毛，但真正能落地的寥寥无几。现实中不乏学了各种领导力课程、读了诸多领导力书籍，领导水平依然堪忧的领导者。通过多年思考，我发现，导致这种情况的重要原因在于：领导力不可能存在于真空之中。领导者与被领导者皆为人，若领导者既不能理解作为人的自我，也无法理解同为人的被领导者，更无法将二者置于同一情境之中，怎么可能会有领导力？事实上，仅学领导力却不学人力资源管理，领导力就成了空中楼阁；而仅讲人力资源管理却不谈领导力，人力资源管理的效能将难以充分发挥。因此，领导力和人力资源管理的有机融合才是领导者和管理者能力提升、取得成功的关键。企业要想通过对员工的管理和激励赢得竞争优势并实现长期成功，必须从企业高度而非人力资源职能部门角度理解和运用人力资源管理。

本书既有对管理历史的探讨，也有对当前热点管理问题的评价；既有开阔的国际视野，也有对中国经济和管理问题的思考；既有对人力资源管理底层逻辑的深入挖掘，也有对人力资源管理制度、方法和工具的使用建议。尽管本书从动笔到成书只用了 4 年左右，却是对本人在人力资源管理领域学习、教学、科研和实践近 40 年积累所做的提炼和总结。为让读者在舒适、流畅的阅读中得到有一定深度、较大价值的启示，本书力图做到既有一定的可读性，又有一定的严谨性。一方面引用了众多中外企业的案例和事例阐明观点，另一方面标注了可以参考的文献和书籍，尤其是分享了近年来我看过且认为非常有价值的优质图书，这实际上也等于给大家提供了一份延伸阅读书单。

最后，借此书向已经96岁高龄的我的导师赵履宽教授致敬。作为中国人力资源管理事业的重要开拓者，赵老师在我入师门读研究生的第一次谈话中就阐明了他的观点：人力资源已经成为经济增长和企业发展的最重要资源；人的管理问题单靠任何一门学科都无法搞明白，必须让自己成为杂家，管理学、心理学、经济学、社会学、法学、哲学、政治学等各学科都要懂一些；研究人力资源管理一定不能完全站在企业或雇主的立场考虑问题，还要为劳动者说话，要争取实现企业和劳动者的双赢，而不是将人力资源管理变成企业单方面控制员工的工具。赵老师严谨治学的作风、对国家命运的关心以及对自然秩序的崇尚都深深影响了我。我的办公室里悬挂着赵老师赠送给弟子们的一个条幅，上书他老人家认为称得上中华之光和人类之福的八字箴言——“天下为公，道法自然”。愿以此与大家共勉。

刘 昕

2025年3月初春

于中国人民大学求是楼

目录

01

02

03

04

05

人力资源管理是创业者的必修课 / 109

06

善待员工才能真正让客户满意 / 127

07

08

01

管理的本质和起点是人的管理

数字化时代的“全景式监狱”

全景式监狱（panopticon）概念的提出及其模型绘制最早来自英国法理学家和社会改革者杰里米·边沁（Jeremy Bentham），这种监狱是一个包含很多个小囚室的环形建筑，建筑的中心是一座装有大窗户的瞭望塔。监管者在瞭望塔中可以观察到整个环形建筑中每一个囚室的情况。每个囚室都有两个窗户，一个朝向中心瞭望塔，另一个朝向外部，这种设计可以确保光线从每一个囚室的一端照到另一端。中心瞭望塔的监管者由于逆光效果可以清晰地观察囚室里的囚犯，而囚犯却无法看到监管者。这种设计一方面可以用少量监管者完成监管任务，提高监管效率，另一方面可以减少监管者和囚犯之间的接触，减少出现体罚与实施酷刑的机会，有助于采用感化教育与劳动改造相结合的方式改造囚犯。后来，法国哲学家米歇尔·福柯（Michel Foucault）进一步发展了全景式监狱的概念，将其视为现代社会中权力运作的一种隐喻，暗示现代人被威权制定的制度和规则规训和操纵的生存处境。他认为，全景式监狱已经成为现代社会中得到普遍运用的权力技术和规训机制，它不仅存在于监狱之中，而且已经渗透到学校、医院、军队等社会机构之中。这种机制通过持续性的、不可见的监视，使被监视者只能选择服从管制，成了自我审视和自我约束的囚犯，从而实现了权力的自动化和内化。在福柯看来，全景式监狱实际上取代了传统的金字塔式层级结构，以一种更为严密且隐匿的方式深入现代人的生活之中，将整个社会打造成一个巨大的牢笼。[①]

随着时代的发展，全景式监狱不仅没有消失，反而随着数字技术的发展产生了更为显著的影响。除了在各种公共场所无处不在的摄像头和监控设施之外，人工智能所具有的深度学习功能进一步强化了对员工的全景式监控。比如，有报道称美国亚马逊公司通过大数据系统对员工的工作绩效进行监控甚至自动解雇生产率不达标的员工。公司通过员工所带的手环使用计算机系统自动跟踪每一位员工的生产率，并且系统会自动对质量或生产率存在问题的员工发出警告。比如，如果员工在扫描包裹过程中休息太久，便自动认为这位员工在“摸鱼”，系统会自动生成警告，当警告达到一定次数，员工可能会被解雇。一份由近 4 000 名请愿签名者提交的亚马逊仓库报告显示，74% 的员工因害怕完不成既定目标被警告而避免使用厕所，即便如此，亚马逊公司仍然每隔几个月就提高一次员工的目标绩效值。自从到亚马逊公司工作以后，55% 的员工患有抑郁症，57% 的员工变得更加焦虑，81% 的员工表示不会再申请亚马逊公司的工作。[②]

在我国外卖行业，美团以及饿了么的实时智能配送系统也起到了同样的作用。据报道，2016—2019 年，美团外卖员曾三次收到平台的加速通知：2016 年 3 公里送餐距离的最长时限是 1 小时，2017 年变成了 45 分钟，2018 年进一步缩短到 38 分钟。2019 年中国全行业外卖订单单均配送时长比 3 年前减少了 10 分钟。与此同时，外卖员为了达到系统对配送

---

① 米歇尔 · 福柯 . 规训与惩罚 . 北京：生活 · 读书 · 新知三联书店，2012；赖祐萱 . 外卖骑手，困在系统里 .（2020-09-08）. 人物 .

② 郑直 . 亚马逊竟用 AI 监控员工：效率低当场开除，没时间上厕所 .（2019-04-30）. 每日经济新闻 .

时间的要求，不得不以超速、违规行驶甚至危险驾驶的方式赶时间，结果导致外卖骑手伤亡事故大幅增加。2017 年上半年，上海平均每 2.5 天有 1 名外卖骑手受伤。2018 年，成都交警 7 个月共查处骑手违法近万例，平均每天有 1 名骑手因违法受伤。①

2024 年 6 月，网络上报道了三次知名连锁咖啡品牌 Manner 的员工与顾客发生的激烈冲突，并且这三次冲突都发生在该公司总部所在地上海：一位员工与不断催单的顾客发生争执，在听到对方宣称要投诉自己后情绪崩溃，直接把一盒咖啡粉泼到顾客身上；另一位员工与声称要赶飞机的催单顾客发生言语冲突，在对方拍照并声称要投诉的情况下，情绪失控的员工冲出柜台，与顾客发生了肢体冲突；而在另外一次冲突中，一位顾客直接闯进柜台殴打了店员。事件发生后，广大网友并没有简单地站在顾客这一边，而是对店员的持续高强度工作产生了质疑。后续报道表明，Manner 之所以能从咖啡大战中突围，武器之一就是提供具有更为浓郁口感的咖啡，而这种竞争策略本身就使得制作咖啡的速度比其他品牌更慢。由于 Manner 坚持选用半自动咖啡机，因此，咖啡师需要人工参与磨粉、布粉、压粉、萃取、拉花等步骤，咖啡师一天需要工作 15 小时，最多要做 333 杯咖啡，一杯咖啡平均用时仅 2.7 分钟。据报道，Manner 的门店对各方面都有极其严苛的要求，比如不给员工预留开档准备时间，7 点开店即要求出餐，员工必须在 10 分钟时间内清洗完磨豆盘、滤水盘、手柄等机器。公司对于人手配备也有严格规定，上海门店日营业额超过 6 000 元才会配备两个全职店员，低于这一标准的门店只能由一人完成接单、洗用具、做咖啡、打包等多项工作，这导致员工不仅高度

① 赖祐萱 . 外卖骑手，困在系统里 .（2020-09-08）. 人物 .

紧张，而且不敢轻易请假，因为一旦请假，门店就没法开张。Manner 还规定每位员工每个月必须上满 167 个工时（扣除吃饭时间），工时不够则需在当季补完，否则就会被按时薪标准扣钱，而且即使在做满工时的情况下，如果员工有迟到、请假情况，也会被直接扣除 1 000 元的全勤奖。此外，员工在门店中的所有活动都处于严密监控之下，每个店里通常会有 4～5 个摄像头，分别设置在收银、出品、咖啡机、仓库等处。公司总部对各个门店进行全天候监控和稽核，发现有不符合运营要求的行为会提出警告，严重的则会开警告单，具体规定包括上班时间不允许使用个人手机、必须跟顾客打招呼、萃粉区不能脏、奶布不能发黄、配料不能在台面摆放过久、奶缸必须清洗、已出餐很久的要打电话等。公司就连员工上厕所的时间都有严格规定，即不能超过 10 分钟。①

除了上面这些例子之外，我们还看到其他一些对员工进行严密监控的做法，比如，有些公司通过在员工的座椅下面安装带有数据收集功能的坐垫，对员工离开座椅的时间进行监控等，这些利用数字技术对员工进行全景式监控的做法不仅对员工的身心健康产生了显著的不利影响，也引起了社会的不安，因此引发了广泛的讨论。在讨论类似问题的时候，有些人难免会提及科学管理原理，认为上述这些企业的做法实际上就是泰勒倡导的科学管理原理在数字化场景下的应用，那么，数字化时代的全景式监狱的罪魁祸首真的是泰勒和他倡导的科学管理吗？还是让我们从管理以及管理学的起源谈起吧。

---

① 常芳菲，郭斯文，陈婧瑄. 15 小时做 333 杯咖啡，在 Manner 如何“逼疯”一个打工人？.（2024-06-22）. 每日人物社；无死角监控下的 MANNER，失控了.（2024-06-23）. 中国新闻周刊 .

管理就是用人做事

我从上大学时就开始学习与人力资源管理有关的知识，工作之后从事人力资源管理的教学和科研已经 30 多年，但一直没有机会系统性地讲授管理学课程，直到最近几年才开始给大学本科一年级的新生讲授管理学这门学科基础课。这些大一新生基本上既无社会工作经验，也缺乏对管理的基本认知，所以必须从管理的最基本概念和原理讲起。在向他们讲授这些知识的过程中我才发现，很多人甚至连我们这些专门从事管理研究的人，实际上对管理的概念、内涵及其基本原理还存在很多模糊认识甚至是误解。

在今天的工作和生活中，“管理”一词已经无处不在。无论是在政府机构、企业、其他非营利组织或非政府机构，包括军队和宗教团体等，只要有正式组织存在的地方，便会有对管理的需要。然而，尽管“管理”早已成为一个大家熟悉得不能再熟悉的概念，但如果你问起人们管理到底是什么意思、管理到底要干什么，估计大家会想到很多不同的事情，在理解上也千差万别。我们以企业为例，在企业管理中涉及很多管理的内容，比如，战略管理、财务管理、风险管理、质量管理、技术管理、设备管理、流程管理、人力资源管理、客户管理、信息管理等等。这些管理的内容还可以进一步细分，比如，人力资源管理领域还包括岗位管理、培训开发管理、绩效管理、薪酬管理、员工关系管理等很多细分内容，这些内容还能进一步细分。正是由于人们在日常工作中使用“管理”这个概念的时候，往往都是与很多具体的管理内容或管理对象结合在一起使用的，因此，在很多人的心目中，管理本质上就是跟事情或工作任务打交道，至于对人的管理，则被放到了次要的位置。同样，在绝大多数管理者的认知中，管理工作最重要的任务就是把事情做好，至于对人的管理则不是那么重要，甚至会因为管理人需要花费时间而认为对人的管理是影响自己管理好事情的累赘。

笼统来讲，管理的对象涉及人和事两个方面。一个组织从开始建立便存在管理的需要，这是因为组织为了实现自己的目标，一定有很多事情需要做，这时组织就必须回答这样一些问题：到底需要做哪些事情？哪些事情应该先做，哪些事情可以后做？应该采用怎样的方式去做这些事情？而与此相关的另外一个问题也产生了：这些事情分别应该让哪些人去做？怎样确保这些人确实能把事情做好？如此看来，作为管理对象的人和事两个方面从一开始就是相辅相成、不可分割的。一方面，关于做哪些事以及如何做事的决定本身也需要由人来做出决策；另一方面，即使决定做的事情本身是对的，如果选错了做事的人，往往不仅要办的事情办不成，还有可能衍生出很多额外的且并不创造价值的事情。从这个角度来说，管理的本质是管理人，或者是通过管理人来管理事。所有的管理者首先都要管理好自己，然后还需要管理好下属或团队。关于管理的这种本质，管理学和组织行为学领域的知名学者斯蒂芬·罗宾斯（Stephen P. Robbins）将管理定义为："通过对他人的工作活动进行协调和监督确保其完成得效率更高、效果更好。"这个定义非常明确地指出，管理就是通过管理人来确保把该做的事情做好。如果所有的事情都是自己亲自完成做的，没有下属，那就不能说自己是一位管理者。摩托罗拉公司在鼎盛时期也曾经提出类似的说法，即"企业等于产品加服务""企业管理等于人力资源管理"。这种说法很容易理解，因为毕竟战略的制定和执行是由人来完成的，生产运营、市场营销、财务、公共关系等各项职能也是由人来完成的。

一般情况下，一家企业的管理主要划分为战略管理、生产运营管理、市场营销管理、财务管理和人力资源管理等五大领域。从表面上看，上述五大领域中，前四个领域所要解决的是事的管理问题，而人力资源管理涉及的则是人的管理问题。然而，这种对管理内容的划分方式实际上存在明显的缺陷，就是把管理事和管理人硬生生地分割开来。在现实中，对人的管理是不可能与对事的管理相互隔离的，对人的管理是完全融于对事的管理过程之中的。一方面，企业中与对事的管理有关的方方面面，无论是工作流程、精益生产、全面质量管理、生产安全，还是客户的开发和保留、新产品或新技术的研发等等，都离不开人的决策、监督或执行，在不考虑人的前提下管理事，往往是管理不好的。另一方面，对人的管理也并非组织的人力资源部门的专属职责，任何一位管理者在管理事的同时，都必须承担起管理人的责任，正如常说的那句话，人力资源管理是全体管理者的共同责任。总之，只有确保在正确的时间找到正确的人，让他们以正确的方式来做事，才能实现企业的健康生存和发展。

在我国，很多人之所以对管理的重心在于管理人还是管理事存在模糊认识，或许与中国在改革开放之前曾经长期实行计划经济体制有关。严格来说，计划经济时期的中国并不存在真正意义上的企业。在那个时期，企业承担的仅仅是生产功能，根本不需要进行战略管理和市场营销工作，财务和劳动人事管理也严格按照政府的规章制度进行，几乎没有任何自主权。生产工人（即工人）是各级劳动部门直接分配给企业的，管理人员和专业技术人员（即干部）则是由各级政府人事部门分配给企业的，干部和工人的工资待遇、退休待遇等也由国家统一规定。在这种情况下，大家很容易将管理理解成管理事而不是管理人。由于当时的企业的功能主要在于生产，而与生产关系最为紧密的无疑是与生产密切相关的技术，因此管理的重要性很低，从事管理工作的人甚至被贬低为“万金油”，也就是没啥真本事的人才去干管理工作，管理者就是不太懂生产和技术的人。因此，在现实生活中，大部分人在谈到管理这个概念的时候，往往默认的是管理事而不是管理人。比如，如果你问一个人在单位是从事什么工作的，如果不是从事生产操作或专业技术工作，他很可能会告诉你“我是从事管理工作的”。如果问得再具体点，这个人可能会说自己从事的是财务管理、资产管理、信贷管理、安全管理、风险管理、信息管理、档案管理、行政管理、薪酬福利管理或其他管理工作。然而，这个人在组织中很可能就是一位普通员工，并没有任何直接下属，仅仅是因为管着一摊既不属于生产也不属于技术方面的工作，就自称为管理者了。

管理者必须能够有效利用下属的工作时间

既然管理的本质是通过管理人来做成事，那么，如果一位员工虽然从事的是职能管理性质的工作，却并没有任何一位直接下属，他是不能被称为管理者的。有时，我甚至觉得，我们最初在翻译国外的管理类教科书时，简单地把“manager”这个英文单词翻译成“管理者”其实是不妥的。因为这种译法很容易让人误以为这个人是一家企业中除了生产人员、销售及售后服务人员、研发或技术人员之外的其他人。所以，把“manager”翻译成“经理”实际上更妥当一些，这样就不容易产生误解。

尽管在现实中，很多企业为了员工对外交往方便，也会给一些本来没有直接下属的人一个经理的头衔，比如客户经理、销售经理、产品经理、理财经理等等，但经理这个概念在单独使用尤其是在组织内部使用时，通常都是指有下属的人。管理者是有下属的，这意味着什么呢？难道仅仅说明管理者有了更大的权力，可以指挥下属干活而自己少干吗？我从本科到博士学习的一直是劳动经济学专业，留校后也一直在给学生讲授劳动经济学课程。在一次讲课时我突然意识到，劳动经济学关于劳动力供给分析的思路有助于我们更加深刻地理解管理人的真正含义。

从劳动力供给的角度来说，每个人每天都只有 24 个小时，无论你工作多努力，节奏多快，这个时间约束是任何人都无法打破的。人的正常睡眠时间大约为 8 个小时，这样每天就剩下 16 个小时可用了。而人在醒着的时间不可能一直工作，上下班途中多多少少都要有一些通勤时间，在一天中还要有吃饭、喝水和必要的短暂休息时间，同时人通常还需要有基本的休闲或娱乐时间，这样，在生理能够承受的情况下，一个人长期持续性地每天工作 10～14 个小时就很了不得了。即使一个人能力再强，能干再多的事情，当遇到时间这个约束条件时，也是无能为力的。那么，怎样才能让这些能力很强的人做更多的事情呢？唯一的办法就是增加他们每天能够支配的时间数量。但每个人每天可用的时间是一个硬约束，能耐再大的人也无法改变。不过，企业要想让这些人为组织做出更大的贡献，是可以采取一种变通的方法来打破个人的时间魔咒的，这就是把其他人的时间交给这些能力强的人来管理或支配。在现实中，达到这一目的的方式就是让这些很能干的人成为管理者，给他们指派一些下属。如果一位管理者手下有两位员工，每位员工每天能工作 8 个小时，那就意味着这位管理者的日工作时间现在增加了 16 个小时。尽管这些员工的工作能力或经验等达不到管理者的水平，但可以承接管理者需要花时间去做的一些工作，这相当于变相增加了管理者的工作时间，从而让他们能够为企业创造更多的价值。

如果说称职的管理者可以通过有效地管理好下属的时间为企业做出更大的贡献，那么糟糕的管理者则会给企业带来直接的经济损失，而这种直接的经济损失往往很容易被忽略。在这里，我们不妨从财务的角度做个核算。我国每年的法定工作日是 250 天左右，按照每天 8 个小时的工作时间计算，一位劳动者在正常情况下每年的总工时正好是 2 000 个小时。如果企业雇用的一位大学毕业生的年薪是 20 万元（其中包括企业支付的薪酬和为员工缴纳的社保费用），那么，企业相当于为这位员工在企业中工作的每个小时支付了 100 元的直接人工成本。这样，如果这位员工的直接管理者没有足够的管理水平，导致这位员工每天的有效工作时间只有 5 个小时，就等于每天给企业造成了 300 元的损失，如果按每年 250 个工作日计算，则相当于一年在一位员工身上有 7.5 万元的损失。如果很不幸这位管理者手下不止一位员工，而是有 4 位同样的员工，那么，仅这一个管理者给企业每年造成的直接经济损失就高达 30 万元。由此可见，不懂管理或无法有效管理员工的工作时间的管理者会给企业带来非常明显的经济损失，如果再考虑这些管理者由于浪费时间、耽误工作进度所造成的间接损失，那么，不合格的管理者给企业带来的经济损失会更高。

事实上，管理者能否意识到对员工的工作时间进行有效管理的重要性，往往与他们自己的时间管理意识和能力高度相关。德鲁克在《卓有成效的管理者》一书中就强调了管理者时间管理的重要性。该书第一章首先指出卓有成效的管理是可以学会的，接着在第二章就开始谈管理者要掌握自己的时间。他指出，一方面，在做任何事情时，时间都是不可或缺的，另一方面，时间又是在取得工作成就方面最为稀缺的资源，时间既租不到、借不到，也买不到，而且还找不到任何替代品。而人们往往最不善于管理自己的时间，很多管理者的时间都被浪费了。有效的管理者必须善于管理自己的时间，尽可能减少被非生产性工作占用的时间，同时将可自由运用的时间从零星转为集中，从而形成大块的连续时段。① 可以说，管理者对企业做出的贡献是通过两条路径实现的：一是运用好自己的工作时间，二是通过管好员工用好他们的时间。也就是说，管理者的自我工作时间管理和对员工的工作时间管理都很关键。然而，在现实中，糟糕的管理者往往恰恰在这两种时间管理方面都是无效的。因为懂得如何有效管理个人工作时间的人，往往会拿出足够多的时间来管理员工，从而用好他们的时间。而那些自我时间管理水平比较低的管理者往往也不懂得怎样去管好用好员工的工作时间。

通过管理员工即用好他们的工作时间来创造价值，这是管理者工作中非常重要的一个组成部分，而且管理者在组织内部的级别越高，这种管理人的时间在管理者的工作时间中占的比重就会越大。但有些管理者似乎对此并无觉察，他们并没有意识到确保员工在工作时间真正创造价值，而不是磨洋工或“摸鱼”，是作为管理者最为重要的职责之一。正因为如此，企业应当尽可能避免提拔那些不懂如何管理员工的人来做管理者。这是因为，当一个组织提拔了不懂管理的人去做管理者时，它往往会承受两方面的成本损失。首先，是直接成本。这主要体现在管理者因无法

① 彼得·德鲁克. 卓有成效的管理者. 北京：机械工业出版社，2009.

有效利用员工的工作时间给企业带来直接损失。由于员工的时间实际上是企业以薪酬（包括范围更大的人工成本）的方式购买来的，是付出了成本的，因此，如果管理者无法有效利用员工的工作时间，企业实际上产生了没有获得任何收益的成本，这种损失对企业来说显然属于直接经济损失。其次，是机会成本或间接成本。如果这些员工被配置到有效的管理者那里，他们本来是可以通过做事为企业创造价值的，但由于他们被分配到糟糕的管理者手下，企业无法收获本来可以获得的价值，这实际上是一种机会成本或间接成本。

对于那些自己很能干但不会或不愿意管理或领导他人的员工，企业最好让他们专心去做专业领域中的事情或做业务，而不是非得让他们去做管理者。然而在现实中，正如“学而优则仕”的传统一样，干得好就当官似乎成了一种惯例，一是因为个人把提拔到管理或领导岗位视为个人职业生涯取得成功的重要标志，干得好的人对当官有期待；二是因为企业往往认为将其提拔到管理或领导岗位是对业务优秀员工的一种合理回报，是留住员工和激励员工的需要。但在实践中，业务做得好的人可能是一位好的潜在管理者，但也有可能是一位糟糕的管理者。如果让本来擅长专业技术或业务的人转而承担自己本不擅长甚至很难通过学习胜任的管理工作，企业实际上会遭受双重损失：在失去一位优秀的专业技术或业务人员的同时，得到了一位糟糕的管理人员。所以，用人所长才是正道。而这一方面需要企业和员工双方的理念改变，另一方面也有赖于基于业务和管理两条不同主线的双重职业发展通道及相应的薪酬福利政策等的支持。

管理学源于提高工作效率的需要

关于管理的本质是管理人，我们还可以通过管理学的诞生目的及其主要思想加以佐证。首先，管理学的奠基者之一亨利·法约尔（Henri Fayol）指出，管理活动是企业的六种职能活动之一。这六种职能活动分别是：技术活动（生产、制造和加工）、商业活动（原材料和设备的购买以及产品销售）、财务活动（资金筹集、运用与控制）、安全活动（设备和人员的保护）、会计活动（货物盘点、成本统计和核算）和管理活动（计划、组织、指挥、协调、控制）。由此可以看出，管理活动是专门指与组织中的人打交道的活动，而我们在习惯上认为同样属于管理的生产、采购与销售、财务会计、安全等其他方面的活动均不属于管理的范畴。其次，管理学界公认管理作为一门学科出现的最重要标志是弗雷德里克·泰勒（Frederick Taylor）在1911年正式出版的《科学管理原理》一书。通过对泰勒的科学管理思想进行分析不难看出，管理学产生的根本原因既非战略问题，也非营销问题、财务管理问题，甚至不是生产运营问题，恰恰相反，科学管理运动之所以出现，正是为了解决工人在工作中磨洋工这一人力资源管理问题。泰勒指出，磨洋工有两个方面的原因，一是磨洋工是人的本性，人都想轻轻松松、慢慢悠悠地干活，而不喜欢辛苦。二是由于群体压力或群体影响而故意磨洋工，即当一群人在一起工作时，他们的工作效率是会相互影响的。在计时工资制度下，即使员工干得多或干得快，拿到手的工资其实跟别人是一样的，这样员工就会自动放慢工作速度，即使是那些本来干得很好或效率高的人，最终也会向那些效率低的人看齐。来自其他员工的压力也会迫使员工保持与其他人一样的工作效率，因为员工不希望管理者了解他们的真实生产率，他们会故意放慢速度，同时还设法使他们的主管相信他们干得很快。

面对磨洋工的问题，在科学管理运动之前，企业管理者已经发明了计件工资或奖金制度。显然，计件工资或奖金制度将工人个人的工资与他们的绩效水平建立起联系，这有助于工人们更加积极地工作。但泰勒指出，这种管理方式尽管有进步，但仍然存在重要缺陷，因为这种管理方式建立在经验而不是科学的基础上，实际上几乎将所有的工作和大部分职责都交给了工人，管理者根本没有起到应有的作用。为进一步提高生产率，泰勒提出了科学管理的四个关键要素：一是通过科学手段确定工人生产操作中的每一个动作应当遵循的科学方法，以此为基础明确工人应当达到的合理日工作量或工作标准，从而取代完全凭经验做事的方法。二是科学挑选工人，为不同类型的工作挑选达到相应要求的工人。三是对工人进行培训和教育，而不是让工人在工作中进行自我培训。四是管理者要和工人开展亲密友好的合作，双方共同分担责任，而不是把工作的责任都推给工人。泰勒认为，即使工厂中的管理者（包括领班和监工）本身就是所在行业的一流工人，但相比于全体工人的全部知识和技能而言，他们所了解的仍然是少部分。因此，仅仅依靠管理者的经验来对工人进行管理，仍然是存在缺陷的，企业必须借助科学的方法包括大量的实验对工人的每一个生产动作进行研究，取消一些无效的动作和操作，同时通过改良生产工具、优化工作现场设计以及操作动作调整等方式提高工作效率，进而在此规范化要求的基础上核定每位工人每天应当完成的合理工作量，这就是所谓的动作研究和时间研究。

科学管理在对工人的生产活动进行优化的基础上，第一次明确了工人每天需要达到的绩效标准即公平日工作量，而不是像过去那样工人想怎么干就怎么干，能干多少是多少。在绩效标准清晰之后，泰勒又设计了一种富有激励性的薪酬制度，这就是差别计件工资制。对于工人达成的公平日工作量部分的产出，企业支付时按照一种计件工资标准，而对于工人实现的超额绩效部分，企业则按照水平更高的计件工资标准支付。很显然，这是一种典型的激励先进的奖励性薪酬制度。如果用今天的人力资源管理概念来解释，泰勒的上述做法显然就是首先通过深入的工作分析制定科学的绩效考核标准，然后制定将高绩效和薪酬紧密挂钩的富有激励性的薪酬体系。

然而，泰勒的科学管理原理并不仅限于人力资源管理。在泰勒的科学管理原理中，最有价值的部分实际上还包括精心挑选工人以及为他们提供充分的培训，这也正是现代人力资源管理中强调的人岗匹配（或招募甄选）以及培训的重要性。泰勒指出，挑选优秀的工人并不是要去找所谓的特殊人才，只不过是要从非常普通的人当中挑选出少数特别适合从事某类工作的人。比如，那些在搬运生铁块方面做得最好的工人，其实并不是智力上特别机敏和聪明的工人，因为只有这种人能够适应搬运铁块这种单调的工作。泰勒还强调了要在生产活动中对使用的工具、设备、工作场所布局以及工人的每一个生产动作进行标准化设计，然后对工人进行充分培训，只有这样才能达成较高的生产标准或绩效。此外，泰勒还特别强调培养人对整个社会的重要性，他指出，任何先进制度的首要目标都是造就一流的人才，企业不应该总是在寻找别人培养起来的现成的有才干的人，而应当自己去培养和造就这样有才干的人，只有这样，才能提高效率。显然，对企业培养人的社会意义的这种看法，说明泰勒很早就认识到了对员工的正确管理实际上也是企业承担的一种社会责任。

正是由于科学管理的目的是解决人的劳动生产率或绩效问题，而解决问题的方法基本涵盖了现代人力资源管理的所有内容，其中包括工作分析、员工配置（招募甄选等）、培训开发、绩效考核、薪酬管理、员工关系（含企业文化）、组织结构、管理技能和领导力开发等现代人力资源管理的方方面面，因此，尽管学术界通常认为彼得·德鲁克（Peter Drucker）是现代人力资源管理的奠基者，但实际上泰勒已经形成了一整套比较系统的对员工进行管理的思想和实践，这套对企业中的人进行管理的思想和实践实际上与现代人力资源管理的基本内容是高度吻合的，只不过因为这些思想和实践被称为科学管理，而不是所谓的科学人力资源管理，所以泰勒没有被明确地确定为人力资源管理的奠基者。但笔者一直认为，泰勒不仅是管理学的奠基者，实际上也是人力资源管理的奠基者。换句话说，为解决如何对组织中的人进行管理的问题所做的探索最终成为管理学的起点。从这个意义上说，人力资源管理是与管理学同时出现的，而不是先有管理学，然后才有人力资源管理。当然，这里所说的人力资源管理是广义上的必须由管理者承担的责任，而不是仅仅由人力资源部门承担的那种狭义的人力资源管理。

在实践中，管理学作为一门学科于20世纪初正式得以确立，而这门从一开始就与人息息相关的学科，不仅从一开始就从员工管理开始起步，而且在经历了产品管理、市场营销管理、财务管理、资本管理、战略管理等各个不同的阶段之后，又重新回到了管理的中心上来。技术越发达，人的力量和影响就越大，尽管很多组织雇用的人的数量在大大减少，但每一个人能够发挥的作用更大了。如何管理这些能量更大的人，恰恰是管理学在新时代面临的新挑战。正如德鲁克所说的，管理学在20世纪需要解决的是如何管理体力劳动者的问题，而在21世纪面临的最大挑战则是如何管理知识型员工的问题。知识型员工叠加上互联网、人工智能以及新生代员工等各种新的元素，使对人的管理面临很多的新挑战，而无法成功地管理好最富有生产力的人的企业，必然会面临被淘汰的危险。

对人的管理之所以重要，从根本上说，是因为所有的事都是由人来做，机械设备和软件再发达，最终也仍然是由人来操作的，组织的规模越大，人力资源管理的价值就越高。即使是在当今的数字化时代，人工智能再发达，始终无法完全取代人。一言以蔽之，对人的管理是企业管理的根基所在。此外，对人的管理实际上也更难。这是因为，像生产、技术、安全、供应链、信息、研发等等管理内容都是有规律可循的，有固定的程序和最优的方法可以学习，但对人的管理是无形的，而且是软性的，既有某些通用的规则，同时又需要根据实际情况做出变通和选择。你很难直接按照某种固定的程序就把对人的管理做到位，特别是很难完全照搬其他企业的人力资源管理方法和手段，尤其是难以模仿其他企业的文化。

管理并非只要效率而不把人当人看

绝大多数人在学完管理学之后可能都有这样一种错觉，即由于泰勒提出的科学管理原理关注的重点是如何提高生产效率以及节约人力的问题，因此他一定是不在乎劳动中的人的感受的，只重视流程、技术、工具、方法，而不会考虑人的感受，也不在乎所谓的管理艺术。我在 20 世纪 80 年代第一次看《科学管理原理》一书时，在译者前言中看到的说法是，科学管理原理是帮助资本家剥削工人的方法，是赤裸裸的血汗工资制度，泰勒的做法是不人道的，其目的就是试图把人变成只会生产的机器。然而，这源自一种误解。要知道，无论是在现实中，还是在管理学的教科书中，广泛存在这样一种情况，即只要某个人的主要管理主张或管理实践在于其中某个方面，我们就往往自动假定他们一定是反对另一个方面的管理主张或管理实践的，但从管理学的发展历史来看，这种假定其实都是建立在后来者包括教科书的编写者对当事人观点的刻意摘选甚至歪曲基础之上的，为了强调某种管理理论与其他管理理论的区别，就专门挑出局部的观点来加以强化，而有意忽略其对其他方面的关注或强调。管理学教科书中对泰勒管理思想的解读同样存在这种片面性。

事实上，泰勒并不是仅仅将管理理解为通过技术手段提高人的工作效率，相反，他在那个时代就已经指出，管理不仅需要运用科学原理去寻找或发明像动作研究和时间研究这样的实用管理手段和管理技术，同时也对企业领导者的管理理念以及管理者的管理艺术有很高的要求。他指出，在一家工作技术含量高的企业中，除非公司领导们充分理解并相信科学管理的基本原则，迫切需要科学管理，同时能够意识到采取这种变革涉及的一切因素特别是时间需要，否则就不要尝试向科学管理转变。这说明，泰勒早就意识到，管理不仅仅是一种技术或工具，还对管理者尤其是企业领导者的管理理念提出了很高的要求。一家企业的高层领导者如果缺乏清晰的具有内在逻辑的一套管理理念或管理哲学，是很难形成系统而有效的管理体系的。此外，他还指出，科学管理需要劳资双方来一场彻底而全面的心理革命或精神革命，即管理者与被管理者不能将彼此视为自己的对立面，认为一方的利益获得一定建立在对另外一方利益剥夺的基础上。相反，应将劳资双方的利益视为一致的，即通过双方的共同努力提高工作效率，这一方面可以带来更多的利润，推动企业的事业发展，另一方面也能给员工带来丰厚的劳动报酬，使他们充分发挥个人的潜质，满足个人的需要。换言之，双方通力合作做大蛋糕对大家都有利，劳资双方应当形成双赢思维，而不是追求零和博弈。泰勒在美国国会做听证时，特别强调了很不喜欢自己的这套思想和工作方法被人称为科学管理，他更愿意将其称为一种心理或精神革命。尽管在那个时候还没有出现组织文化或公司文化的概念，但毫无疑问，泰勒实际上已经深刻意识到了正确的管理理念和管理思维对于管理实践的重要指导意义，以及其对管理成败具有根本性的影响。可以说，泰勒已经触及了企业文化的要义，这与今天很多企业倡导的企业和员工之间建立利益共同体、实现双赢的说法是完全一致的。

泰勒关注到管理中人的一面还体现在他的一些改革实践。比如为了使工人们自愿接受新的管理方法，泰勒通常会采取先找人做实验的方式，让大家亲眼见到新的管理方法为他们带来的好处，然后再全面推行新的管理办法。比如，在著名的搬运生铁块的实验中，泰勒精心挑选了一名工人来参与自己的实验，然后将每天搬运生铁块的数量从 12.5 吨提高到 47 吨，同时使其日薪从 1.15 美元提高到 1.85 美元。很显然，在新的管理系统下，在企业从中获益的同时，员工实际上也是可以从中获益的，这样就比较容易引导工人们自愿转入新的管理系统。这种不仅注重改革所要达到的目的或结果，同时充分理解员工对于改革的态度尤其是担心，然后再采取恰当的方式顺利实施改革的做法，对于我们今天实施很多企业管理改革尤其是直接涉及员工切身利益的改革，仍然是有借鉴意义的。总之，泰勒的管理思想从来就不是只看重效率而完全无视人，不考虑员工的个人心理感受和需要的。事实上，他在提高效率的同时，也减少了员工的日工作时间，同时还明显地提高了员工的福利水平。泰勒确实是在研究让人能够更好地提高生产效率的管理系统，但这并不意味着他认为人就是不重要的。实际上，管理学教科书上对泰勒的思想介绍过于简单甚至带有偏颇，给人们留下了一些不好的印象。如果我们能够了解泰勒的管理思想产生的社会背景，或许就会对其有更全面的理解。

科学管理理论的兴起有一个重要的社会背景，就是当时的美国总统西奥多·罗斯福（Theodore Roosevelt）提出，政府应当约束自由市场资本主义，因为它正在破坏自然环境和国家的社会结构。在这种情况下，环境保护问题成为当时社会上最受关注的话题。而环保运动的发展也使泰勒意识到，除了森林、煤炭、铁等自然资源正在被浪费，人力资源方面的浪费同样非常严重，而泰勒所做的研究实际上是以更好地利用人力资源、减少人力损失为目标的。实际上，科学管理这个概念也并非泰勒本人提出来的，他原本将自己的管理思想命名为泰勒系统、车间管理、职能管理等，科学管理这个概念则是由当时在波士顿的一位律师路易斯·布兰代斯（Louis Brandeis）在代理一桩针对美国东部铁路公司的案子时，为了赢得公众的支持以及打赢官司而对其做了重新命名。当时，东部铁路公司想要提高运费费率，但布兰代斯所代表的企业客户认为运费费率的提高会使得企业破产，而如果铁路公司能够通过采用新的生产方式减少浪费，那么在运费费率保持不变的情况下，铁路公司的收益甚至还能有所增长。为此，布兰代斯召集了一批工业专家共同研究，其中包括后来同样被誉为科学管理运动著名代表人物的亨利·甘特（Henry Gantt）和弗兰克·吉尔布雷斯（Frank Gilbreth）。但泰勒本人一开始并不喜欢科学管理这个概念，对参与这个官司也没太大兴趣。不过，当他看到自己发明的这套效率系统过去并没有受到广泛欢迎，布兰代斯提出的这个新概念却成功地引起了公众的广泛关注之后，他改变了想法，并且最终帮助布兰代斯打赢了这场官司。1916 年成为美国联邦最高法院法官的布兰代斯在其 1911 年所著的《科学管理与铁路公司》这本书的第一行写下了这样一句话："科学管理是效率运动中的一个重要方面，它表达了一种新的哲学，即将环保的设想视为工业活动的核心动机"。①

很多人不知道的是，泰勒本人实际上是著名的宗教教派贵格会（Quakers）的成员，贵格会又名教友派、公谊会，该教派于 17 世纪兴起于英国，后传入美洲。这一教派崇尚简朴自然，反对一切繁文缛节，其倡导的结婚和葬礼仪式也很简单。在社会上则是积极参与争取社会正义的活动，反对奴隶制度，热心于改善监狱条件、兴办医疗等慈善事业，反对战争，呼吁和平。该教派成员在英国和美国的商业界都取得了成功。比如，美国著名燕麦品牌桂格以及英国著名鞋业品牌其乐的创立者都是贵格会成员。此外，1881 年创办美国第一所商学院沃顿商学院的约瑟夫·沃顿（Joseph Wharton）也是贵格会的成员。更有意思的是，沃顿还是泰勒当年开展科学管理实验的伯利恒钢铁公司的主要股东之一。贵格会在梅奥等人开展霍桑试验的几十年前已经提出要用合乎道德的方式

① 托德·布里奇曼，斯蒂芬·卡明思. 管理学的进化. 北京：中国人民大学出版社，2023.

经营企业，同时发现科学管理手段和对员工的关注实际上是可以并存的，企业经营者既需要关注员工的内在需要，也需要利用科学管理的方法提升效率。

此外，科学管理与善待员工本身并不是对立的关系，恰恰相反，如果没有通过科学管理原理不断提高效率和增加经营利润，企业根本就没有能力去优化员工的工作环境、提高员工的薪酬福利待遇，更不要说满足员工在心理和精神方面的需要了。以开创了汽车行业大规模工业化生产先河的福特公司为例，该公司成立于1903年，在1908年设计并开始批量生产T型车，由于这款汽车具有高效、耐用、可靠、易维护的特点，因此市场销量大增。为了提高生产效率，福特公司在1913年引入了第一条移动底盘装配线并进行生产改造，在泰勒的帮助下，福特公司生产一辆汽车的时间缩短到原来的十分之一（只需93分钟），生产成本降低了一半以上。然而，流水线的生产方式并不受员工欢迎，由于工作时间长（每天工作9个小时，每周工作6天），流水线上的工作内容单调、不断重复、消耗体力、消磨精神，再加上工作环境恶劣、监工态度粗暴，工资却仅能勉强维持生计，福特公司员工的旷工和辞职现象非常严重：缺勤率每天高达10%，公司不得不保留1 300多名备用工；员工的年流动率高达380%，公司需要招募5.2万名工人才能维持工厂的正常运转；在1.5万多名工人中，只有640人的工龄超过三年。1914年福特公司出台了三大政策：一是将员工的工作时间从原来的每天9个小时减少到8个小时；二是工作方式由原来的每天两班倒变成三班倒；三是将工人的日工资水平从2.34美元提高到5美元。政策宣布第二天公司就来了1.2万余名求职者。不到一周的时间就收到1.4万余封求职信。政策实施不到一年，员工的流动率下降到16%，劳动生产率上升了40%～70%，每年需要的预备工数量从5.2万名下降到2 000名。与此同时，T型车的价格从1910年的大约800美元下降到1919年的350美元以及1925年的260美元，福特公司的利润在1914—1916年间从3 000万美元增长至6 000万美元，福特公司巩固住了世界最大汽车制造商的地位。此外，生产工人收入的增长在客观上触发了消费革命，在一定程度上推动了美国的经济繁荣。从福特公司的例子中不难看出，尽管企业有了钱也并不一定会想着改善员工待遇，但如果企业挣不到钱那就更难满足员工的需要了。而生产效率的提高和绩效的提升在客观上为企业关心员工、满足员工的基本需要与高级需要创造了前提条件。

最后，我们还是回到在本章开篇就谈到的数字化时代的全景式监狱的问题上来。必须承认，其中提到的这些公司所采用的做法确实是在将部分科学管理原理运用到了对员工进行监控以及对于他们的时间和精力等的压榨上，但简单地将责任推给科学管理原理显然是不够公平的。一方面，泰勒提出的科学管理原理并不是主张完全不考虑员工的生理和心理需要，他在设计改良生产系统的方案时，也考虑了人的生理需要甚至心理状态，设计了科学的工间休息时间以保证劳动效率的最大化。另一方面，泰勒当年提出的科学管理原理主要解决的是生产问题，而在一线生产过程中，员工主要跟生产工具和原材料等打交道，生产环境、生产工具、生产方法以及产品等的标准化程度很高，同时他们并不需要直接与客户打交道，甚至连同事之间的协作要求都很少。因此，在这种标准化的环境下核定的工作定额（比如工时标准等）是比较容易达成的，员工对工作过程和工作结果是高度自主可控的。

在现代社会中类似咖啡店等服务领域，尽管也可以在工具、工作流程以及工作方法等方面提出一些标准化要求，但由于需要生产或提供的产品本身更为多样化，员工不仅要按照严格的操作规程完成产品制造和服务提供过程，还需要持续不断地回答顾客提出的各种问题，解释无法满足顾客的一些特定要求的原因，安抚那些因为等待时间过长或者仅仅是因为个人需要没有得到满足而变得烦躁甚至要投诉的顾客，这些对他们的情绪、情感以及体力等都会带来更多、更高的要求，尤其是在面对愤怒的或不讲道理的顾客的言语攻击甚至身体伤害时。在这种情况下，如果企业仅仅是简单地运用科学管理原理、运用算法对员工进行监控和管理，而在算法中仅仅考虑员工在服务现场生产和提供产品所需的时间，而不考虑他们与各种不同类型客户之间的互动所需要耗费的时间和体力，那显然是有问题的。一方面，我们认为即使是在当今互联网、通信技术甚至人工智能飞速发展的时代，科学管理的基本方法和原理在很多领域依然是有价值的；另一方面，我们必须重视员工与顾客之间以及员工与员工之间的互动需要，全方位地考虑新环境和新要求对员工产生的影响，在企业对效率和客户服务质量的要求与对员工提供基本人性化关怀的要求之间找到一种适当的平衡。

总之，在不同的历史时期，由于面临的主要问题或困扰不同，管理重视或强调的重心会不同，在泰勒的那个时代，工业生产本身还存在很多需要改进和完善的地方，如何提高效率和降低成本显然是企业最为关心的，因此，管理也必然会突出地强调效率问题，但我们不能因此就片面地认为企业就完全不关心员工的利益或者需要。企业关心一个方面的问题，并不必然完全不关心另外一个方面的问题。事实上，无论是管理领域的学者，还是管理这个学科，通常都会将多种因素一并加以考虑，而不会强调管理的某一个方面而完全不顾另外一个方面，企业在管理实践中也不会因为采用了一种管理方法或工具，就一定完全否定或者放弃其他管理方法或工具，管理始终是一门在多种因素影响下寻找解决问题的方法的学问。正如斯图尔特·克雷纳（Stuart Crainer）在《管理百年》一书中的精彩总结："管理没有终结的答案，只有永恒的问题。"①

① 斯图尔特·克雷纳．管理百年．杭州：浙江教育出版社，2021.

02

中国式管理的根基

中国经济奇迹源于“制度红利”

近些年来，很多人在提一个概念——中国式管理，也就是试图将中国管理哲学与西方现代管理科学的管理方式相结合，在考虑中国人的文化传统和心理行为特性的基础上，寻找对中国企业来说更为有效的管理道路。中国式管理强调人治与法治的结合，倡导在法治的基础上寓人治，鼓励组织成员自发地遵守法规和纪律。它还主张个人修养是从事管理工作的基础，管理者要通过个人的修养和行为来促进组织成员的和谐与安宁，甚至提出要以“安人”作为管理的最终目的，将中国传统文化作为基础，探究合理应对复杂人事现象的对策。可以看出，这里的所谓“中国式管理”，其本质上谈的还是如何对人进行管理，所以实际上相当于“中国式人力资源管理”。中国式管理概念的提出，在一定程度上反映了中国企业界以及管理学界试图证明中国的一些管理思想和管理实践具有独特的价值，同时也希望在国际上能够得到更多尊重和承认。不可否认，任何一个国家的管理实践都会受到本国政治、历史、经济、法律、社会等各种因素的影响，因而会有自己的独特性。但在强调管理的个性的时候，首先还是要承认管理的共性，如果因为强调管理的个性而不承认或违背管理的共性要求，那么，这种管理最终很可能会失败。对于中国企业来说，管理思想和管理实践的形成必然会受到中国本土的各方面特征的影响，但首先还是要搞清楚管理的一些共性要求，而不是动不动就谈中国的管理特色。

2011年下半年，受中国人民大学公共管理学院委派，我赴美国密歇根大学福特公共政策学院为研究生讲授一门分析中国经济政策的课程，主要是让美国学生了解中国在改革开放的30年中取得经济进步的政策原因。为了让学生们对中国的经济政策有更为清楚的了解，我在课程刚开始的时候系统梳理了我国从清朝末期以来的整个经济发展过程，当然重点是1949年之后的经济政策经历的主要变化。虽然我本人是经济学博士出身，但过去在国内实际上没有系统教授过关于中国经济政策的课程，因此，备课和讲授课程的过程还是比较紧张的，但这次系统梳理中国经济政策变化过程的经历，为我思考中国改革开放成功的原因提供了一个历史的视角，并归纳出中国经济奇迹的三大驱动因素（见图2-1）。

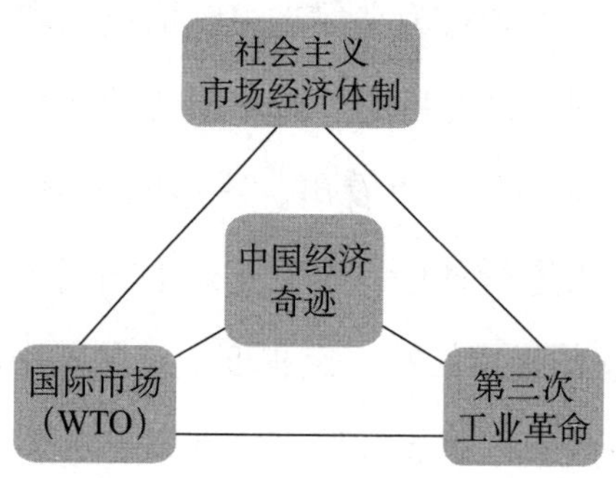

图2－1　中国经济奇迹的三大驱动因素

说到始于1978年底的改革开放取得的举世瞩目的成就，不同的人对取得如此辉煌成就的原因有各种不同的解读，比如，中国开办了经济特区、吸引了外商投资、实施了国企改革、加入了世界贸易组织（WTO）等等。当然，所有这些因素对于中国经济的腾飞来说都是很重要的，但这些因素实际上都是外因。所有这些外因都是通过人这个内因在起作用。在马克思主义看来，人是生产力中最活跃的因素。因此，中国改革开放的最为成功之处恰恰在于我们通过不断的改革，尤其是确立社会主义市场经济体制，极大地释放了人的生产潜能，使劳动生产率迅速得到大幅提高。改革的第一步是通过家庭联产承包责任制在农村的推行，迅速提高了农业的劳动生产率，促进了粮食产量的大幅增长，由于农业劳动生产率提高节约出来的大量富余劳动力，逐渐从低生产率的农业生产领域转向附加价值更高的工业生产领域，推动了我国乡镇企业的发展。改革的第二步是城市经济体制改革，尤其是随着社会主义市场经济体制的正式确立，国有企业改革深入推进，私营企业和股份制企业在城市中茁壮成长，这又进一步促进城市劳动者的劳动生产率大幅提高。通过对中国经济发展的过程进行分析，可以得到两点启示：

第一，人是经济中最活跃的因素，人力资源是第一资源。即使外商投资和国际贸易环境等外部条件都具备，如果处在经济中的人都不愿意干活或者都出工不出力，那么，经济也无法增长或增长缓慢，因此，推动经济增长的根本动力在于人的活力。中国改革开放取得伟大成就的最根本原因在于，我们通过多种改革和制度创新，成功地激发了经济中最为活跃的因素也就是人的活力。事实上，即使是在我国的计划经济时期，经济发展比较好的阶段往往也是那些为劳动者个人获得正当经济利益留下适当空间的时候，而经济发展最糟糕的阶段往往是完全搞成“吃大锅饭”的时候。计划经济最终被舍弃，正是因为它极大地束缚了人的生产力，我读硕士和博士时的研究生导师赵履宽教授给我讲过一个非常形象的概括：“大锅饭，养懒汉，出笨蛋。”学过经济学的人都知道，规模经济要比规模不经济对经济的发展更为有利。然而，在计划经济时期，我国的农业土地都是集中在人民公社手里的，这是典型的规模经济，但以人民公社为单位的规模经济所带来的粮食产量反而大大低于后来分田到户这种小农经济模式的产量，这说明什么？能说明规模经济的说法是错的吗？当然不是，因为经济学中讲的规模经济要优于规模不经济是在市场经济的背景下，计划经济背景下的规模经济甚至比不过市场经济下的不规模经济，由此可见，人的生产积极性被压抑是多么可怕的一件事。

第二，中国经济在改革开放之后取得了大幅增长无疑是值得骄傲的，但也说明我们在计划经济时期实际上极大地压抑了人的活力，这种经济增长只不过是过去长期被压抑的劳动生产率的一种补偿性释放。经济学家有一种说法，就是我国的经济增长在很大程度上得益于人口红利，也就是说我国过去的劳动年龄人口占总人口比重较大，抚养率较低，因而为经济发展创造了一种良好的外部环境，从而使经济可以呈现出一种高储蓄、高投资和高增长的有利局面。然而，仔细分析就可以发现，中国经济的增长并不是由静态的人口结构这个单一因素推动的，因为这种有利的人口结构并不是在改革开放之后才出现的，而是早在计划经济时期就是如此，为什么在计划经济时期我们同样有庞大的人口规模，经济却发展不起来呢？如果有人口红利，那为什么我们在那个时候还要推行计划生育政策呢？事实上，中国能够获得人口红利，其背后支撑着的是两个与人有关的重要动态因素：一是随着社会主义市场经济体制的确立，大量生产率低、创造附加价值少的农业劳动力被转移到生产率更高、创造附加价值更多的工业和服务业之中；二是随着社会主义市场经济体制逐渐起作用，第二产业和第三产业的劳动生产率和价值创造水平也由于人所受到的激励水平提高而出现了明显的提升。

在那门课程结束的时候，班上有位学生问了我一个很有挑战性的问题："您认为中国经济在未来还有多大潜力？"我当时是这样回答的："中国经济在过去30多年取得了很好的成绩，这一方面是因为中国通过制度创新极大地释放了广大劳动者身上被长期压抑的生产潜力，另一方面也是因为中国通过大量消耗资源甚至牺牲环境换来了经济的增长。从未来看，中国经济的发展空间依然很大，原因之一在于中国在第一产业中的劳动力比重仍然偏高，如果中国通过推进农业生产的集约化经营以及推广各种现代农业技术的应用，不断提高第二产业和第三产业中的劳动力所占的比重，从而提高整个国家的劳动生产率，那么相信中国经济还会在相当长的一段时间内持续保持健康的高质量增长。另外一个重要的方面是，我们在社会经济政策的设计和具体的制度安排方面仍然存在不足，这导致整个国家的人力资源潜能并未被完全释放出来。一旦我们继续通过制度创新释放蕴藏在我国庞大人力资源中的巨大能量，在所谓的人口红利逐渐消失的情况下，从国家制度和组织微观管理的层面不断挖掘人的潜能，充分发挥人才的创造力和生产力，那么中国经济的未来依然是非常值得期待的。"

这次授课的经历使我更加清晰地认识到，我国改革开放以来取得的经济奇迹在很大程度上应该归因于制度红利。只有通过强化能够充分调动人的工作积极性的制度，才能真正将人口优势转化为价值优势。我国在长达30年的计划经济时期之所以经济增长缓慢、劳动生产率低、劳动力短缺严重，重要的根源之一就在于人的生产积极性被压抑。改革开放之后，尽管我国加入WTO，进入了更为庞大的国际贸易体系，通过引进大量外资弥补了资本、技术、管理等方面的不足，通过搭上以计算机和互联网为标志的第三次工业革命的快车快速提升了技术实力，但只有通过社会主义市场经济体制的确立和国有企业改革等一系列的制度创新，极大地激发了全体劳动者的潜能，释放了人的活力，才是能够解释我国经济增长的最为根本的原因。总的来说，我国经济的前途和命运在很大程度上有赖于四类人的共同努力，包括政府官员、企业家、专业技术人员以及身处生产和服务一线的广大基层劳动者。

首先是政府官员。我国的经济是政府主导型经济，政府官员的工作动力和工作行为会直接决定国家的整体经济导向和环境的松紧，也决定了企业家的干劲。其次是企业家。这里所说的企业家包括国有企业、民营企业等各类企业的领导者，他们是促进创新和创业以及整合资源的重要群体，他们的经营、组织以及创新能力是推动经济增长的重要加速器，企业家的工作积极性越高，投入越多，广大专业技术人员和基层劳动者创造价值的空间就会越大。再次是专业技术人员。这里包括各行各业的专家、研发人员、技术人员等具有专业知识、技能和经验的人士，他们是各项具体技术创新的中坚力量，他们的主观能动性极强，制度和环境越有利，他们的能力越能够得到极大释放。最后是基层劳动者。这些基层的生产和服务提供者其实一直都在勤勤恳恳地工作，通过自己的努力去追求更加美好的生活。我国在几十年的改革开放过程中之所以取得了令人瞩目的经济成就，其根源就在于这四类人的工作积极性被充分调动起来，他们积极投入经济建设的大潮之中。而中国经济未来如何，也同样要看这四类人的工作动力和工作状态。

总之，尽管中国改革开放之后的高速经济增长确实有我们自身的特点，但经济增长的基本原理实际上与其他国家是一致的，就是能够设计一种将人的工作积极性和创造性释放出来的制度体系。如果没有这套在全世界带有共性的制度体系，其他那些中国独有的因素所能起到的作用也是有限的，所以绝不能将中国的经济增长简单地归功于中国的独特性，而忽略社会主义市场经济体制本身所具有的价值和力量。同理，中国企业在总结自身管理经验时，当然可以找到很多具有中国特色的管理影响因素，或者总结出很多所谓的中国式管理思维或管理实践，但如果因此否认管理的很多共性基础，那同样是不全面的，甚至会在现实中造成很多误导。

与国家的经济发展类似，很多企业在发展过程中遇到的种种问题归根结底也与人有关。任何一家企业，即使在一段时间内经营业绩不错，一旦因为管理不善导致各级管理者和员工因为各种不满而出现工作积极性下降、工作动力不足，甚至人心涣散，那么企业的经营状况必然会越来越差，直至企业濒临倒闭。因此，如何正确地做好人的管理工作，是国家和企业都需要认真思考的问题。

被贬低和藐视的科学管理的威力

在密歇根大学授课期间，我和同事专程去参观了亨利·福特博物馆，这个博物馆坐落于距底特律市区 30 公里左右的迪尔伯恩县，该地是福特公司创始人亨利·福特（Henry Ford）的诞生地，也是福特公司总部所在地。创建于 1929 年的亨利·福特博物馆是美国最大的室内与室外综合汽车历史博物馆，馆中共有 100 多万件陈列品，2 600 万份文件，展品内容涉及工业革命、交通工具、发电机械、日用工具、美国人生活变迁（包括家居摆设）等多个方面，其中包括美国 1832 年制造的第一列火车、1908 年生产的福特 T 型车、1916 年制造的蒸汽机，还有福特公司当年的工厂设备，在各个年代生产的汽车，甚至飞机。整个展览以过去百余年中人们的出行方式发生的革命性变化（自行车、马车、摩托车、内燃机汽车、蒸汽机车、飞机）为主线，全面展示了工业革命为人类带来的巨大变化。说实话，参观后感觉比较震撼，尤其是在把当年美国的这些成就与同一年代的中国下意识地做对比的时候。联想到正在给美国学生讲授的关于中国经济政策的课程，我更加清醒地意识到，中国经济在改革开放以来取得的伟大成就，相当于我们补上了美国在 100 年前就开始的工业化进程，正如学校里的后进生通过努力可以比优秀的学生更大幅度地提高考试分数一样。然而，经过这段快速提高成绩的时期，后面要想取得更大的进步，就必须付出更为艰苦的努力。在亨利 · 福特博物馆中，我更为直观地看到泰勒的科学管理原理对于人类社会的进步所产生的重大推动作用，也使我开始思考一个问题，就是中国企业的管理到底是仍然需要深入理解并吸收泰勒管理思想的精髓，还是应该彻底抛弃这种早期的管理思想，直接跨越式地发展新的管理理论和管理实践？我的答案是，正如中国要补上工业化的课程一样，中国企业实际上同样需要补上泰勒的科学管理这门课，尽管在百年之后的今天，管理的具体手段、工具等一定比那个时代更先进、更多样，但管理的基本原理仍然是有价值的。很多人对泰勒管理思想本身存在偏见，认为科学管理已经过时，主要原因可能有两个方面：一是对科学管理原理在实践中产生的效果并没有深入的了解；二是对科学管理原理的观点存在误读。

首先，我们可以看一看科学管理原理在实践中曾经产生的极为明显的效果。比如，泰勒在著名的生铁搬运实验中，成功地帮助一家生铁铸造厂把搬运效率从每人每天搬运 12.5 吨提高到 47.5 吨，工人数量也从 600

人减少到 140 人。他还运用科学管理的工具和方法帮一家造纸厂将原材料成本从每吨 75 美元降低到 35 美元，劳动力成本从每人每天 30 美元减少到每人每天 8 美元；使加工一条轮胎的时间比原来缩短了 4/5；使制造一颗炮弹的时间从 10 个小时缩短到 90 分钟。[①] 泰勒曾经在美国最大的一家生产自行车轴承钢珠的工厂中进行科学管理实验，最终用 32 名年轻女工完成了以前需要 120 名年轻女工完成的质量检验工作，并且在这种高速工作情况下的检验准确率比原来提高了 2/3。[②] 尽管由于增加了时间研究人员、重复检验人员、指导教师等的成本，工人的工资也增加了，整体检验成本却下降了。由于管理者和工人之间建立起了良好的关系，劳动纠纷减少，避免了罢工的出现。第二次世界大战爆发之后，美国企业按照科学管理的做法，使大批未受过任何培训的农民能够在几个月内成为熟练的焊接工和造船工，到 1945 年，美国一共制造了 3.1 万架飞机、12.4 万艘军舰、60 973 辆坦克（德国为 19 326 辆）以及大量的卡车、武器弹药。[③] 泰勒改变的不仅仅是管理方法，还包括解决问题的思维方式，有历史学家认为，在 20 世纪泰勒对于日常公共生活和私人生活的影响要比其他任何人都大。

其次，泰勒遭受的最多攻击就是他的管理方法根本不关心员工的幸福，把员工变成了机器或僵化的生产工具，成为压榨劳动者或进行残酷剥削的“帮凶”，从而产生了“劳动异化”现象。但如果仔细读他的原著

---

① Kanigel R. The One Best Way: Frederick Winslow Taylor and the Engima of Efficiency. New York: Viking，1997.

② 弗雷德里克·泰勒 . 科学管理原理 . 北京：机械工业出版社，2021.

③ Kanigel R. The One Best Way: Frederick Winslow Taylor and the Engima of Efficiency. New York: Viking，1997.

就会发现，这些指责实际上是不公正的。实际上，泰勒本人特别强调科学管理不是一种获得效率、计算成本、发放奖金的方式，也不是时间研究和动作研究或职能工长制，相反，它要求工人和管理者双方都要展开一场全面的心理革命。管理者要把经济激励和对工人的亲切关怀结合在一起，必须真心实意地关心工人的福利才能使科学管理取得良好的效果，科学管理也确实起到了帮助工人改善福祉的作用。比如，在自行车轴承钢珠生产厂的案例中，工人的工资比原来高了 80%～100%，工作时间从原来的每天 10.5 个小时缩短到 8.5 个小时，周六有半天的休息时间，在每个工作日中生产厂还会给工人合理安排 4 次休息，每个月还能有自行选择日期的 2 天带薪休假。此外，每名女工还感受到了来自管理者的关怀和照顾，无论她们遇到什么困难，总有老师和管理者来给她们提供帮助。另外一个有力的证据来自泰勒在福特公司的研究，在泰勒设计的流水线的帮助下，福特公司在 1913 年已经把 T 型车的平均生产时间压缩到 93 分钟，价格降低到 575 美元，这直接导致在 1914 年福特公司的市场占有率达到 48%。而与此同时，福特公司员工的日工作时间从 9 个小时减少到 8 个小时，日工资则从 2.83 美元上涨到 5 美元。

由于科学管理原理正式确立于 19 世纪末和 20 世纪初的第二次工业革命时期，而中国在那个时候仍然处在清王朝的统治之下，与世界几乎没有接触，因此，那时对于美国和其他早期市场经济国家来说影响重大的科学管理原理在中国几乎无人知晓，人们更不可能知道它到底能产生多大的威力。而当中国开始进入改革开放时期时，距离西方科学管理原理最兴盛的时期已经过去了七八十年，管理领域早已被质量管理、企业文化、流程再造、战略管理等很多新的概念冲击，人们也理所当然地将科学管理视为已经过时的、毫无用处的“老古董”，大家都希望尽快学习和掌握国外最为先进的管理理念和管理工具，进而做大做强中国的企业，在这种大环境下，大家更不屑于去研究在七八十年前出现的科学管理原理到底讲了些什么，是怎么干的，对其他国家到底产生了多大的影响。因此，可以说科学管理原理的作用和价值在中国被严重低估了。

科学管理并未完全过时

我们不能否认，泰勒的科学管理原理诞生于工业革命时期的美国，有其特定生产技术环境以及人文社会环境，该原理更多是从生产需要的角度而不是个人全面发展需要的角度来思考管理问题，它重点关注的是劳动生产率的提高以及减少人员的浪费。而且它对劳动者的需要所做的假设很简单，即假定劳动者希望满足的最主要需要是获得经济报酬，而且它所采用的对劳动者的生产过程进行严格控制的做法一旦被无限放大，不仅很容易形成对劳动者的盘剥，而且会严重影响员工在工作中的自主性发挥。因此，在管理知识型员工或需要运用人的情感来工作的员工时，简单地套用泰勒管理思想一定是有问题的。此外，现在距离科学管理运动兴起已经整整一个世纪，很多情况都发生了变化，尤其是在知识型员工、互联网、数字技术等各种因素的作用下，很多生产或工作环境已经完全不同于泰勒所处的那种高度可控的、很容易标准化的等级环境，在很多情况下，工作不仅不能进行过度专业化细分、不能强调官僚等级体系和标准化控制，反而要打破专业之间的明确界限，建立敏捷型组织或以团队方式开展工作，也就是说，管理的思维和方式都需要与时俱进。

然而，我们也不能因此就指责产生于美国工业革命时期的泰勒的科学管理原理是错误的，否定科学管理原理对于当前的管理理论和管理实践所具有的价值。一方面，我们应当看到，管理理论和管理实践的发展是一个连续性的过程，科学管理原理是管理学的起点和重要根基，它对管理理论和管理实践都起到了重大的推进作用，比如，恰恰是科学管理原理催生出来的机械化、自动化将劳动者从大量机械性和重复性的劳动中解放出来，同时科学管理思想的成果之一流水线也为后来的流程设计与再造提供了重要的理论和实践基础。另一方面，更为关键的是即使在当今的很多领域中，科学管理原理依然适用且具有极高价值。事实上，正如泰勒指出的那样，外科医生的培养方式几乎与科学管理原理对于工人的培训和教育方式如出一辙，一开始都要由更有经验的人进行严格的监督，同时为他们提供最好的工具，一个细节一个细节地向他们传授工作的技巧。

我在网络上曾经看到一段发生在火车车厢里的很有意思的视频，视频的内容是一位列车员劝说一位年轻人回到自己的座位上去，这位年轻人只买了二等座的票，却坐在没人的一等座上玩电脑。在整段对话中，列车员用各种方式劝说年轻人尽快离开，但效果并不好，年轻人的态度一开始还算平和，但逐渐变得暴躁甚至不讲理。在视频下面的评论中，大部分人都说这位年轻人不讲道理，应该让列车上的乘警把他带走。作为一位人力资源管理问题的研究者，我却看到了问题的另外一面，就是尽管这位列车员表现出很多优点，一看就是受过一定培训的，比如冒着可能发生肢体冲突的危险，用要维护列车秩序等各种理由劝说年轻人离开，用语也比较礼貌，但她在沟通过程中明显存在一个盲点：只关心自己把年轻人赶走这个目标是否已经实现，但是在整个沟通的过程中并没有真正倾听年轻人的话语中透露出来的真实意图。这位年轻人其实一开始并不是想要无赖，只是被提醒之后感觉没面子，有点下不来台，所以请求列车员给自己一点时间，也就是给自己争取一点面子，而不是被人盯着灰溜溜离开而已。

看过这段视频之后我就想，如果我是高铁的人力资源负责人，我一定会反思，在对高铁列车员进行培训的内容中，是否遗漏了一些重要的内容，比如与乘客进行沟通有什么技巧，怎样通过有效的沟通来化解矛盾和解决问题。此外，若有乘客对列车员不尊重甚至动手打人的事情发生，那么怎样才能让这些年轻的列车员知道如何应对此类非常规性的工作场景，既能解决问题，又不会激化矛盾，更不会导致自身受到伤害呢？仅仅让这些列车员自己在工作中慢慢积累经验不仅成本高，需要的时间也长。更好的做法实际上是将这些在高铁上发生的事件做成培训案例，让接受培训的列车员或候选列车员来讨论遇到这样的事情应当怎样应对，正确的应对步骤和技巧是什么，然后总结出最有效的应对策略和方式。这样的培训会让那些甚至还没进行过高铁工作的列车员做到心中有数，不会在面对真实冲突时手足无措。这种做法实际上完全符合泰勒当年提出的观点，即管理者的最重要作用之一就是跟员工一起，帮助他们总结出最佳工作经验或工作实践，然后通过培训的方式让大家都掌握最佳工作方法，从而提高生产率或绩效水平。

此外，在很多其他日常管理情境中，科学管理原理同样大有用武之地。日本的 NHK 电视台在 2007 年拍过一个纪录片《人事、会计聚集地——中国》，讲述了日本的数千家公司已经成功地把 40%～50% 的财务管理、人力资源管理以及办公后勤管理等看似很难外包的工作交给中国外包公司来做，其中的一个重要诀窍就是将相关的工作流程、工作表格以及工作方法等加以标准化处理，然后教给中国外包公司中那些工作经验很少的员工，结果这些事务性工作的成本降低30%～50%。成本之所以能够降低如此之多，并非完全是中国的薪酬水平比日本低的缘故，而是因为这些原本在日本需要具备很多年工作经验的人才能完成的工作，在被进行标准化、流程化处理之后，可以让只有很少工作经验甚至没有工作经验的人来完成，这才是问题的关键。而这正是科学管理原理应用的一个典型场景。

当今世界，人工智能已经开始在很多领域承担过去由白领员工承担的一些工作，首先被替代的便是那些看似需要一定脑力或经验，但实际上规范性很强、重复性很高的工作，而这种情况实际上就是在科学管理原理的推动下最终用机器替代蓝领工人的一个翻版而已。此外，科学管理原理在投资领域同样有效。全球最大的对冲基金桥水基金的创始人瑞·达利欧（Ray Dalio）在《原则》一书中实际上也表达了类似的观点。在谈及桥水基金为什么能成功预测2008年爆发的金融危机以及取得较高的投资收益率时，他坦率地指出其主要做法就是以算法的形式将自己的决策标准表达出来，并通过试错的方式不断优化，借助计算机系统采取原则驱动型的决策方式。计算机不仅能够处理更多的信息，而且能够不带任何感情地以更快的速度处理信息，因此这种决策系统可以比人做出更好的决策，有助于提高集体决策的质量。实际上我们可以把桥水基金这种计算机化的投资决策系统视为泰勒的科学管理原理在投资领域的典型应用。也就是说，在不断检验现有决策标准有效性的基础上，不断优化决策标准，然后通过严格执行到目前为止最为有效的决策标准做出科学的投资决策，从而避免个人由于获得和处理信息的能力不足以及个人情绪化决策等造成投资决策失误。总结上述例子不难看出，尽管科学管理原理确实是诞生于工业生产环境，更多是从一线的生产活动总结出来的，但其基本原理在当今的很多领域仍然具有重要的应用价值。

我们说科学管理的很多思想仍然是有价值的，其中非常重要的一点是科学的衡量是管理的基础，没有衡量就无法管理，泰勒认识到了衡量是优化和改进的基础，是从经验管理和粗放管理进入科学管理和精细管理的必由之路。基于准确的衡量实施管理的观点不仅得到了彼得·德鲁克的高度认同，同样也是今天企业界的共识。现在的许多标准化管理认证体系比如国际标准化组织、良好生产规范、全面质量管理等都发端于泰勒提出的工作标准化思想及其工作方法。诞生于 1992 年，曾被《哈佛商业评论》赞誉为过去 75 年来最具影响力的系统管理方法的平衡计分卡是一套应用价值极高的战略管理和绩效管理的方法论和操作工具，但其最重要的一个理论假设同样是“没有衡量就没有管理”。不仅如此，近年来越来越受重视的所谓基于证据的管理或循证管理（evidence-based management）以及管理的数字化转型等，同样是对泰勒科学管理原理中基于数据和事实的管理的一种改进和优化（后面我们会讨论循证人力资源管理及其数字化的问题）。此外，需要强调的是，尽管泰勒重视衡量，却并不认为衡量的目的仅仅在于对员工进行奖惩。他在通过科学的衡量或测量制定出相对合理的工作标准之外，更关心如何通过雇用正确的人、对员工进行培训、设计与工作结果挂钩的奖励性薪酬、合理调整工作现场安排和改良生产工具等各种方式来提高员工的生产率。换言之，科学管理的核心并不在于一直不断地提高对劳动者的绩效标准要求，在帮助员工获得优良绩效方面能够产生的作用才是重点。用绩效管理的语言来解释，泰勒希望管理者扮演的是员工的导师和教练的角色，通过在工作过程中对员工进行贴身辅导来帮助他们提高工作绩效，而不仅仅是扮演惩罚者、考核者或执法者的角色。所以，利用大数据监控和惩罚员工的这口“黑锅”不应该让泰勒来背。

泰勒的科学管理原理不仅告诉我们管理的本质其实就是以正确的方式管理正确的人，而且为我们提供了很多直到今天仍然极有价值的人力资源管理思路与基本原则。对中国企业和企业领导者来说，学习科学管理原理主要有两个方面的目的：一是苦练企业管理的基本功，坚持基于科学的方法和手段对工作流程、生产工具、工作方法等等进行不断的优化和改进，同时利用好互联网、现代信息通信技术、人工智能等先进手段和工具，持续不断地提高劳动生产率；二是认清管理的本质是管理人，下决心把一部分时间、精力和注意力从对经营活动以及对事的管理转移一些到对人的问题的思考和行动上，把人力资源管理真正渗透到企业经营管理的每一个角落。只有辩证地看待科学管理原理，在继承中发展，苦练基本功，才有可能真正把企业的人力资源管理工作乃至整体的管理工作做好。

中国企业管理的独特发展进程

在密歇根大学授课的这段经历尤其是在亨利·福特博物馆的那次参观，使我开始更多地思考中国的工业化进程与发达国家之间的明显差异。

中国经历农业社会和封建社会[①]的时间很长，但在此后并未经历一场轰轰烈烈的工业革命的洗礼，而是先经历了长达30年的计划经济时期，在改革开放之后才迅速开始大规模的工业化。我国的工业化进程滞后于英国200年左右，滞后于美国100年左右，不仅如此，直到今天我国的工业化进程仍然不能算是彻底完成，因为中国从事第三产业的劳动力所占的比重依然很高（根据人力资源社会保障部的公报，到2023年末，我国第一产业中的就业人员仍然占到22.8%），与发达国家的差距很大（美国仅为2%左右）。中国的这种独特的经济和社会发展过程决定了我们的农业思维甚至封建思维并没有在一场彻底的工业革命中被改造，而是一边继续工业革命，一边发展高科技产业以及各种第三产业，这种情况决定了我们在思想观念、思维方式以及工作方式和组织方式方面必然会有很多与现代市场经济和现代管理要求不相适应之处。在美国工业化阶段诞生的科学管理原理，对于中国的工业化进程以及未来管理的发展都仍然有着重要的指导意义。

说到这里，我想起曾经流传的一个题为《哈佛医生来上海做了八台手术，我们医生为何汗颜？》的帖子，其中讲述了由哈佛医学院马萨诸塞州总医院心胸外科专家斯坦利（Stanley）教授领衔的手术小组，受复旦大学附属华山医院的邀请，在该院为国内8位病人开展从诊断、分析、手术直至术后康复的全套医疗服务，中方医护人员全程跟踪观摩。这8台手

① 有很多历史学家认为我国历史上经历的实际上并非真正意义上的封建社会，因为封建是一种分封的政治制度，即帝王把爵位、土地分赐亲戚或功臣，使之在各自区域内建立邦国。而从秦统一六国到清朝灭亡的2 000多年时间里，封建制度只是与郡县制并存的一种制度，存在的时间十分有限，加起来不过200年，占2 000多年的1/10不到，所以称为封建社会十分牵强。

术在难度上并不顶尖，这些心脏搭桥手术和心脏瓣膜手术在上海有不少外科医生已经操作得相当娴熟。真正让大家感到不一样的是哈佛医生团队对手术规范近乎刻板的严格执行。在手术前，哈佛医生团队会准备一份科学、规范、合理的流程要求，涉及麻醉、手术、重症监护等各个流程，所有相关人员都必须严格执行。比如，在手术中为麻醉、气道所准备的药物、器械等都必须在术前按严格规范摆在固定位置。再比如，国内医院在进行手术时，监护仪往往只有一个显示屏，由麻醉师负责监测手术中病人的生命体征状况，主刀医生需要不断询问麻醉师，但哈佛医生团队坚持必须有一个监护仪副显示屏让主刀医生实时观察病人的生命体征状况，否则就绝不动手术。而这些在哈佛专家看来极其常规的流程和要求，在国内医学界却并不常规。比如，在国内手术中可能需要用到的药物和器械等在术前都可能没做好充分准备。

刚看到这个帖子的时候，我对其真实性不太确定，为了核实其真伪尤其是搞清楚发表时间，我查了很多资料，尽管没有找到正式出处，但大多数转载都称其来自发表于《羊城晚报》的一篇原标题是《八面来风：哈佛医生令中国医生汗颜》的文章，是一位名为刘琳的记者所写，可以找到这篇文章的最早发表时间是 2003 年 12 月 22 日。很显然，这已经是 20 多年前的事情，相信中国医学领域在这些年已经取得了很大的发展，当初的这些缺陷大多已经被很好地弥补了。但不可否认的是，诸多证据表明中国和发达国家在医学领域的差距依然存在，其中既有医疗技术和医疗设备方面的差距，也有医疗管理以及医疗人力资源管理方面的差距。事实上，由于缺乏工业革命洗礼而形成的管理不够精细和规范的问题，在我国的医疗、生产制造、工程建筑以及研究、开发等诸多领域中经常会暴露出来，其中自然包括人力资源管理领域。

在与我国企业打交道的过程中，我发现很多企业在人力资源管理领域出现的很多问题的根源在于管理基础差，这些企业往往对人力资源管理的基本原理、技术和方法都没能够很好地掌握，因此就很难配合企业的发展战略和竞争需要来科学地实施人力资源管理。它们既缺乏清晰的人力资源管理理念，又不能根据中国的实际情况以及企业的具体发展阶段、竞争态势以及劳动力市场的状况来选择适用于自己的管理工具和管理方法，要么完全根据企业所有者或领导者个人的喜好或固有看法来管人，要么到处求医问药，刻板地借鉴其他企业的人力资源管理经验，甚至一味地追求所谓的最新人力资源管理技术和工具。

正因为如此，我在给中国企业管理者讲课时多次强调，中国企业其实更应该认真研读泰勒的科学管理原理，领会其中的管理思维与管理方法，包括其中体现的系统性人力资源管理思想，然后做到活学活用，在继承中不断发展和演化。可以说，在整个管理领域包括人力资源管理领域，很多中国企业就像是起点不高、基础不太好的学生，要想迎头赶上并超越，发展出不仅适合企业自身，而且有可能影响全世界的管理理念和管理实践，就必须在努力补好旧课的同时，努力学会新的课程。这个过程会比较辛苦，但只要坚持，就会看到成效。或许有人对这种补课论感到不以为然，认为中国完全可以在管理领域实现弯道超车，超越工业时代的管理思维，直接进入互联网和数字化时代的管理新领域。

这一点让人不禁联想到中国的技术进步问题，改革开放之后中国赶上了全球化的热潮，加入 WTO，在诸多领域取得了长足的进步，甚至在某些领域让英美等发达国家都感受到压力，但工业化基础并不牢固的中国在美国的技术封锁之下很快发现，即使具备芯片设计能力，但想要大规模、快速生产出高性能的芯片，还是存在很大的难度，甚至连华为这样的大企业也因此陷入被动。有些人想当然地以为中国即使在工业革命时代落后，也完全可以在智能化时代弯道超车，但这种想法在现实中很难实现，所谓的后发优势并不像很多人宣称的那样轻而易举地就能实现。

当然，我们所说的补课当然不是让中国企业去照搬泰勒在多年前的那些具体做法，毕竟随着第四次工业革命和数字化时代的到来，现在的工作场景和在工作中运用的设备、工具等等与那时有着极大的差异，知识型员工早就替代了传统的体力型员工，因此，我们的企业要学的是理解管理的底层逻辑，思考在现代企业制度和新技术条件下的管理思维和管理方法，而不是亦步亦趋地去重复百年前的老路。总之，沿着历史的长河去领会管理的初心，了解其百年来的发展演变过程，会更加有利于中国的企业和企业家更好地掌握管理的精髓。

03

不要总想寻找管理的万灵药

中国武术到底行不行

最近这些年，中国武术界颇不宁静。起因是一位名叫徐小冬的北京业余散打选手公开挑战各大武术门派，先是把第一个出来应战的太极雷雷轻轻松松地打翻在地，接着又把咏春大弟子丁浩打得毫无招架之力，另外一位所谓的民间点穴高手被他打得鼻青脸肿。面对徐小冬的公开叫阵，很多传统武术门派虽然嘴上嚷嚷得凶，但并没有人真的再去跟他直接过招。就在这件事情渐渐平息之时，自称“浑元形意太极拳掌门人”的马保国吸引了大家的眼球。马保国在网上多次宣称自家祖传的这套武功如何了得，其父亲曾在抗日战场上一人单挑几个敌人，自己也曾打败英国的大力士。然而，2020 年 5 月，在山东举办的一场民间武术比赛中，69 岁的马保国与 50 岁的民间武术家、搏击教练王庆民公开对战，结果马保国在 30 秒之内被打倒 3 次，所谓的神奇武功不攻自破。而马保国在事后的自我辩解之词“年轻人不讲武德，偷袭 69 岁的老同志”“我大意了啊”等成为网络笑谈，那句奉劝年轻人“好自为之”的话，也被按照方言发音改编成“耗子尾汁”而成为风行一时的网络新词。

中国武术界的这种尴尬引发了我极大的兴趣，因为在我们这一代人的成长过程中，武打小说和武打片可以说是精彩的组成部分之一。1980 年，还在上小学的我在电影院中观看了新中国第一部武打片《神秘的大佛》。两年后，我上初中，李连杰主演的武打片《少林寺》上映，当时在县城里引起极大轰动，到现在我都记得电影院门口那种人山人海的景象，连续很多天每天晚上都要循环放映很多场，大有全县人民都得看一遍的架势。张三丰、霍元甲、黄飞鸿等武林高手的形象就这样在我们的心中打上了深深的烙印，我们像今天的年轻人迷恋电子游戏一样迷恋金庸、梁羽生、古龙等人的武侠小说。那时候的男孩子恐怕没几个人不是怀揣着一个武侠梦的，记得在上初中时，我们班的男生甚至在课间分成两拨人，在校园中模仿武侠片进行对打，我因为跟一个男生两腿迎面对撞，腿疼了很久才好。上大学时，班上有几位男同学还经常去租武侠小说看。

可以说，我们这一代人是做过武侠梦的人，很多人谈起武术都是自豪感满满的，现在让我们看到原来这些所谓的武术大师根本不堪一击，确实感到非常震撼。正因为如此，我试图去搞清楚一件事，就是到底是中国武术不行，还是仅仅是因为目前的这帮人不行？在看了一些专业人士的解读和评论之后，我大体上得出了这样一个结论：武林高手应该是真的有，这些人要么是本人天赋异禀（比如躲闪能力高超、出拳速度快、抗击打能力很强等等），要么是在后天做了很多刻苦的基本功训练（比如肌肉、体力、耐力训练等等）以及实战演练，或者两者兼而有之。而前面提到的这些所谓的武林高手之所以不行，是因为他们既没有天赋异禀，又缺乏后天的扎实基本功训练，更没有真正的实战经验，最后可能就只剩下一些糊弄人的花架子。现实中，全世界都知道中国功夫的代表人物是李小龙，很多人都以为李小龙的功夫过硬是因为他练了咏春拳，但我在网上看了很多李小龙展示肌肉的照片以及他平时做各种动作训练的照片之后突然意识到，很可能并不是咏春拳造就了李小龙。实际上，李小龙并非咏春拳的嫡传弟子，他只不过是在习武的过程中练习过咏春拳而已。所以，实际上并不是李小龙靠着咏春拳成为武术大师，恰恰相反，是咏春拳沾了刻苦训练、基本功扎实的李小龙的光发扬光大了。

其实，在中国武术界发生的这些事情几乎每天都在中国企业的人力资源管理领域上演。很多企业以及人力资源管理从业者整天追着时髦的管理概念跑，见到最新的人力资源管理工具恨不能马上去热烈拥抱。然而只要稍微深入分析一下就很容易发现这些企业或人力资源管理从业者的基本功实在是让人不敢恭维，而他们也并不想花时间和精力去练基本功，而是寄希望于管理领域出现某种绝世武功或灵丹妙药。

练好人力资源管理基本功至关重要

最近这些年，在各种管理论坛上大家张口必谈 VUCA 时代的来临，仿佛未来变得完全不可预知，人人自危。其实，“VUCA”一词——不稳定性（volatility）、不确定性（uncertainty）、复杂（complexity）、模糊（ambiguity）四个英文单词的首字母缩略语——早在 20 世纪 90 年代就被用于形容当时的国际环境，后来又被用于形容商业环境与过去的不同，现在则被引申到管理领域，告诉大家管理面临很多新的挑战。然而，无论是军事环境、商业环境还是管理环境，虽然都处于不断发展和演变之中，但绝大部分基本逻辑并未发生根本性的变化。比如，战争的胜利靠的是实力（表现为人、财、物的数量和质量）和打到底的动力；企业要想长期健康发展，就必须能够持续为客户创造价值；企业要想激发员工的工作热情，首先必须要理解员工的需要。至于做事的具体方法和模式，可以有很多种，虽然变化的东西很多，但仍然有很多东西是不变的，正如数学中的定理不会变化一样。有了这些不变的东西，我们就可以不必惊慌失措。

在过去的这段时间里，数字化转型（当然也少不了人力资源管理的数字化转型）迅速成为新的热门话题，各种数字化转型的论坛层出不穷，谈数字化又成了一种时髦。但可悲的是，根据麦肯锡的调查，数字化转型的成功率大概只有 20%，因为数字化转型的根基并不在数字化，只不过是在原有的管理理念和管理实践的基础上增加了数字化这种手段而已，所以眼睛光盯着数字化是没用的，如果企业的管理理念、管理方式、领导风格、人力资源、组织文化都跟不上时代发展的变化，一味地在数字化上投钱，恐怕于事无补。

基本功的重要性在日常生活以及各个领域中几乎是不言自明的，比如，做学术要练好基本功，包括接受良好的学术训练，大量阅读相关文献，不断地写文章和投稿，主动与同行多做交流，等等。再比如，从政也需要练好基本功，除了掌握各种基本的知识、技能之外，个人品性的养成和修炼也很重要，同时还要有足够的一线工作经验，正如韩非子告诫的“宰相必起于州部，猛将必发于卒伍”。在体育界，基本功的重要性众所周知，美国篮球明星科比在职业生涯中 18 次全明星首发，15 次入选最佳阵容，拿过 5 次美职篮总冠军奖杯，他的那句“你见过洛杉矶凌晨四点钟的太阳吗”非常形象地说明了苦练基本功的重要性。一次在人力资源总监班授课时，一位学员告诉我，郎平教练刚刚接手中国女排时，本来是想从高阶训练开始的，但是她发现仅仅讲战术根本没用，因为女排队员的基本功还存在很大的不足，因此，她从应当如何高效、安全地倒地翻滚等这样一些基本功开始教起。

美国畅销书作家马尔科姆·格拉德威尔（Malcolm Gladwell）在总

结各领域成功人士的特征时提到了“一万小时定律”，该定律的含义是，人们眼中的那些天才之所以卓越非凡，并不是因为他们的天资高人一等，而是因为他们持续不断地付出努力。一万个小时的锤炼是任何人从平凡变成世界级大师的必要条件。这种证据在诸多领域都可以找到，比如著名作曲家莫扎特（Mozart）、国际象棋大师鲍比·费舍尔（Bobby Fischer）等等。[①] 其实，这个定律并非马尔科姆·格拉德威尔首创的。赫伯特·西蒙（Herbert Simon）和威廉·蔡斯（William Chase）在 1973 年发表的一项关于国际象棋的研究得出了一个著名的结论：在国际象棋领域没有速成专家，更没有速成高手或大师，当时所有大师级别的棋手都花了至少 10 年的时间在国际象棋上，都投入了大量精力，无一例外。也就是说，练习时间长是国际象棋大师成功的关键。他们也承认，在练习与天赋之间是存在相互作用的，某些基本认知能力的组合可能对下国际象棋有特别的意义，然而没有证据表明大师在基本智力因素上的表现高于平均水平，国际象棋技能的获得在很大程度上取决于对许多熟悉的国际象棋模式的识别记忆的建立，因此，成为大师的第一步是要进行数千个小时的练习。[②] 通俗地讲，这些国际象棋大师实际上就是因为练习的时间足够多，所以在脑子里记下来很多棋局的模块或组块，从而下棋水平有了极大提升。

其他很多研究也得出了类似的结论，比如心理学家安德斯·埃里克森（Anders Ericsson）和柏林音乐学院的两位同事在 20 世纪 90 年代初进行的一项研究也得出了类似结论。在音乐学院教授的帮助下，他们将学校

---

① 马尔科姆·格拉德威尔 . 异类 . 北京：中信出版社，2020.

② Simon H A, Chase W G. Skill in Chess. American Scientist, 1973, 61(4).

的小提琴手分成三组。第一组是有潜力成为世界级小提琴独奏家的明星学生；第二组是被判定为只是优秀的学生；第三组是那些不太可能成为专业演奏家，只是打算成为公立学校音乐教师的学生。然后，他们询问这些小提琴手同一个问题：从你第一次拿起小提琴开始共练习了多少小时？这三组中的每个人都是在 5 岁左右开始演奏小提琴的。最初几年中，每个人的练习时间大致相同，每周 2～3 个小时。但当他们到了 8 岁左右时就开始出现差异了。第一组学生从一开始就比其他学生练习时间更长：9 岁时每周练习 6 个小时，12 岁时每周练习 8 个小时，14 岁时每周练习 16 个小时，到 20 岁时，他们每周练习的时间远超过 30 个小时。这些顶尖学生到 20 岁时的个人练习时间总计已达 10 000 个小时。相比之下，第二组学生总共花了 8 000 个小时，而未来准备当音乐老师的学生总共只花了 4 000 多个小时。[①] 很显然，一万小时定律强调了练习和长期积累的重要性，强调了基本功的重要性。

但也要注意，从职业发展的角度来说，一万小时定律并不意味着一个人要想取得出色的成绩，就一定要在一个非常狭窄的领域中去不断地练习和重复。在很多情况下，在一个狭窄领域中长期练习取得成功的做法只是局限在那些环境友好的行业之中，一旦行业环境恶劣或多变，过度专业化的模式便行不通了。很多人反而在一开始时并没有走专业化的道路，而是广泛涉猎，最后同样取得了极大的成功。在运动领域就有很多走两种不同职业发展道路的例子。比如，美国高尔夫球手泰格·伍兹（Tiger Woods）这样的高手从 4 岁甚至更早就已经开始接受专业训练了，

① Ericsson K A, Krampe R T, Tesch-Römer C. The Role of Deliberate Practice in Expert Performance: Revisiting. Psychological Review, 1993, 100(3).

而著名的网球选手罗杰·费德勒（Roger Federer）则完全相反，尽管他母亲就是网球教练，但并未刻意培养儿子对网球的兴趣，费德勒年轻时玩过篮球、手球、网球、乒乓球、足球等各种球类，直到最后才放弃其他体育项目尤其是足球，专注于网球。很多网球巨星在30岁就退役了，而他在那个年龄仍然稳居世界第一。此外，著名画家梵高（van Gogh）和著名作家、《哈利·波特》的作者罗琳（J. K. Rowling）等很多名人同样是早年发散式发展，到后来才取得巨大成功的。①

从上面的例子可以看出，对于个人的职业发展来说，要想取得在某一领域的顶级成就，基本功从来都是极其重要的，要么是必须在本领域中长期积累，要么是必须持续性地进行跨领域的尝试，成功从来就没有捷径。正如老子在《道德经》中所说的："合抱之木，生于毫末；九层之台，起于累土；千里之行，始于足下。"对于个人是这样，对于一个组织来说，要想取得成功、超越竞争对手，同样离不开对基本功的全面修炼，需要做好各方面的积累，在人力资源管理领域亦是如此。所谓"基础不牢，地动山摇"，绝非夸张的说法。

中国企业的人力资源管理发展历程与西方企业存在非常明显的差异。西方的人力资源管理一直是在市场经济的大背景下不断发展和演变的，这是一个稳定渐进的过程。以美国为例，其人力资源管理发端于美国工业革命如火如荼的科学管理时期，后来经历了传统人事管理阶段（大约20世纪30年代到50年代）、人力资源管理阶段（大约20世纪60年代到80年代）、战略性人力资源管理或人力资本管理阶段（开始于20世纪

---

① 大卫·爱泼斯坦. 成长的边界：超专业化时代为什么通才能成功. 北京：北京联合出版有限公司，2021.

90 年代，也有人说进入 21 世纪美国人力资源管理已经发展到人才管理的新阶段)。新中国的人力资源管理在经历了漫长的计划经济之后才步入正轨。从 1949 年到 1978 年，我国处于计划经济下的劳动人事管理阶段，企业基本没有用人自主权，国家统一制定劳动人事制度。从 1978 年开始，随着我国走上改革开放道路，国有企业用人自主权逐渐被下放，乡镇集体企业和私营企业也开始积累对人进行管理的经验。1992 年确立社会主义市场经济体制以后，劳动力市场的作用逐渐得到发挥，人力资源管理的重要性也慢慢被中国企业尤其是市场化程度较高的民营企业认识到。华为在 20 世纪 90 年代末开始不断引入各种外部管理咨询，包括《华为基本法》的起草，是人力资源管理受到中国企业重视的重要标志之一。

然而，不得不承认，直到今天中国很多民营企业的人力资源管理基础还十分薄弱，简单粗放甚至违法违规的管理方式仍然屡见不鲜，国有企业的人力资源管理机制长期以来也一直难以破局。一个最明显的证据就是，在 21 世纪初就推行的国有企业“三项制度”(劳动制度、人事制度、分配制度)改革，即“人员能进能出、干部能上能下、工资能升能降”的人力资源管理机制在 20 多年之后仍未完全落地。以至于到了 2019 年，国务院国资委不得不再次将“三项制度”改革专项行动作为国企改革重点内容，要求国有企业加快构建市场化选人用人和激励约束机制，把“三项制度”改革作为国企混改中“改机制”的核心内容。国务院国资委将改革的目标微调为“干部能上能下、员工能进能出、收入能增能减”。尽管“国有企业改革三年行动方案”在 2023 年已经正式宣布结束，但国有企业的“三项制度”并未受到根本性的触动，形式大于内容。

进入 21 世纪以来，中国的国内外形势都变得更加复杂，先是 2008

年美国金融危机爆发，接着是中美贸易摩擦，后来2020年在世界范围内暴发了影响面极大的新冠疫情。在此期间，随着数字化进程的不断加快，新经济、互联网经济、平台经济等各种新经济形态出现，企业和员工之间的传统雇佣关系发生了一系列的变化，非常规性的雇佣关系越来越多。与此同时，在互联网出现之后出生的新生代员工在职场中越来越占据主导地位，这些互联网的“原住民”在世界观、人生观和价值观方面与过去的劳动者呈现出非常明显的差异，他们在不断挑战基于传统的等级秩序和控制体系设计出来的组织设计与管理方式。中国企业一方面面临人力资源管理基础薄弱的历史缺陷，另一方面又不得不应对新时期的种种不确定因素，只有下决心苦练人力资源管理基本功，同时注重根据当前国内外经营环境的变化不断开展创新性的人力资源管理活动，才有可能创造出一波新的“人力资源管理红利”。

人力资源管理是科学、技术和艺术的三位一体

人力资源管理是一个包含科学、技术和艺术三种要素的和谐系统（见图3-1）。在现实中，人力资源管理问题从来就没有一个所谓的标准答案，企业必须依据一定的人力资源管理基本原理，在综合考虑各种影响因素的基础上，首先找准问题的症结，厘清解决问题的思路和对策，最后制定妥善的行动方案一步一步地将问题解决掉。由于人力资源管理是跟人打交道的，因此在运用任何人力资源管理技术、工具和方法的时候，都必须考虑到人的差异性，也就是说人力资源管理既需要理论支撑，也需要运用恰当的技术，还需要足够的管理艺术。

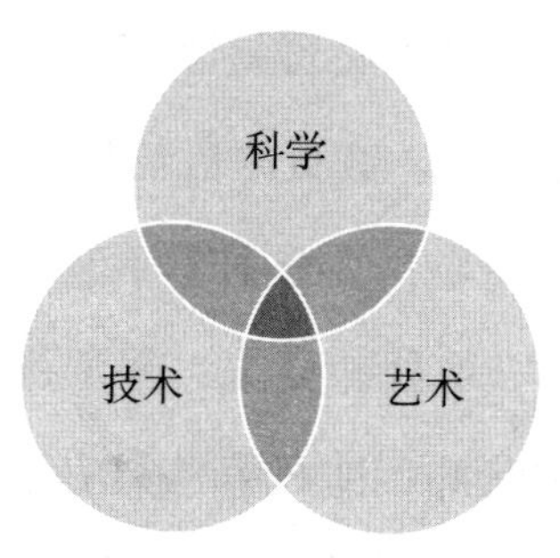

图 3－1　人力资源管理并不简单

首先，人力资源管理是一门科学。这是因为人力资源管理是以组织中的人为研究对象的，不仅要能够正确理解组织中的人，还需要充分理解作为独立个体的人、作为家庭成员的人以及作为社会一员的人。因此，除了管理学的各种理论之外，心理学、经济学、社会学、法学、政治学、人类学、哲学等所有与人有关的学科中的相关理论，都有助于我们理解组织中的人及其行为规律。以薪酬为例，要想理解薪酬的含义及其可能产生的影响，就必须理解各种学科对薪酬的解读，比如，从经济学的角度来说，薪酬是劳动力的市场价位，因此薪酬水平的高低在本质上取决于劳动者所属的同类劳动者群体在劳动力市场上的供求对比情况，供大于求的劳动力的薪酬水平不仅很难上涨，甚至可能下降或找不到工作，而供小于求的劳动力的薪酬水平往往较容易上涨甚至出现大幅上涨。从心理学的角度来说，人们普遍对薪酬的公平性有很高的期待，在其他情况一定的条件下，薪酬水平越高通常越容易让员工产生公平感，但心理学中对公平感的解读又取决于劳动者与他人之间的对比，也就是本人的投入（即劳动付出）产出（即得到的薪酬）之比与他人的投入产出之比相比较的公平程度，因此企业不仅要在条件允许的情况下尽可能支付高水平的薪酬，同时要注意确保薪酬水平的内部公平性以及与外部其他劳动者相比较的外部公平性。此外，从社会学的角度来说，一个人在组织内的薪酬水平在一定程度上能够代表其在组织内的社会地位，同时会影响其在家庭和社会中的相对地位，同时员工的薪酬水平还会直接影响员工及其家庭在社会中的消费水平。从政治学的角度来说，企业内的薪酬水平及其调整方面的决策还会涉及组织内的政治，比如，更受重视的员工或部门的利益会得到优先保障，同时在很多市场经济国家，工会在企业薪酬水平决定和调整方面也有很大的影响力，成为企业和员工博弈非常重要的一个方面。从法学的角度来说，劳动者通过付出劳动获得正当报酬，这是法律赋予劳动者的基本权利之一，而且企业提供的薪酬水平往往还需要满足法律法规的要求。因此，为了有效地做好企业的人力资源管理工作，企业的人力资源管理工作者不仅需要懂得怎样处理人力资源管理的各种具体事务，还需要对人力资源管理决策背后的这些理论有充分的理解。

其次，人力资源管理是一门技术。在人力资源管理实践中，要想理解、分析各种具体的人力资源管理问题并找到解决问题的方案，往往需要采用一些人力资源管理的技术，设计和开发一些满足各种人力资源管理需要的工具和方法。比如，用于核算工作量的定岗定员技术，用于评价岗位重要性从而划定薪酬等级的岗位评价工具，用于衡量组织以及员工个人绩效的关键绩效指标方法，用于实施战略管理和绩效管理的平衡计分卡，用于进行员工甄选和配置的胜任素质模型以及各种测评工具等，这些都是实施人力资源管理不可或缺的工具和方法。随着时代的发展，还会有更多的人力资源管理工具和方法应运而生。但需要注意的是，任何人力资源管理工具和方法的使用都有其适用和不适用的情况，而且需要具备这些工具和方法取得成功所需的一些前提条件或边界条件，并不存在放之四海而皆准的人力资源管理工具和方法。有时候，国外最新的人力资源管理工具和方法同样适用于中国企业，但在另外一些情况下，情况并非如此。因此，企业应当清楚，在选择和使用人力资源管理技术时，不要迷信技术本身，一定要搞清楚这种人力资源管理技术背后的基本原理、适用条件以及使用时应当注意的问题，否则，要么是采用的人力资源管理技术本身不对，要么是技术和工具选对了，却因操作不当达不到预期效果。

最后，人力资源管理还是一门艺术。这是因为企业的人力资源管理活动需要考虑很多的个性化变量，并不存在一种适合所有企业或各种不同企业发展阶段的最优人力资源管理模式。企业在构建人力资源管理体系以及进行人力资源管理实践的时候，不仅需要考虑企业在外部面临的政治、经济、社会和法律环境以及竞争状况等，还必须考虑企业所处的发展阶段、面临的主要挑战、员工队伍的构成及特点、当前存在的最突出人力资源管理矛盾等各个方面的情况。尤其是当企业必须实施人力资源变革时，不仅需要分析方方面面的条件，选择恰当的变革时机，还需要确定科学实用的变革实施步骤和方法，这些对于企业高层领导者的领导艺术以及中层和基层管理者的管理能力都是很大的挑战。另外，企业的人力资源管理除了制度和体系设计与变革之外，更多地体现在管理者与员工的日常工作接触和互动过程中，管理者是否能够全面了解自己的管理对象，并选择正确的管理方法和工作方式，都会直接影响员工的工作态度和工作绩效，决定他们的满意度、敬业度或幸福度，所以领导者和管理者的领导力水平会影响企业的人力资源管理水平以及企业文化。在现实中，很多企业并没有意识到各级管理者的领导力与人力资源管理之间的密切联系。事实上，在任何一个组织中，领导者和管理者的领导对象都是下级员工，如果抛开领导者的领导对象孤立地讨论领导力，实际上是毫无意义的。在当前的学术研究中，学者们开发出了诸多领导风格，比如交易型领导、变革型领导、道德型领导、服务型领导、谦逊型领导、辱虐型领导等等，但正如情境领导理论所揭示的，各种领导风格是否有效，最终还是要看实施领导时所处的情境，而在这种情境中最重要的因素之一就是领导者领导的是谁，以及在什么情况下领导这些人完成什么样的任务，达到哪些目标。

在现实中，我们经常会发现很多企业领导者把人的管理问题看得非常简单，似乎只要找到行之有效的管理技术和工具，人力资源管理的问题就迎刃而解了。也正因为企业把人的管理和激励问题看得过于简单，导致员工对企业的各种管理措施有了各种花式吐槽。若干年前，我在一家大型电力企业做咨询的时候，其员工曾经发给我这样一段表达不满的俏皮话："行风评议整死你；以人为本哄死你；混蛋客户害死你；精细管理累死你；人力提升骗死你；绩效考核气死你！"大家从中不难看出，这家企业为了提升组织绩效对员工用了很多种管理手段，尽管这些管理手段本身很可能是必要的，但如果员工不理解，或者管理人员在操作时过分强调了管控或惩罚的性质，也没能在实施这些管理手段之前、之中以及之后坦率和充分地沟通，缺乏对员工足够的人文关怀，那么好的管理技术最终也会遭到员工的反对或变相抵制，不利于真正激发员工的工作积极性和创造力。

岗位管理依然重要

中国企业在人力资源管理方面不愿意苦练基本功，而是试图寻找马上能干脆彻底解决问题的万灵药的例子有很多。举例来说，岗位管理是整个人力资源管理体系中最重要的基本工作之一，但很多企业的岗位管理水平不能令人满意。岗位是大多数企业实施人力资源管理的一个基本单元，企业首先根据战略设计组织结构，然后在每一个部门内部设置明确的岗位，同时以岗位说明书（岗位描述）的方式明确界定一个岗位的工作职责范围和需要完成的主要工作任务，以及岗位任职者需要具备的基本任职资格条件。传统的人力资源管理体系正是以岗位为中心建立起来的：按照岗位的任职资格条件要求来招募和甄选员工，从而实现人岗匹配；以岗位的工作职责和工作任务为基础确定员工的绩效考核指标及考核要求；基于对岗位的知识技能、努力程度、责任、工作条件等特征进行岗位评价，进而确定不同岗位的基本薪酬等级；根据岗位对任职者的要求、员工的实际工作表现以及晋升的岗位要求等确定应当对员工进行何种类型的培训；等等。可以说，岗位管理是整个人力资源管理体系最重要的一个根基，这个根基不牢靠，就会使得整个人力资源管理大厦存在极大的风险。

当然，随着业务流程再造、组织结构扁平化、知识型员工以及人工智能的发展等新情况的出现，很多岗位本身都在发生变化：有些岗位的工作职责和内容发生了较大的调整或者需要保持一定的灵活度；有些岗位对人的要求也变得与过去有所不同；很多旧的岗位逐渐消失了，更多新的岗位在不断涌现。不仅如此，在传统上过度强调以岗位为中心的管理情况也受到更多的挑战。正因为如此，人才管理的新概念出现了，它强调应当突破过去基于岗位管理、招募甄选、培训开发、绩效管理、薪酬管理等人力资源管理职能模块进行人力资源管理的框架，将人而不是岗位或人力资源管理的各职能模块置于人力资源管理的中心地位，要对员工从进入组织、在组织中工作和流动以及最终离开组织的整个过程进行管理。

那么，这种新的人力资源管理趋势是否意味着岗位不重要了，岗位分析和岗位管理变得过时了呢？显然不是。岗位并未像某些人十几年前宣称的那样会彻底消失。一方面，无论是在传统的生产制造企业，还是在现代金融和高科技企业，大量的岗位依然存在，而且依然是企业实施人力资源管理一个非常重要的基础。另一方面，很多人力资源管理的新工具和新方法同样离不开岗位这个非常重要的基础。比如，胜任素质模型的概念就是对传统的以岗位为中心的人力资源管理的一种很好的补充，它通过对同一类岗位或工作中的绩效优秀员工与绩效一般员工以及绩效较差员工进行对比研究，得到绩效优秀员工在知识技能、价值观、工作动机以及人格特点等方面的差异，然后根据构建出的胜任素质模型来优化企业的员工招募和甄选工作以及培训开发工作等。但胜任素质模型仍然不可能脱离岗位而单独存在，胜任素质模型是对在某一类岗位或工作中做得最优秀的员工的特征所做的总结和提炼，离开了岗位或工作本身的工作职责和工作任务，离开了岗位需要得到的绩效考核要求，胜任素质模型就成了无源之水、无本之木。而很多企业之所以在构建胜任素质模型时误入歧途，把胜任素质模型这样一个非常好的概念搞得极其复杂且无用，很重要的一个原因就是脱离了岗位或工作这个最重要的基础，无限放大胜任素质模型所能覆盖的人群范围。有些企业甚至去构建适用于整个公司全体员工的所谓胜任素质模型，当胜任素质模型离具体的岗位或工作越来越远的时候，也就意味着其变得越来越没用。

中国企业之所以需要练好岗位管理这个基本功，跟我们在前面谈到的中国没有经过系统化的工业革命洗礼有很大关系。美国等发达国家早期经历过严格的专业分工和岗位管理阶段，对岗位的职责、任务、工作量等进行过科学的研究和设计，甚至僵化到“只有电工才能换灯泡”的地步。而我国从在计划经济时期建立工厂开始，采取的便是相对粗放的管理手段，对岗位的研究并不充分，大家之所以在今天的很多企业中依然可以看到人浮于事或“忙的忙死、闲的闲死”的情况，岗位分析和岗位设计水平低是其中一个非常重要的原因。因此，美国等发达国家的人力资源管理不再强调岗位的重要性，并不意味着在我们的企业也同样可以忽略这一问题。换言之，美国等发达国家已经通过长期的管理实践把人力资源管理的基本功练好了，所以现在不再需要把注意力放在基本功练习上，而我们不是这种情况。人家开始关注如何飞以及怎样飞得更好的问题，而我们可能需要先琢磨怎样走好，然后能跑起来的问题。然而，在与中国企业的接触中，我经常能看到整天讲绩效考核的企业，甚至对岗位的工作职责界定都不清楚，不同岗位的工作量存在严重不均衡的现象，如果在此基础上进行绩效考核，往往是考核越严格，干得越多的越倒霉，甚至出现多干多错、少干少错、不干不错的情况。有些企业搞不清楚岗位职责和任务与绩效考核的关系，不是基于岗位职责来确定考核指标和考核内容，而是依靠所谓 360° 打分来对员工进行绩效考核。此外，有些企业不断地折腾薪酬体系，尝试不同的薪酬方案，经常是按下葫芦浮起瓢，根本原因则在于对于薪酬决定的最重要基础即岗位的价值没有清晰的概念，不按岗位价值定薪酬，而是简单地强调行政级别、学历、工龄、职称等要素在员工薪酬中的决定作用。

没有“一招制胜”的绩效管理法宝

同样的例子也发生在绩效管理领域。绩效管理是一套完整的管理系统，它决定了企业的战略能否落地，执行力是否到位，员工的行为与组织的目标是否能够保持一致，等等。尽管绩效考核是绩效管理中非常重要的一个环节，但它本身顶多能够相对全面而准确地衡量出一个组织、一个团队或员工个人达成预定绩效目标的程度。换言之，绩效考核虽然能起到对结果进行衡量的作用，但它只是一种“事后诸葛亮”，对于已经成为事实的绩效结果是无能为力的。所以，如果企业希望达成良好的绩效，就必须从绩效的源头做文章，做好全过程的绩效管理工作，而不是把提升绩效水平或解决绩效不佳问题的希望完全寄托在寻找一种特别有效的绩效考核办法上，但相当一部分企业所做的恰恰相反。在过去的这些年中，中国企业先后采用过目标管理法、关键绩效指标法（KPI）、标杆管理法、平衡计分卡法等绩效考核或管理方法，最近，很多企业又开始迷上了目标与关键结果法（OKR）。但可以说，在绝大多数中国企业中，这里的每一种方法其实都从来没有被真正用好过。原因很简单，它们既不理解每一种绩效管理方法的核心理念和思维，也缺乏运用这些方法所需要的基本功。更可怕的是，它们跟着很多一知半解的人天真地相信，关键绩效指标法是对目标管理法的否定，平衡计分卡法的出现彻底淘汰了关键绩效指标法，而目标与关键结果法又是一种比平衡计分卡法更为高级和先进的绩效管理甚至考核方法。

然而，所有这几种绩效管理方法实际上本身是存在很多内在联系的，而且并不是新的方法就是对旧方法的否定，其中有很多继承的关系，比如，关键绩效指标法、标杆管理法、平衡计分卡法、目标与关键结果法都完整继承了目标管理法的原理和方法，标杆管理法、平衡计分卡法最终也同样要分解出关键绩效指标。再比如，关键绩效指标法和平衡计分卡法关注的都是从组织关键绩效指标到部门关键绩效指标，再到员工个人关键绩效指标的层层分解过程，只不过关键绩效指标法早期从利润或投资回报率这一财务指标开始逐层往后分解，而平衡计分卡法则是一开始就明确地从财务层面、客户层面、内部业务流程层面以及学习和成长层面四个维度向后分解。尽管关键绩效指标法未能像平衡计分卡法那样清晰地把四个绩效维度之间的层层递进关系清晰而直观地表达出来，但按照它的绩效指标分解方法去操作，最终分解出来的关键绩效指标实际上跟平衡计分卡法分解出来的四个维度或类型的关键绩效指标差别并不大。

目标与关键结果法在本质上与前三种管理工具根本不属于同类，尽管从形式上看，它像极了关键绩效指标法。随着英特尔和谷歌等美国高科技企业使用这种方法的信息传到国内，很多企业蠢蠢欲动，高喊 KPI 已死，开始热情高涨地推行 OKR。但几乎所有的企业在推行 OKR 的过程中都出现了很多问题，真正能从中获益的企业少之又少。为什么呢？这又涉及基本功的问题。很多企业不知道，OKR 和 KPI 并非你死我活或相互替代的关系，相反，两者根本就不是同一类东西，尽管表面上看两者非常类似。KPI 是一种典型的绩效考核工具，而 OKR 则根本就不是用来进行绩效考核的，而是一种自我激励工具。在关键绩效指标法中确定的各种关键绩效指标的目标值是必须实现的，百分之百达成才能算合格，而在目标与关键结果法中的那些指标的目标值是绝对不能达成的，如果员工能够达成这些目标值，则说明当初的目标定得太低，不具有足够的挑战性，设置目标值时的野心不足、抱负不够。因为 OKR 强调的就是要给自己确定一个无论如何努力也无法实现的高水平目标。

正因为如此，即使是被视为 OKR 运用标杆的谷歌，也并未因为有了 OKR 就取消了 KPI 考核，相反，两者是在同时使用的，谷歌的绩效考核会参考 OKR 的情况，但并不是用 OKR 来实施绩效考核。2022 年，谷歌首席执行官桑德尔·皮查伊（Sundar Pichai）在公司会议上宣布谷歌将开始使用一种名为 GRAD 的新绩效考核流程。GRAD（Googler Reviews and Development）即为谷歌员工绩效审核与发展的英文缩写，其主要变化有三点：一是谷歌的绩效考核频率从之前的每年两次压缩到一年一次（晋升机会仍然保持一年两次，但复杂程度有所简化）。二是把更多的考核责任交给员工的直接主管，而不是像过去那样过分依赖同级同事之间的相互评价（peer reviews），即员工的绩效考核结果主要取决于上级评价，绩效考核变得更加简单。三是在并未涉及原有的在每个季度都要实施 OKR 的情况下，改为每个月上下级之间要就员工上个月的业绩表现以及需要改进之处进行沟通和核对（check-ins），也就是要在日常工作中更加专注跟进员工的成长、学习和进步。

此外，还有一个问题需要思考，就是为什么 OKR 这种管理工具率先在英特尔和谷歌等这样一些高科技公司使用？我想其中一个很重要的原因就在于，这些公司有两个方面的重要特征：一是这些公司所从事的很多研发工作都具有前沿性、开创性，因此，用 KPI 来制定考核指标以及设定目标存在一定的困难，与其让领导给员工定目标，不如让员工自己确定目标有意义。二是这些企业的薪酬水平往往足够高，能够吸引来的员工绝大多数是基本素质过硬而且有极强的上进心的，把这些员工放在一起，能够极大地激发他们的好胜心和成就欲望，使其愿意通过实现更高的目标来证明自己的价值。一个组织和员工的绩效是由多个方面的因素决定的，改进绩效的方法也有很多种，而把所有的注意力都放在如何通过考核来提高绩效上，这本身就是一种错误。要知道，所有的绩效都是干出来的，而不是考核出来的。衡量或考核绩效固然很重要，但不去认真研究应该干什么、怎样干以及如何激励大家干的问题，整天琢磨如何考核绩效的问题，恐怕永远也得不到想要的结果。无论采用哪一种绩效考核方法，只要理解到位、操作得当，都有可能使之成为有效的考核方法。即使是在没有明确的绩效考核的情况下，经营规模不大的中小企业老板一样可以通过选对人、培训员工，然后与下属进行频繁而明确的绩效沟通，使员工达到较高的绩效水平，同时保持整个组织的高绩效。

像华为这样的企业，更是很少去追逐管理中的所谓时髦概念，在绩效考核方面长期坚持用 KPI，连平衡计分卡法都没用，还不是一样比其他企业的绩效更好？究其原因，华为通过长期的管理理念和管理体系建设，已经形成了一整套高绩效的管理理论，绩效考核只不过是其中很小的一个组成部分而已。反观很多其他企业，战略模糊、职责分工不清楚、流程中存在各种堵点、领导力和管理技能薄弱、人力资源管理体系千疮百孔，在这种情况下，把宝都押在绩效考核上，幻想通过绩效考核出现奇迹，其后果可想而知。而我们的很多企业甚至连最基本的目标管理法和 KPI 都还没搞明白，不下决心苦练绩效管理的基本功，而是抱怨这些考核办法不灵光，把希望都寄托在 OKR 这个“尖端武器”上，着实是一件可笑的事情。当前，中国的很多企业家都特别羡慕华为，整天喊着要向华为学习，但他们只不过是眼馋华为的成功而已，总想着从华为那里偷点管理“绝招”，至于华为是怎样通过苦练基本功取得今天的这些辉煌成就的，他们根本就没注意到，更不愿意像华为那样从扎马步开始练起。也正因为如此，他们嘴上天天喊着要向华为学习，但华为的人力资源管理精华总也学不到。

04

员工管理的瓶颈在于非人力资源经理

戚继光与曾国藩的共同点

这些年在给企业的领导者和管理者讲授为什么他们需要懂人力资源管理的基本原理的时候，我经常会从一个大家都很熟悉但又未必真的很了解的人物讲起，这个人就是戚继光。众所周知，在中国人的心目中，戚继光是一位抗倭名将，用今天的话来说，就是懂技术、会做业务的高手。然而，在略微对明史有一些了解之后我们便会发现，戚继光之所以能够在历史上留下浓重的一笔，其实并不仅仅因为他会打仗。他实际上还是一位真正意义上的人力资源管理高手，尽管在那个时代他不可能知道这个概念，也不可能系统地学习管理学的知识，但他的做法完全与现代人力资源管理的框架相吻合。

其一，戚继光非常重视选人，他认为要想建成一支战斗力强的军队，就必须从提高兵源素质入手。戚继光的募兵原则是只招农民而不招城市居民。其主要原因在于城市居民很不稳定，由于军饷微薄，城市居民即使一时为了生计而参军，也会在有其他机会时很快另谋高就。此外，戚继光还对不同地区兵源的战斗力进行了深入分析：处州兵比较能打且很守信用，但只能打一仗；绍兴兵虽然听话，但因太胆小而无法用来打仗；义乌兵虽不如处州兵战斗力强，但持续作战能力强，缺点是一旦打赢就会穷追猛打。最终，戚继光把招兵地点选在义乌，因为他发现义乌人与邻县永康人为开采银矿长期械斗，成千上万人在血战中死去，此地民风彪悍。戚继光在严加选择之后组建了一支以农民、矿工为主的共 3 000 人的军队，这便是戚家军最初的骨干。

其二，戚继光建立起了严密的组织和岗位管理体系。戚家军的组织形式是十二人为一队，四队为一哨，四哨为一官，四官为一总，设把总，戚继光自将中军，统率全营。他对每队、每哨、每官、每总在战斗中的位置、责任都做了明确规定。戚继光非常重视人与岗位或武器之间的匹配，他让最年长、胆最大的士兵操持长牌，让最年轻的士兵使用圆形的藤牌，选出两名力气大的士兵去用形似竹子的狼筅，再选出四名有杀气、三十岁左右的士兵使用长枪，其他两名士兵则使用短兵器，再找一名愿意背行军锅的人去充当火兵，最后再加上一名队长，让他在腰牌背面记上士兵的信息，这样一来，一支十二人的小队便组建完成。

其三，戚继光非常重视士兵的日常训练。他认为，一个士兵若在战时能将自己平时练习的武艺用上 10%，则能在格斗中取胜；若能用上 20%，则可以一敌五；若能用上 50%，则可纵横无敌。在士兵训练方面，戚继光非常不喜欢在实战中根本施展不开、毫无用处的花架子，他要求从士兵到主将都必须苦练武艺和打仗的真功夫。为了鼓励大家重视日常训练，戚继光专门制定了针对各兵种的考试规则，根据测试结果制定详细的赏罚标准。为了培养士兵对习武的兴趣，他还让士兵各自选择擅长的武器，让他们真正喜欢练习武艺，而不是应付兵役。戚继光还非常重视武器的改良，他认为军官只有与士兵同甘共苦，亲自研习各种武器，才能得知武器的优劣和用法。对于不够理想的武器，他会先加以改进，然后装备给士兵。此外，他还在自己所著的《练兵实纪》和《纪效新书》等书中，将自己的实战心得非常详细地做了整理，努力将各种武器的使用方法传授给士兵。

其四，戚继光建立起了一套以团队为导向的绩效奖励制度。在戚继光之前，明朝军队真正重视的是士兵个人的武艺，喜欢招募的是拳师、打手、盐枭，甚至和尚等，但在与倭寇交战的过程中，戚继光发现这种单打独斗的个人英雄主义根本不起作用，因此他才发明了鸳鸯阵的打法。这实际上是一种用团队结构替代个体结构的军队组织形式。为了使得鸳鸯阵中的每一个人真正成为团队的一员，戚继光还制定了一项“团队绩效奖励计划”，就是每砍掉一个倭寇的首级，则给整个小队赏三十两白银。不过戚继光规定，只有队中的短兵才能收割敌人的首级，而且一队斩获首级则全队有赏，同时赏金还不能平均分配，大部分奖励都必须发给牌兵、枪兵和筅兵。包括在战斗中捡来的敌人掉落的装备、财宝等，也由一人统一收取，然后在战后平分给队友们。

其五，戚继光还很重视对士兵的思想教育，这相当于今天所说的组织文化建设。一方面，戚继光制定了涉及发放粮饷、士兵患病就医、下属见长官的礼仪、早中晚的安排、罪责连坐等方方面面的日常管理规定，还有更多与作战有关的规定，比如看到敌人、被敌人打伤不准喊叫，以免影响士气；对于临阵退缩者、不救队友者以及对其他队伍被围见死不救者，则会给予非常严厉的处罚。另一方面，戚继光非常重视对士兵的思想教育，他还写了“正心术”“立志向”“明生死”“辨利害”“做好人”“坚操守”“宽度量”等多篇教导士兵的文章，教育士兵们要懂得对朝廷和百姓感恩，要勤习武艺、尊敬长官等等。戚继光认为，士气极其重要，而再强的士气也有松懈的时候，因此将领必须不怕辛苦，深入士兵当中，形成赏罚分明的规矩，从而鼓舞士气。不仅如此，戚继光还搞了很多仪式性的做法，比如他亲自设计各营连的军旗，旗子上绣着星星或传说中的鸟首人身像，以象征他们的指挥官。他在向部下训话的时候还常常提到善恶的因果报应等。[①]

从上面这些对戚继光的分析不难看出，戚继光的这些做法实际上与今天我们在人力资源管理中谈到的员工招募与甄选、组织结构与人岗匹配、培训与开发、绩效管理、薪酬管理、企业文化建设等方面的内容是高度一致的。因此，戚继光不仅是一名出色的专业技术领域的领导者，同时也是一位人力资源管理的高手。当然，仅仅用懂业务和懂管理来概括戚继光还不够全面，也无法总结出戚继光在那个年代能够脱颖而出的全部原因，事实上，戚继光还有取得职业成功的第三个重要特征——懂政治。明朝采取的是文官节制武官的做法，一来是为了政治安全，二来是因为很多武官没有文化，写不了奏章，戚继光却能非常顺畅地与文官进行沟通。这是因为戚继光并非一介武夫，他能写军事著作，还会写诗，除了“少好读书”的俞大猷之外，戚继光的文章造诣在当时的高级将领中是出类拔萃的，在日常谈话中也经常能够引经据典，以至于很多文官后来经常邀其共同饮酒赋诗，往来酬对。

戚继光的超强政治能力还表现在他与几位关键上级都能建立起非常良好的关系，因而能够在军队建设、兵力和粮饷供给以及作战等方面得到上级的大力支持。比如，他在台州任参将时，便与台州知府谭纶紧密合作，共同取得了抗击倭寇的胜利。此后，两人关系日益密切，成为好友。谭纶在任福建巡抚期间，大力支持戚继光练兵抗倭，并多次向朝廷推荐戚继光担任福建总兵。甚至在戚继光父亲去世时，谭纶还亲自前往吊唁，

① 黄仁宇．万历十五年．北京：生活．读书．新知三联书店，2006.

帮助料理后事。谭纶在调任蓟辽总督之后，又举荐戚继光任其辖区中最高级别的蓟州总兵一职，后来，戚继光在这个位置上任职长达15年，相当于他前面10个人任期的总和。此外，戚继光也同样与曾经的上级浙江巡抚胡宗宪关系密切。戚继光出身武将世家，但早年仕途并不顺利。胡宗宪担任浙江巡抚后，慧眼识珠，提拔戚继光担任参将，后任浙江副总兵。戚家军就是戚继光在胡宗宪的支持下组建起来的。要知道，戚家军是不同于传统明朝军队的，其士兵并非从明朝常规的军户和卫所募集来的义务兵，而是在浙江省内各地招募来的志愿兵，而且为了保证粮饷，朝廷不得不加征新税作为这支军队的招募和训练费用。不仅如此，戚继光后来还得到了当时明朝政治家内阁首辅张居正的信任和赏识，张居正不仅专门给戚继光设立了“总理蓟州军务”的官衔，以区别于其他总兵，而且给了戚继光更大的权力，全力支持戚继光的练兵思路和防御策略，甚至将反对戚继光的人以各种方式调走。可以说，戚继光是一个既懂业务、又懂管理，还极懂政治的高手。我们这里所说的懂政治，实际上并不是指结党营私或谋取私利，而是指能够很好地维系自己与上级以及组织中关键岗位上的人的关系，从而确保自己在工作中能够得到充分支持。从这种意义上说，懂政治讲的其实是向上管理，所谓的懂管理，更多地是指对下级的管理问题。

在以上三个方面能够与戚继光媲美甚至更胜一筹的另外一个人是清朝时期的重要人物曾国藩。曾国藩以文人身份入仕，却创建了湘军以及淮军，最终还能善始善终，这同样是因为他对政治、管理、业务三个方面都给予了充分的关注。首先，曾国藩能够在清政府的统治下，得到皇帝的许可，组建一支汉人的军队，而这支军队的战斗力甚至超过了八旗军和绿营军。如果不懂政治，这是很难做到的。其次，曾国藩在打仗这项业务方面其实是最弱的，早期也打过很多败仗，甚至几度落到要跳水自杀的境地，但通过长期的作战，曾国藩最终总结出了“结硬寨，打呆仗”的军事思想，成为一位同样懂业务的领导者。最后，曾国藩是一位管理高手，在创办湘军和淮军的过程中，他为清政府培养了一大批军事、国家治理和经济发展方面的人才。在太平天国被镇压后，慈禧通过仔细核算发现，当时的封疆大吏中竟然有一半出自曾国藩麾下。据不完全统计，湘军中后来官至总督者 13 人，尚书 1 人，将军 1 人，巡抚 13 人，布政使 11 人，按察使 7 人，提督 21 人，总兵 17 人，副将 6 人，道员 14 人。

曾国藩极其重视人才，还专门总结出了选人用人的四大诀窍，即“得人不外四事，曰广收、慎用、勤教、严绳”。一是“广收”。曾国藩非常重视获取和选拔人才，他把罗致人才比成饿鹰扑食，凡具一技之长者，必设法延至，收为己用。每到一地，他便积极访求可用之人，有时甚至张贴告示，招贤纳才。他特别喜欢别人给自己推荐人才，甚至专门写信要求朋友给自己举荐人才。据容闳在《西学东鉴记》中记载，当时各处军官觊觎曾国藩之大名者不下 200 人，幕僚又有 100 多人，此外还有候补官员、怀才志士以及法律、算学、天文、机器等方面的专家。在吸纳人才的时候，曾国藩也非常重视人品和德行，德行不好的人坚决不用，他还专门总结出了从“神骨”“刚柔”“容貌”“情态”“须眉”“声音”“气色”七个方面对人的德行进行评判的方法。二是“慎用”。曾国藩认为，身居高位者最重要的就是“知人”“晓事”，即“办事不外用人，用人必先知人”。在用人方面，曾国藩非常重视做到扬长避短、人尽其用。每当有新人来投靠，曾国藩都会亲自接见，认真面试，然后让他们到前线一段时间，既让他们直观了解湘军的面貌，也通过这种方式对他们的能力加以鉴别。曾国藩特别留心考察幕僚的特点，发现塔齐布、罗泽南、李续宾、彭玉麟、鲍超等人善于治军、忠勇善战，使他们成为湘军干将；发现李鸿章、胡林翼、左宗棠等人有治国之才，则委以重任，极力培养，最终使他们都成为能够独当一面的封疆大吏；发现吴汝纶、黎庶昌、薛福成、容闳等人善于创造，敢开风气之先，就培养他们成为洋务运动的干将。三是“勤教”。曾国藩认为，天生大才极少，中等以下人才都可通过培养教育造就出来，因此他非常注重对幕僚的言传身教，平时督促他们多读书、多实践，同时多给指点，注重因人施教，针对不同的人采取不同的教育方法。其教育方式主要是两种，即谈话和考试，一是通过面授向幕僚传授自己的人生经验和读书心得，二是以批答方式考察幕僚的文字水平和对事物的分析判断能力。四是“严绳”。曾国藩对于自己和下属要求都极为严格，不姑息、不迁就、不放纵，无论在军中还是官场，都要做到赏罚公正，恪尽职守，强调“廉矩”“敬勤”。曾国藩在用人方面的出色才能不仅成就了一番事业，同时也得到了各方的认同，连自视甚高的左宗棠也不得不承认“谋国之忠，知人之明，自愧不如元辅”。而太平天国将领李秀成在被捕后的自述中也说，太平天国的失败是天王不识贤臣，而曾国藩的成功之处恰恰在于善识人才。[①]

总之，我们从戚继光和曾国藩身上可以看出，一位领导者或管理者在某个特定的组织或系统中要想取得职业发展的成功和骄人的业绩，仅仅懂得自己管理范围内的专业技术是不够的，还必须懂得如何管理好自己的下属以及如何处理好与自己的上级或同级的关系。一言以蔽之，在任

① 蒋星德．曾国藩全传．北京：中国民主法制出版社，2023.

何一个组织中，要想在管理领域取得更高层次的成功，就必须设法成为懂业务、懂管理和懂政治的高手（见图 4-1）。不过，这里需要再多解释一句，懂政治并不是很多人在一般意义上理解的那种政治站队或政治斗争，或者是为了个人的升迁去搞关系、玩弄手段等等，而是指在工作中成功争取到关键位置上的人对自己的工作提供支持，而这些关键位置上的人既包括自己的上级，也包括对自己的工作成功有较大影响的同级。

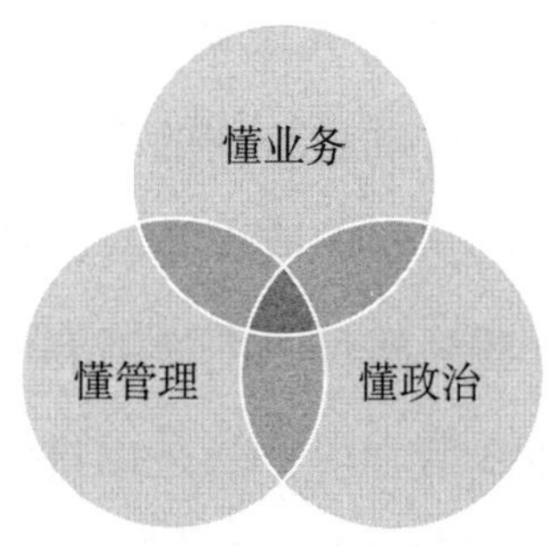

图 4－1　顶级管理者成功的三大条件

人力资源管理的“铁三角”

我们在前面已经明确指出，对人的管理是所有管理者必须承担的责任。在现实中，我们却看到企业中的很多管理者，包括企业的高层管理人员，在对人的管理方面存在理念混乱、手段单一以及重视不足的问题。这在很大程度上制约了组织整体人力资源管理水平的提高。在我刚开始接触人力资源管理的书籍时，国内企业还处于传统的劳动人事管理阶段，那时对人力资源管理的理解是模糊的，基本上是将人力资源管理视为一种类似劳动人事管理的职能性工作。后来，随着到企业中从事人力资源管理项目的研究和咨询工作，一个现象引发了我们的思考：为什么在有些企业中设计和实施人力资源管理方案相对容易，在另外一些企业中却总是障碍重重？后来我们清醒地意识到，人力资源管理绝非只是人力资源部门的事务，相反，组织的中高层领导者在人力资源管理方面的理念、思维、眼界以及领导能力，在相当大的程度上决定了这个组织的整体人力资源管理水平。

在企业中，一提人的管理，大家都将其归于人力资源管理的范畴，而很多人脑子里的第一印象可能就是人力资源部门负责的具体人力资源管理事务，比如招聘、培训、绩效管理、薪酬管理以及劳动合同管理等等。然而，如果从管理发展史来看，就可以清楚地看到，人力资源部门（早期叫人事管理部门甚至福利管理部门）作为一个独立部门出现是在管理活动出现较长一段时间之后的事情，而且作为职能管理部门的人力资源部门，其所承担的所有职责和任务实际上都来自企业最高领导者的授权，人力资源管理职能只不过是企业最高领导者委托给人力资源部门帮助他们分担的一些管理工作。也就是说，人力资源管理本来是企业高层领导者需要承担的责任，但由于他们要管的事情实在过多，时间和精力又有限，所以才将一部分人力资源管理工作委托给一个专门的人力资源部门来承担。从这个角度来看，人力资源管理本来就是企业一把手的事情。此外，企业的各级管理者也是人力资源管理责任的重要承担者，他们不仅要参与正式的员工招募甄选、培训开发等方面的人力资源管理工作，还需要在日常工作中对下属员工的绩效管理全面负责。他们的人力资源管理能力直接关系到员工的工作状态以及最终能够为组织做出的贡献。华为很早就强调了各级管理者的人力资源管理责任，《华为基本法》中明确指出，“人力资源管理不只是人力资源管理部门的工作，而且是全体管理者的职责。各部门管理者有责任记录、指导、支持、激励与合理评价下属人员的工作，负有帮助下属人员成长的责任。下属人员才干的发挥与对优秀人才的举荐，是决定管理者的升迁与人事待遇的重要因素。”

总之，人力资源管理活动是由企业高层领导者、人力资源管理人员以及各级管理者共同完成的，只不过大家在人力资源管理方面需要完成的任务以及需要发挥作用的具体领域存在差异而已。因此，高层领导者、各级管理者以及人力资源管理人员构成了支撑一家企业人力资源管理的“铁三角”（见图 4-2），三者缺一不可，任何一拨人不尽责都会使企业的人力资源管理工作陷入被动。

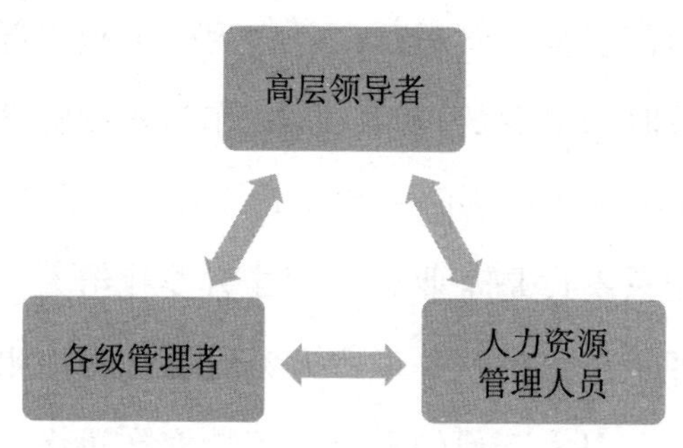

图 4－2　人力资源管理的“铁三角”

领导者必须重视人员管理

企业的最高领导者对于人力资源管理重要性的认知、对人性的理解和洞察以及个人的价值观和思维方式等，不仅直接决定了一家企业的整体人力资源管理水平，而且在相当大的程度上决定了一家企业能否取得持久的成功。任何一种战略或商业模式最终能否达成预期目标，总是要取决于企业中人的工作状况。国际著名猎头公司海德思哲国际公司的高级顾问在对世界上优秀企业中的数百名首席执行官进行访谈之后指出，在那些能够在极为复杂的组织中取得巨大成功的领导者身上实际上可以找到某些共同特点，他们中的大多数人都强调为员工指引方向，对他们实施激励、影响、协助、指导、辅导以及开发，并认为这是自己作为一位首席执行官需要承担的主要责任。因此，成功的领导者拥有战略性地发现、激励、充分利用以及有效领导分布于不同地区的多元化、高质量的员工队伍的能力，企业领导者在这方面面临的一个挑战是，如何运用自己的经验、受过的培训、技能组合以及个人的风格等，推动整个组织和员工队伍共同追求一种大家共享的愿景和目标。

在现实中，很多企业的人力资源管理水平之所以不能令人满意，主要根源还是在于高层领导者尤其是一把手不重视对人的管理。比如，很多企业的绩效管理工作无法落实或绩效考核工作流于形式，都是因为高层领导者不愿意花时间来认真确定组织的战略目标并将其分解为中层管理人员的绩效目标，或者是不愿意认真对中层管理人员的绩效完成情况进行客观、公正的评估。另外，由于不了解人力资源管理的基本规律，一些企业领导者经常会在无意识当中做出自认为正确，但是会对员工士气和组织文化造成严重伤害，甚至导致企业陷入人力资源危机的错误决策，最终出现人心涣散、员工消极怠工、优秀人才离职、业绩停滞不前甚至剧烈下滑以及劳动诉讼增加等各种不良后果。

很多企业的一把手可能都没有意识到自己每天都在做的很多重要决策其实都会影响到企业和员工之间的关系，尽管这些决策在实践中未被人们认识到属于人力资源管理决策。比如新技术的引进、增长速度的确定、投资资金的来源选择、需要进入的新业务领域、办公场所的地理位置选择等，这些决策本身似乎都不属于人力资源管理的范畴，但这些决策以及它们的执行方式会对员工产生深刻的影响，比如员工受到这些决策影响的程度有多大，员工需要开发多少新的技能，员工为适应企业的变化需要做出的调整以及承受的压力是否适当，等等。企业领导者的眼中如果只有资金、技术、产品、市场，而没有人，企业的人力资源管理水平就很难提高，员工对这样的企业也很难产生归属感。

很多年前，我专门写过一篇文章讨论一家企业的最高领导者在履行人力资源管理职责方面需要重点扮演好的四个角色，就是战略制定者和外部资源获取者、中层管理人员的导师和教练、企业的精神领袖以及自我开发者。具体来说，一家企业的最高领导者应当首先能够为员工指出未来的前途和发展方向，明确实现路径和总体行动方案，然后通过自己的影响力去为企业争取各种外部资源和必要支持，最后通过对中层管理人员的招募甄选、考核评价、培训开发等不断优化结构，强化他们的能力和动力，从而确保企业战略的有效贯彻执行。在这一过程中，企业的最高领导者还必须通过制度设计、以身作则以及沟通推动等方式塑造有效的组织文化，从而对员工产生积极的正向激励。除此之外，作为一位领导者，企业的一把手还必须有自我反省意识和自我提高能力，在工作中不断地向各个领域的高手或专家虚心请教，愿意持续接触和了解各种新观点、新技术、新方法以及企业经营管理的新思路。很显然，只有自身不断进步的领导者才能带领组织持续不断地取得新的进步乃至创新性的成果。

一家企业的人力资源管理水平高低，最主要的决定者其实并非人力资源经理，甚至也不是分管人力资源事务的副总裁等高层，真正的决定者就是企业的一把手。然而令人遗憾的是，不同的企业领导者在对人力资源管理的理解、认识以及对企业人力资源管理实践的领导方面所起的作用差异极大。在从事人力资源管理的学习、咨询和研究的这些年中，我跟很多企业打过交道，虽然也遇到过一些重视人力资源管理的领导，但很多企业领导者对人力资源管理实际上并不重视，甚至压根儿不把人力资源管理当回事儿。他们要么觉得人力资源管理属于一家企业不得不干的一些辅助性或边缘性工作，让人力资源部的人去干就行，要么感到企业还有技术研发、生产经营、市场营销等更重要的事，没有那么多精力去管人力资源管理。那么，为什么这些企业领导者对人力资源管理实际上并不重视呢？我觉得有两个方面的原因很重要。一是领导者的学科背景和工作经历，二是企业自身的成长基因。

领导者的一些个人特征会影响他们对人力资源管理的理解和看法。比如，专业技术领域出身的领导者，特别是在本专业技术领域有较高成就或造诣的领导者，或许是由于在本领域过于成功和自信，再加上过去的成功经验主要来自他们在专业技术方面取得的成就，往往对人力资源管理不是很重视，相反，更愿意花时间去思考和解决生产经营或者技术研发等方面的问题。不仅如此，这类领导者有时候还特别固执，很难听得进去别人的建议，对学习人力资源管理方面的知识也不是抱着一种很开放的态度，总觉得管理是自然而然地就会干的，而不是像专业技术那样需要专门的学习才行。这些人中，有相当一部分是因为在技术方面取得了成就，甚至有了发明专利或自主研发的产品，然后创办企业并进行经营管理的。这类企业在刚开始的时候往往依靠产品或技术发展很顺利，但等到原有产品或技术逐渐被对手超越，在管理尤其是人力资源管理方面的短板就会逐渐暴露出来。在跟一家有这种成长背景的公司的董事长交流人力资源管理问题时，他竟然提出了一些完全属于常识性的问题，比如，研发人员的能力更重要还是忠诚度更重要？不同部门负责人的薪酬水平应该一样还是不一样？

此外，一家企业的成长史，尤其是企业取得经营成功所依靠的核心能力，往往决定了企业领导者对人力资源管理问题的重视程度。也就是说，一家企业在历史上是怎样发家的，企业的核心竞争力来自何处是关键。比如，企业如果最初依赖政府关系、技术专利或非人力资源方面的其他原因取得了最初的经营成功，人力资源管理对这类企业的作用没那么明显，或至少不是企业取得成功的关键要素，那么企业一把手重视人力资源管理的可能性就比较小。就拿华为来说，为什么任正非能把人力资源管理视为必须重视的头等大事？其主要原因大概在于华为的所有成就都离不开人力资源以及人力资源管理。华为创业之初是依靠从一家香港公司获得小型电话程控交换机的代理权，后来被供给方断货，任正非不得不背水一战，将前期积累的资金投入研发。但在20世纪90年代初，所有有能力进行电话程控交换机研发的人要么已经在体制内，要么准备在大学毕业后进入体制内，想让这些人抛弃“铁饭碗”投奔一家“个体户”是极为困难的一件事情。任正非不得不祭出高薪的大招，招揽了一批敢于“吃螃蟹”的勇士。最初，当时还在清华大学读博士的郑宝用帮助华为研发了第一台两千门程控数字电话交换机，后由“少年天才”李一男主导了华为万门程控数字电话交换机的研发。此后，华为就开始了开挂式的飞速发展。华为起家靠的是研发，研发的背后是人才，所以任正非比任何人都清楚人才对华为的意义和价值。而为了吸引、留住和激励这些人才，华为就不能没有一套行之有效的人力资源管理体系，由此对研发和人才以及人力资源管理的重视实际上是深深地嵌入华为的基因当中的。华为之所以明确规定公司每年必须雷打不动地将不低于销售收入 10% 的资金投入研发，公司现在接近一半的员工是研发人员，并且在近些年开始实施“少年天才计划”，每年用百万年薪聘请青年英才，其根源恰恰在于华为确实把人才视为企业的核心竞争力。

领导者要舍得在人员管理上花时间

企业领导者是否真正重视人力资源管理，主要看他是否愿意在人力资源管理方面花费时间和精力，一是主动思考和明确组织的人力资源管理理念和原则，二是在实际工作中主动承担人力资源管理责任。被誉为 20 世纪最伟大的首席执行官之一的通用电气前董事长和首席执行官杰克·韦尔奇（Jack Welch）是一位非常典型的不仅重视人力资源管理，而且愿意花时间做好选人用人工作的优秀领导者。在一次大会上，杰克·韦尔奇与同行们进行的一次精彩对话非常全面地体现了这一点：

问：“请您用一句话说出通用电气公司成功的最重要原因。”

答：“用人的成功。”

问：“请您用一句话来概括高层管理者最重要的职责。”

答：“把世界各地最优秀的人才招揽到自己的身边。”

问：“请您用一句话来概括自己最主要的工作。”

答：“把 50% 以上的工作时间花在选人用人上。”

问：“请您用一句话说出自己最大的兴趣。”

答："发现、使用、爱护和培养人才。"

问："请您用一句话说出自己为公司所做的最有价值的一件事。"

答："在退休前选定了自己的接班人。"

问："请您总结一个重要的用人规律。"

答："一般地，在一个组织中，有 20% 的人是最好的，70% 的人是中间状态的，10% 的人是最差的。这是一个动态的曲线。一个善于用人的领导者，必须随时掌握那 20% 和 10% 的人的姓名和职位，以便实施准确的奖惩措施，进而带动中间状态的 70% 的人。这个用人规律，被我称为'活力曲线'。"

问："请您用一句话来概括自己的领导艺术。"

答："让合适的人做合适的工作。"

华为也有这样一种说法，任正非才是华为的首席人力资源官（CHO），而人力资源部负责人则是华为人力资源管理的首席执行官（CEO）。换言之，华为的人力资源管理第一责任人并不是华为的人力资源部门负责人，也不是华为的人力资源副总裁，而是任正非本人。事实上，无论是华为的人力资源部门，还是华为曾经聘请的大量人力资源管理方面的咨询公司，都不过是在将任正非的理念和想法转变为具体的政策、制度和流程。翻阅任正非历年来的重要讲话你会发现，即使是在谈华为的研发问题、生产问题甚至后勤保障问题等看似与人力资源管理无关的问题时，任正非也总是会谈到人的问题以及人力资源管理问题。

甚至连《华为基本法》这份在社会上广为流传的重要文件，其最主要的贡献者也是任正非本人。中国人民大学的几位中青年学者在 1996—1998 年间帮助华为编写的《华为基本法》对华为的管理和发展起到了重要的引领作用，因此很多人误以为《华为基本法》中的那些观点和内容都是中国人民大学的教授们提出来，然后传授给华为去落实或实施的，但事实并非如此。1995 年，也就是《华为基本法》起草的前一年，我刚刚开始攻读博士学位不久，就被华为咨询项目组组长彭剑锋老师派去华为，帮助设计华为营销体系各级负责人的薪酬制度。在华为的那段时间，我明显感觉到华为的管理思想和管理体系实际上已经基本成形，只不过还没有总结成一套能够用文字清晰表达出来的系统。中国人民大学的这批中青年学者当然也在这份重要文件的起草中贡献了大量的智慧，但如果没有任正非带领华为在前期做出很多管理实践，恐怕这份文件就不会既有一定的理论高度，又能如此接地气了。

事实上，大家只要仔细读一读就会发现，《华为基本法》中的很多表述并不具有传统的文件风格，反而带有很多任正非个人的语言风格特点。不仅如此，当年在项目组帮助华为完成薪酬管理和绩效管理制度设计之后，恰恰是任正非本人敏感地认识到华为缺乏一份重要的纲领性文件来引领和指导华为的高速扩张，才催生了《华为基本法》。同时，也正是任正非本人不遗余力地深度参与这份重要文件的讨论过程，同时要求在全公司范围内对《华为基本法》的内容和表述展开深入细致的广泛讨论，才使得这样一份重要的纲领性文件深入人心。此外，甚至连“华为基本法”这个最终的文件名，也是任正非在当年我国正在起草《香港特别行政区基本法》的启发下一锤定音的结果。最初在起草这份文件时，其一度被命名为《华为管理纲要》或《华为管理大纲》。

另外，我在一家银行系统做过的一个比较成功的人力资源管理项目，也是因为遇到的领导者是一位对人力资源管理有正确认识的人。这个项目最初是在河南做的，内容是为该行河南省分行下属的各二级分行行长设计年薪制方案。我为他们提出的一个重要建议就是，首先将他们原来一直实行的基于各二级分行行长的年度KPI绝对值排序的考核方法，改为先根据各分行的历史业绩分别为二级分行行长设置年度的KPI目标值，然后根据各二级分行的目标值实现度来确定浮动年薪。这时需要负责主要KPI目标值确定的计财部负责人感到为难了，因为他们过去只需要做好年底的统计工作就行，算出来哪些二级分行的指标值最高，哪些最低，然后排个序，现在却需要在每年年底为各个二级分行单独确定下一年需要实现的KPI目标值。负责推进此项工作的副行长明确指出，计财部门只负责做测算，跟二级分行行长就KPI目标值进行谈判的工作由省行主管行长做，所以让他们不要有畏难情绪。正因为省行主管行长自始至终参与该方案的讨论和设计，加上主动承担绩效目标谈判的责任，所以该项目的设计和实施出乎意料地顺利，河南分行也在当年10月就圆满完成了总行下达的全年目标。后来，这位副行长调到河北分行和江苏分行做一把手，他再次请我协助这两家分行人力资源部将该方案付诸实施。在江苏分行启动项目的时候，省分行人力资源部请我在项目启动大会上讲课，这位行长尽管在河南和河北的时候已经听过我讲课的主要内容，但仍然全程在场，并且在课后做了讲话。本来人力资源部主任认为他已经听我讲课两次了，没必要再来听一次，所以询问他是否就不参加了，但这位行长明确表态，他必须参加，因为他必须让全体管理人员明白，这次改革是他这个行长要推行的战略举措，而不是分行人力资源部一个部门想要的改革。这位行长不仅自己思考银行的人力资源管理问题，而且以实际行动证明自己才是银行人力资源管理的第一负责人。

近年来，我国掀起了向华为学习的热潮，很多企业热衷于听关于华为人力资源管理的课程，购买与华为人力资源管理相关的书籍，甚至组团对华为参观访问。很多企业的领导都号召公司上下学华为，甘当奋斗者，甚至把华为在人力资源管理方面的一些理念和做法搬到自己的企业中，效果却不佳。这是为什么呢？原因很简单，这些领导者自己并没有真正去向任正非学习。如果你不能像任正非那样主动扮演企业人力资源管理第一责任人的角色，不愿意像任正非那样以身作则去做一个奋斗者，怎么可能会创造出一个自己的“华为”呢？所以，欣赏华为以及华为的管理的企业家们，如果真的想让自己的企业像华为那样披荆斩棘，取得辉煌业绩，那么除了要深入领会华为的各种管理策略和管理实践的精髓之外，本人首先要去学习任正非舍得、自律、专注、开放以及不断学习和进取的精神，否则，所谓的向华为学习只能是叶公好龙罢了。

管理者的员工管理责任

除了高层管理者尤其是企业的一把手对一家企业的人力资源管理水平有着至关重要的影响之外，企业的中层乃至基层管理人员的员工管理水平也极为重要。主要有两个方面的原因：一是企业很多具体的人力资源管理工作都需要各级管理人员与人力资源部门共同完成，管理人员的员工管理意识和管理水平对企业整体人力资源管理质量影响很大。二是绝大部分员工在日常工作中接触最多和互动最频繁的往往是自己的直接上级，而并非企业的高管层，因此作为这些员工直接上级的各级管理人员对于他们的工作心情和情绪、工作状态、工作结果以及留在企业中的意愿都有着最为直接的影响。

在航空业赫赫有名的美国西南航空公司就非常重视一线主管人员所能发挥的作用。作为一家团队型公司，西南航空公司素以组织结构扁平著称，然而它配给员工的主管人员数量却超过业内任何一家航空公司，多达 3 000~4 000 人。西南航空公司的每位主管人员各自对 10～12 名一线员工负责，他们的主要工作并不是考核员工绩效以及收拾所谓的“害群之马”，从而扮演与员工关系疏远的监工角色。相反，他们扮演的是对员工提供辅导和咨询的“员工教练”角色。他们并不脱离一线工作甚至繁重的体力工作，而是通过共同劳动与员工建立起一致的目标，增强员工对他们的信任，同时为对员工提供有效的辅导获取必要的信息。他们和一线员工之间每天发生的互动有助于增进高层管理者和一线员工之间的联系，而在通常情况下，一个组织的规模越大，其管理层级就会越多，于是高层管理者和一线员工之间的关系就越难以维护。正因为如此，公司的一位执行副总裁甚至说，除了首席执行官之外，西南航空公司中最有影响力的领导者实际上是一线的那些主管人员。①

此外，在现实中，一家企业的人力资源管理工作并非都是由人力资源部门来承担的。人力资源部门单独负责完成的人力资源管理职能性工作可能包括跟踪和确保企业遵守相关劳动法律、维护员工人事记录以及完成相关主题报告、组织对员工进行专业化的甄选测试、管理和执行薪酬福利制度、进行员工惩戒和纪律管理、进行劳动合同管理以及对被解雇或离职员工提供重新就业服务等。其他大部分人力资源管理工作往往都是与各部门的各级管理人员共同合作完成的，很多人力资源管理具体工

① 乔迪·霍弗·吉特尔. 西南航空模式. 北京：机械工业出版社，2011.

作甚至主要还是由直线管理人员完成的。比如，在员工招募和甄选方面，直线管理人员需要提出本部门的用人计划，向人力资源部门提供岗位职责和任职条件方面的信息，甚至与人力资源部门共同研究决定针对相关岗位或岗位类型的胜任素质模型，同时参与求职者面试以及最终的雇佣决策过程。在员工培训开发方面，直线管理人员需要提出培训需求，运用师徒模式或以老带新的方式培养新员工，激励员工进行自我开发，指导和帮助员工设计个人的职业发展规划。在员工绩效管理方面，直线管理人员不仅要根据公司战略目标和绩效指标要求确定本部门需要达成的绩效，还要将部门的绩效指标和目标通过分解、承接等方式转化为下属的个人绩效指标和目标。不仅如此，直线管理人员还需要在日常工作过程中监督、指导、协调员工的工作，为他们提供必要的激励，确保下属的各种工作目标达成。直线管理人员还要负责根据最初拟定的工作计划和绩效目标，对下属员工的年度绩效等做出相对客观、全面、准确的评价，协助下属制订个人绩效改进计划和个人发展计划。在激励和留住员工方面，直线管理人员需要公平对待员工，积极与员工进行沟通，及时化解冲突和矛盾，倾听员工的意见和建议，维护良好的团队工作氛围等。

当然，在不同的组织中，人力资源部门和直线管理人员在人力资源管理方面所承担的职责和扮演的角色不尽相同。组织规模、员工队伍特征、行业特点以及管理价值观等，都有可能会影响到人力资源部门所承担的职责和扮演的角色。有的企业的人力资源部门可能会承担起全部的人力资源管理职责，而在另一些企业，甚至有可能没有很正规的人力资源部门，绝大部分人力资源管理工作都是由业务部门的各级管理者承担的。举例来说，美国有一家很有名的连锁企业货柜商店（Container Store），总部位于达拉斯，是一家专门售卖储存及整理工具的零售店，2013年在纽约证券交易所上市。该公司自创立之日起就强调培育员工第一的文化，公司相信只有忠诚的员工才能为客户提供最好的服务，因此将员工排在企业利益相关者的第一位（员工、客户、供应商、社区和股东），坚持借助独一无二的产品系列以及由高度训练有素的收纳专家提供的高水平客户服务赢得竞争优势。在持续不断地从东海岸到西海岸战略扩张的过程中，该公司不仅达到平均每年20%～25%的增长率，而且连续多年位居《财富》杂志评选的全美最佳雇主名单前列。然而，该公司并没有一个庞大的人力资源部门，其人力资源管理架构是半正规化的，它相信自己的各级管理人员是最有能力吸引、激励和保留员工的人，因为这些管理人员是最接近一线员工的人。不仅如此，它还要求自己的人力资源管理人员同时承担商店运营等其他事务，其大多数人力资源管理人员也都是从销售员做起的。尽管没有强调人力资源部门的专业化作用，但是该公司的人力资源管理水平非常高，公司有非常明确的人员战略：先匹配后雇用，广泛培训，向长期留任者提供高报酬支持。公司41%的新员工都是由现有员工推荐的，许多新员工原来都是来商店购物的消费者，并且他们都有大学教育的背景。新员工入职第一年的培训时间超过235个小时，远超同行业的7个小时的平均水平。入职期满一年后，员工平均每年还能得到160个小时的培训。此外，公司向员工支付的薪酬比同行业平均水平高50%～100%，对全职和兼职的员工都提供福利，并且与每一位员工分享公司的财务信息。货柜商店卓越的人力资源管理给公司带来了显著收益，仅从员工流动率上就可以看出来，该公司的员工流动率只有15%～20%，而其所在行业的员工流动率普遍非常高。

管理者是员工成长的催化剂

管理者在员工管理方面的重要性还体现在，各级直线管理人员在员工管理、基层文化塑造以及员工和企业之间关系的性质调整方面都可以发挥重要作用，他们对员工的期望会微妙地影响对待员工的方式，而这种方式又会在很大程度上决定员工的工作绩效和职业进步，对员工的工作积极性、满意度、敬业度、工作绩效乃至离职意向都有着显著影响。特别是刚刚毕业到企业工作的年轻人，在工作的最初几年受直接上级的管理期望影响可能更大，直接上级对这些年轻人的工作习惯养成、能力成长和进步以及未来职业发展往往具有重要的甚至是决定性的影响。然而，残酷的现实在于，那些刚跨出校门的新员工往往很少有机会直接在富有经验的中高层管理人员的直接领导下工作，相反，他们往往被置于管理经验并不充分、管理能力也不强的基层管理人员手下。这些管理人员通常缺乏激励和培养下属所必需的知识、技能和经验。这样，很多刚毕业的年轻人就不得不在最差的环境中开启自己的职业生涯。当对自己的职业发展抱有很高期望的年轻人感到极度失望时，很多潜在的优秀员工的流失就极有可能非常严重。

优秀的管理人员往往能够不断提出让他们的下属能够实现的高绩效期望，从而助推他们的职业成长，这种作用在管理学中也被称为“皮格马利翁效应”。皮格马利翁是希腊神话中的塞浦路斯国王，他擅长雕刻，因不喜欢凡间女子，决定永不结婚。他在为雕刻一座美丽的象牙少女像而夜以继日地工作的过程中，把全部的精力、热情和爱恋都赋予了这座雕像，像对待妻子那样装扮她，并且向神乞求让她成为自己的妻子。爱神阿芙洛狄忒被他打动，赐予雕像以生命，让他们结为夫妻。后来，美国著名心理学家罗伯特·罗森塔尔（Robert Rosenthal）等人所做的一项有趣研究证明，对学生的鼓励以及让他们感受到更高的期望确实能够产生激励作用，使他们学习更加努力，同时取得好成绩。对于期望产生的这种积极作用，罗森塔尔将其命名为皮格马利翁效应，也称罗森塔尔效应或期待效应。优秀管理人员应向下属传递高期望，但这种期望应当是下属在努力的情况下有能力实现的，只有这样，管理人员才能引导下属在"努力—成功—继续努力—继续成功"的良性循环中不断进步。然而，并非所有的管理人员都能有效地让员工感受到自己的高期望，有些管理人员对下属的期望过低或对下属表达了低期望，从而导致员工备受打击或萎靡不振；还有一些管理人员初衷是好的，对员工也确实抱有良好的期望，在工作过程中却有可能不知不觉陷入一种可悲的恶性循环。一种常见的情况是，一些管理人员对下属有较高的期望，但是没有给他们提供必要的指导和帮助，尽管下属特别想尽快在上级面前证明自己，但由于工作经验不足或其他方面的一些客观原因，很可能遭受挫折或失败。这时管理人员便产生了一种错误的心理假设，怀疑自己当初对下属的看法是不是错了。面对这种形势，下属很可能更加急于通过做出成绩让上级知道自己的实力或潜能。然而，下属越急于表现就越容易"表演失误"，糟糕的结局又进一步强化了上级已经形成的印象。这种由于管理人员对待下属的态度导致下属陷入自我实现和自我强化恶性循环的过程，被称为"制造失败综合征"。

盖洛普公司在 20 世纪后期曾经用 25 年左右的时间做了两项重要的研究：第一项研究关注的是员工，即那些最有才干的员工希望从他们工作的组织中得到什么；第二项研究关注的是管理者，即世界上顶级的经理是怎样去物色、指导以及留住众多有才干的员工的。其采用的研究方法是访谈和问卷调查，共涉及世界多地的 8 万名各层次的优秀管理者和 100 万名员工，对优秀管理者进行绩效衡量的指标包括销售额、利润率、顾客满意度、员工流动率、员工意见以及 360° 评估。这两项研究证实了优秀的管理者在员工管理和激励方面所具有的独特作用。研究表明，管理者的作用是充当催化剂，通过加速员工的才干与公司目标以及客户需要之间的反应帮助每位员工创造业绩。管理者的这种作用是领导者和自我管理团队都无法替代的，他们通过询问问题、倾听想法以及做思想工作，深入员工的内心，释放他们的独特才干，进而助力他们创造优秀绩效。每一位管理者把这种一对一的工作放大 1 000 倍，就会变成公司的实力。事实上，员工的直接上级是对员工的绩效、满意度和流动率影响最大的因素，70% 左右的员工流失是直接上级所致。可以说，员工可能会慕公司之名而来，但能够在企业中工作多久、是否会敬业、能不能化才干为业绩等，则主要取决于管理人员是否足够优秀。据此，盖洛普提出了所谓的“盖洛普路径”，即一家企业实现成功的完美路径是这样的：优秀的管理人员通过发现员工的优势并尽力通过因才适用的方式造就敬业的员工，而敬业的员工会滋养出忠实的客户，忠实的客户则能够确保企业实现可持续发展、利润增长以及股票增值。

盖洛普的研究发现，顶级管理人员之间的共性非常少，任何管理风格都有可能成功，因此，不应强迫所有的管理者用千篇一律的方式去管理员工，而应该鼓励其有自己的风格。那么，优秀管理者和糟糕管理者之间的最大区别在哪里呢？就是他们在选人、确定目标、激励员工以及培养员工等方面的根本出发点存在差异。首先，糟糕的管理者在选人的时候看重的是候选人的知识、技能和工作经验，而优秀的管理者关注的则是候选人是否具备干好某种工作或从事某种职业所必需的特殊才干（技能和知识等很容易被教会，而才干则不能，它往往是一个人与生俱来的，很难依靠后天的努力获得）。其次，糟糕的管理者在对员工提出要求时，重视界定正确的步骤，要求员工按照自己确定的步骤去做事，而优秀的管理者则更为重视界定清楚希望员工达成的结果，至于具体的工作步骤，若非必须遵循，则让员工自己去做出选择。再次，糟糕的管理者激励员工的方式是要求他们尽可能做到发挥优点、补齐短板，从而成为一个完美的人，而优秀的管理者则努力帮助每一位员工将自己的独特优势发挥出来，而不是花时间、费力气去弥补或克服自己的弱点。这一方面是因为很多人的缺点很难改变，与其让他们去弥补缺点，还不如让他们将所有的工作时间都用在发挥优点上面。另一方面，用人所长还可以起到节省工作时间、增强团队凝聚力、让员工更加负责以及鼓励改变现状的作用。最后，糟糕的管理者培养员工的出发点就是帮助员工通过学习和努力最终取得职务方面的晋升，而优秀的管理者则认为帮助员工找到合适的岗位，让他们发挥特长才是最重要的，一味追求晋升很可能不仅导致很多员工最终进入令人疲惫不堪的晋升竞赛，而且被困在“彼得高地”[①]

① “彼得高地”一词源自教育学家和管理学家劳伦斯·彼得（Laurence J. Peter）在1969年提出的彼得原理。该原理的核心观点是：在一个层级化的组织中，员工一旦工作出色就会得到晋升，直到他们被晋升到显而易见已经无法有效履行职责的岗位上才会停下来，此时他们已经不可能继续晋升，但也很难被降到真正适合他们的下一级岗位上去。员工在晋升过程中最终所处的这种能力无法胜任的工作岗位就是所谓的“彼得高地”。

之上，陷入进退维谷的尴尬境地。[①]

为了更为清晰地表达盖洛普总结出的糟糕管理者和优秀管理者做法的差异，我们将其总结为表 4-1。

表 4－1　糟糕管理者和优秀管理者做法差异

员工管理内容	糟糕管理者的做法	优秀管理者的做法
挑选员工	重点考察知识和经验	重点考察才干
要求员工	采取正确的步骤	界定想要的结果
激励员工	扬长补短	扬长避短
培养员工	学习和晋升	因才适用

德鲁克其实在很早的时候就表述过管理者要用人所长的观点，他指出，如果一位管理者仅能见人之短而不能识人之长，刻意避其短处，而不是发挥其长处，这样的管理者本身就是一位弱者。此外，那些专门找下属缺点的管理者必将破坏上下级之间的团结。德鲁克专门举了南北战争时期美国总统林肯力排众议任命格兰特将军为北方军总司令的例子论证用人所长的重要性。尽管格兰特将军嗜酒贪杯，但比之前那几位没什么重大缺点的将军更有能力取得战争的胜利。作为南方军司令的罗伯特将军手下的绝大多数将领也同样有各种缺点，但罗伯特将军能善用他们的长处，在南北战争前期对北方军队造成了重创。什么都懂的人往往很平庸，而才干越高的人，缺点往往越多。世界上并没有全能的人，最多只不过是在某些方面特别有能力。

德鲁克还指出，卓有成效的管理者在用人时要坚持四大基本原则才能真正将优秀人才的专长发挥出来。原则一是不要将职位或工作设计得让

① 马库斯，科夫曼．首先，打破一切常规：世界顶级管理者的成功秘诀．北京：中国青年出版社，2011.

正常人无法承担，因为人都会犯错误。原则二是职位的设计既要对任职者具有挑战性，同时又不能让工作内容过于狭窄。如果职位设计得过于“特殊”，就很难找到普通人去承担，而企业能找到的往往又是普通人，这样就很难找到与职位匹配的人。不仅如此，由于职位的要求也会发生变化，之前“绝对合适”的人选很可能会突然变得不合适。因此，工作内容如果设计得过于狭窄，就会限制人的能力发挥，这对于年轻的知识工作者来说尤其不利，因为他们更需要得到更多尝试和发展的机会以真正保证长处得到发挥。原则三是在用人时要首先考虑人的能力而非职位的要求，也就是说，要重视发挥人的特长，而不是局限在对某个职位的考虑上。原则四是在用人所长的同时，还必须能够忍人所短。第二次世界大战时期，马歇尔将军就一再为有着明显缺陷却是一位优秀战时统领者的巴顿将军辩护。不过，马歇尔将军在其弱点可能影响其长处发挥时，也会提供机会让其对这些弱点加以适当弥补。比如，他一方面大胆提拔艾森豪威尔等年轻军官，另一方面，当他发现艾森豪威尔的战略知识缺乏之后，有意将其安排在作战计划部门工作一段时间，尽管艾森豪威尔并未因此成为战略家，却懂得了战略的重要性，从而极大地帮助其发挥在组织和策划方面的长处。①

谷歌的一项研究同样指出了优秀管理者对于下属的绩效目标达成以及个人成长、敬业度和保留率等产生的积极影响。谷歌成立之初，在高度技术官僚文化主导下，全公司的人都质疑管理者的价值。软件工程师埃里克·福莱特（Eric Flatt）指出：“我们是一家由工程师为工程师打造的公司。”大多数工程师都希望把时间用在设计和调试上，而不是与老板沟

① 彼得·德鲁克．卓有成效的管理者．北京：机械工业出版社，2009.

通或监督其他员工进度上。员工一直认为管理弊大于利，分散了大家对于“真正的工作”以及有形的和目标导向的任务的注意力。2002 年，拉里·佩奇（Larry Page）和谢尔盖·布林（Sergey Brin）宣布取消工程领域的所有管理人员，建立完全扁平化的组织，所有人直接向他们汇报工作。他们试图清除阻碍快速进行创意开发的障碍，复制在读研究生时享受的那种自由自在的大学环境。但是几个月后他们就放弃了这个计划，因为他们发现管理者实际上在公司中发挥了很大的作用，比如沟通战略、帮助员工确定项目的优先级别、促进各种协作的实现、支持员工取得职业发展、确保流程和系统与公司目标一致等。2008 年左右，谷歌借助谷歌人幸福度调查和半年绩效审核，找出员工满意度和团队业绩得分都很高以及都很低的经理，发现管理者在上述两个方面的得分与员工离职率或保留率关系很大。于是，公司针对在员工满意度和团队业绩两个维度上的排名都位于前 25% 的 140 位经理和在两个维度上排名都处于后 25% 的 67 位经理进行双盲定性访谈，同时结合通过谷歌人幸福度调查和绩效审核及最佳经理奖评选中得到的各种评语，最终确定了谷歌公司优秀管理者所具备的八个方面的特征：

1. 做一位好教练。即优秀管理者会指导和支持自己的团队成员，帮助他们发挥出最大的潜力。他们会定期提供建设性的反馈，帮助团队成员设定并实现目标。

2. 给团队赋能，而不是进行微观管理。即优秀管理者相信自己的团队成员能够完成自己的工作，充分授权而不是事必躬亲，他们会通过设定明确的期望并为团队成员提供所需的资源帮助他们取得成功。

3. 关心员工的成功和幸福。即优秀管理者会真诚地关心团队成员的福祉，关心团队成员的生活，并在他们遇到困难时给予支持。

4. 注重成效，以结果为导向。即优秀管理者专注于结果的达成，会通过做出明智的决定并迅速采取行动，扫除障碍，推动团队目标的实现。

5. 善于沟通，倾听团队意见。即优秀管理者是有效的沟通者，他们总是能够清晰简洁地表达自己，并积极倾听团队成员的意见。

6. 帮助员工取得职业发展。即优秀管理者会帮助自己的团队成员在职业生涯发展方面不断取得进步，他们会为团队成员提供指导和建议，并帮助他们找到新的职业发展机会。

7. 有清晰的团队愿景和战略。即优秀管理者能够明确团队的愿景和战略方向，能够将团队成员团结在一起，朝着共同的目标去努力。

8. 具备关键技术能力，可为团队提供专业建议。即优秀管理者拥有相关的专业知识和技能，能够对团队成员提供专业方面的指导和支持，帮助团队成员找到解决方案。[①]

谷歌认识到，团队管理者带队伍的水平对公司影响极大，糟糕的管理者不仅会导致团队绩效很差，而且有可能导致优秀员工流失。因此，谷歌把这项针对管理人员的领导力评估和提升项目命名为“氧气项目”，表明管理者对团队的影响就像是氧气对人的影响一样。在确定了优秀管理者的上述八大特征之后，谷歌将其纳入谷歌人幸福度调查之中，对于那些在这些方面表现不佳的管理者，公司会采取相应的行动，对他们提供警示、培训甚至最终解除管理职务。

若干年前，我主持过哈尔滨三精制药有限公司的一个人力资源管理咨询项目，访谈的过程中，一位 50 多岁的大姐给我留下了非常深刻的印象。

① 拉斯洛・博克 . 重新定义团队：谷歌如何工作 . 北京：中信出版社，2019.

访谈中公司的一位副总经理跟我说，这位老大姐是他们公司各生产车间主任业绩非常突出而且最有特色的一位。她负责的是公司规模最大的大输液车间，员工人数达到200多人，但整个车间工作氛围非常和谐，士气高昂，业绩突出。更有意思的是，这位大姐自高中毕业进入公司工作，是所有车间主任中唯一从来没有上过大学的人。在对这位大姐进行访谈的时候，有两个观点让我印象深刻。一是她很清楚自己因为没上过大学，所以在设备、工艺和技术等方面存在一定的不足，因此她特别明确地给手下的大学毕业生们做好授权，鼓励他们敢于做出判断和决策，敢于负责，但表示一旦出了问题，自己会承担所有责任，不会推卸给他们。这种做法极大地调动了那些懂技术的大学毕业生的积极性，结果是车间中迅速成长起来一批高水平的技术人才，很多年轻人脱颖而出，充分满足了车间的需要。大姐提到的另外一个观点是，管理应该是帮人，而不应该是害人。她提到，有一次车间的一位班长在民主测评中得分较低，按规定，这位班长就得被撤职，变成普通员工。但大姐认为，这位班长本身的工作能力和人品是没有问题的，仅仅是因为个性问题，说话比较难听，所以大家不接受他。如果就此撤职，他继续留在公司里就不会再有发展的机会了，如果让他因此而离职，对公司也是一种损失。因此，她决定跟这位班长深入沟通，指出他的问题，并建议他努力改掉自己的坏毛病，同时去做班组员工的工作，请大家给这位班长提供一次机会。最终，这位年轻的班长以实际行动获得了大家的重新接纳。很显然，这位大姐在员工管理方面的价值观和领导能力，帮助她有效地弥补了自身专业技术水平的不足，同样创造了优良的绩效。

管理者对待下属的态度，尤其是他们创造出的期望愿景、提供的反馈、营造出的信任等，可能比硬邦邦的人力资源管理政策或者制度更能塑造和重塑员工与企业之间的关系，从而促进企业绩效目标的达成。很多企业都很重视管理者的员工管理能力，注重选拔人力资源管理意识强和情商高的人担任管理者。还有一些企业非常重视公司各级管理人员的管理技能开发和领导力提升，力图通过系统、科学的训练帮助各级直线管理人员树立正确的员工管理理念，掌握必要的人力资源管理开发与管理技能，确保他们能够帮助企业留住和发展优秀员工，并且带领他们取得企业期待的高绩效。

05

人力资源管理是创业者的必修课

看似无用的“创业者”刘备

小时候看《三国演义》，脑子里一直有一个印象：诸葛亮是一位上知天文、下知地理的“神人”，足智多谋，用兵如神，百战百胜；刘备却恰恰相反，除了假装要摔孩子来表示自己爱惜人才之外，其实对蜀国的创业成功并没有起到太大的作用。等到成年之后才慢慢明白，在东汉末年那个群雄并起的时代，几乎刘备所有的竞争对手，包括曹操、袁绍、董卓、公孙瓒、陶谦、吕布、孙策孙坚父子等在内，都比他实力雄厚得多。出身贫寒且无地盘的刘备能够取得荆益之地，最终形成魏、蜀、吴三国鼎立的局面，堪称创业成功的典范，而刘备在创业过程中所起到的作用，也绝非诸葛亮所能取代的。

在创业过程中刘备的作用主要有两个：一是充当精神领袖，二是吸引和用好人才。刘备利用自己出身汉室的身分，在当时人们普遍信仰正统的情况下，打出了“汉、贼不两立，王业不偏安”的旗号，将自己与曹操、孙权等人区别开来，这种差异化的特征就使得刘备不仅在政治上有了依靠，也使得自己在招揽人才方面有了突出的优势。刘备本人由于出身底层，加上没有足够的财力，只能通过立下“仁义”的人设，尽其所能地结交和吸引自己能够接触到的中下层人才，同时注意团结和收揽来自各阶层的人才，广纳天下英才为己所用。整个刘备集团中的核心人物大多来自中下层，但也吸引了一些家庭出身更好的人才加盟。比如，在蜀国著名的五虎上将之中，关羽起初的社会地位较低，属于平民阶层；张飞有一定的经济基础，属于高于普通平民的小地主或富农阶层；赵云的出身不明确，可能出身于地方士绅或有一定地位的家庭；黄忠出身于士人或地方武官家庭，社会地位在平民和士绅之间；只有马超出身显赫，属于地方贵族或豪强阶层。刘备对人才的重视从三顾茅庐请诸葛亮出山的佳话中便可见一斑，庞统、法正、董和、许靖、刘巴、李恢、孙乾、陈登等很多文武官员也都是由刘备亲自招致麾下的。

刘备用人从来不拘一格，不问先来后到，不论亲疏远近，不讲资历背景，不限地域出身，甚至不管是否根红苗正。他让诸葛亮、庞统担任左右军师，位置在追随自己许久的关羽、张飞之上。不仅如此，刘备还能够做到对人才给予充分的尊重和信任，对他们的意见能虚心听取。比如，刘备将诸葛亮提出的“三分天下隆中策”列为自己的立国方针，坚定不移地去行动，甚至对于从敌方吸纳的各类人才，刘备同样给予信任并大力培养，这大大壮大了刘备集团的实力，为其创建和巩固蜀汉政权打下坚实的基础。法正原为刘璋部下，担任蜀郡太守，因对刘璋政权不满而投靠刘备。刘备高度重视法正的智谋，命其担任尚书令，参与军政决策，后来法正为刘备入川和在汉中的争夺提供了关键性的谋划支持。法正因其特殊地位和才能，在刘备手下享有很高的待遇。原本出身低贱的魏延本来是刘表的部将，在刘表去世后投奔了刘备，因在刘备入川过程中崭露头角，逐渐受到重用。魏延不仅参与了对益州的进攻，帮助刘备击败了刘璋，而且后来在汉中战役中立下大功。当时，刘备任命魏延而不是张飞担任汉中太守，后授镇远将军。汉中是蜀汉北部的重要防线，魏延在此坚守多年，有效遏制了曹魏的进攻，确保了蜀汉的北部安全。不仅如此，在诸葛亮的五次北伐中，魏延也是重要将领之一。

而反观诸葛亮，在刘备在世时那真是如神一般的存在，几乎百战百胜，而在刘备死后，诸葛亮做什么事情似乎都没有那么顺利了，尽管也有蜀国后期环境变化的影响，但最主要的还是诸葛亮失去了刘备这个强大的支柱。尽管也为蜀国吸引了像姜维这样杰出的人才，但总的来说，诸葛亮在广纳贤才方面的能量和所能起到的作用是远远无法与刘备相媲美的。虽然诸葛亮在用人上也非常重视贤才，提拔了许多有能力的人，但还是比较保守，缺乏大胆创新的精神，对不符合他标准的人才较少重用。他更倾向于信任与自己关系密切的文官，对武将的信任度相对较低，这一点跟刘备大胆启用各种人才的魄力和充分信任人才的风格形成了鲜明的对比。此外，由于后期蜀国的权力过于集中在诸葛亮一人之手，虽然提高了决策和执行的效率，但也使其他官员和将领的主动性和创造性受到抑制。再加上诸葛亮生前并没有明确地培养和提拔一个自己的接班人，尽管姜维接替了他的部分职责，但在领导能力和威望上显然都无法达到诸葛亮的水平，这也在一定程度上导致在他去世后蜀汉政权陷入动荡。事实上，在诸葛亮死后，蜀国最终陷入了“蜀中无大将，廖化作先锋”的人才凋零状态。后来在邓艾奇袭成都平原时，蜀国居然只能让一个没领过兵的诸葛瞻草草集结了一批乌合之众去应战，最终导致灭国。

刘备的故事表明，作为一个创业者，完全靠自己亲自做事是成不了大气候的。只有做到胸中有事，眼中有人，能够利用组织的使命、价值观以及个人的感召力，不遗余力地去吸引、用好和留住各种类型的人才，才能真正干成一番大事业。

初创企业和小企业的独特管理难题

很多人可能会有一个疑问，大中型企业需要重视人的管理，初创企业和小企业也需要重视人的管理或人力资源管理工作吗？要回答这个问题并不难，如果这家企业不是只有老板自己，而是开始雇用来自家庭或血缘关系之外的其他员工，那么它就已经需要人力资源管理了。实际上，即使除了老板之外，还有其他自家人参与，也同样需要做好一些与人力资源管理相关的工作，只是比较简单而已。要知道，一家企业不是有了专职的人力资源管理人员或人力资源部才有人力资源管理的，相反，对人力资源管理的需要往往从企业初创时期开始就客观存在了，只不过企业初创时期的很多人力资源管理工作是由企业所有者或创始人自己承担的，发展到一定的规模之后，企业才会配置专门的人力资源管理人员甚至成立人力资源部。

初创企业或小企业的人力资源管理往往有特殊性，主要表现在三个方面。一是由于公司规模较小，很难设置专职的人力资源管理人员。通常情况下，企业在员工人数达到 100 人左右时才有能力雇用一名专职人力资源管理人员，但小企业其实同样需要处理各种人力资源事务。美国人力资源管理协会（SHRM）的研究发现，即使是员工人数少于 100 人的公司，每年也得花费大约相当于两名工作人员的时间来处理各种人力资源管理问题。只不过这些工作通常由企业主（或其助理）每天工作更长的时间来完成。二是由于初创企业或小企业在时间、资金、人员及专业知识等方面都面临资源缺乏的困境，因此面临的紧迫压力主要集中在财务、生产和市场营销等方面，企业经营者或创业者必须把更多的时间用在处理人力资源管理之外的事情上。换言之，尽管人力资源管理问题对小企业也很重要，但并非头等大事。三是初创企业或小企业的人力资源管理活动往往更不正规。比如，通常以师傅带徒弟或边干边学的非正式方式完成新员工培训工作，薪酬政策也具有更多的灵活性。这是因为初创企业或小企业往往缺乏资源，再加上必须对各种竞争性挑战做出快速调整，所以只能以一种短期的、非正式的、被动反应性的方式来处理人力资源管理问题。此外，初创企业或小企业在人力资源管理方面的非正规性在一定程度上是因为没有建立相对严格而清晰的管理系统，必须更多地依靠人盯人的方式开展工作和强化执行力，而不是依靠目标、制度和流程来行事。事实上，创业者或小企业管理者往往不可避免地把自己的个人化管理风格甚至个性强加于企业人力资源管理问题的处理过程之中。

初创企业或小企业在人力资源管理方面的非正规性有可能给企业带来很多不利的影响。首先，相对初级的人力资源管理水平和职业化人力资源管理专业人员的缺位会使这类企业处于不利的竞争地位，产生较差的经营结果，甚至因为无知或侥幸违反与人力资源管理活动相关的法律法规，陷入劳动法律纠纷，这不仅可能需要付出金钱方面的代价，还会牵扯管理者的很多精力。其次，很多初创企业或小企业还没有使用人力资源管理信息系统或数字化技术，因此，很多关于员工信息的记录往往保存在不同的人力资源管理表格之中，每一次信息变化都需要以手工方式修改、调整或计算，不仅耗费时间、效率低下，而且容易出错。初创企业或小企业要想改善自己的人力资源管理，一方面可以运用互联网以及政府提供的各种工具来支持自己的人力资源管理活动；另一方面可以通过创业者或经营者亲自参加管理课程的学习、与其他同行进行交流、借鉴其他企业领导者的员工管理经验或教训、向人力资源管理专家请教等方式来弥补人力资源管理知识和经验不足的缺陷。当然，在条件允许的情况下，在创业团队中吸收有一定人力资源管理经验的管理者加盟也不失为一种有效的对策。

然而，在现实中，大多数创业者或中小企业的经营者往往对人力资源管理问题重视不足。近年来，随着全民创业口号的提出，再加上互联网经济带来的各种机会，创业在中国成了一股潮流，各种创业企业、小企业不断涌现。但大家的关注点似乎都在商业模式、产品、市场、融资等方面，创业企业的人力资源管理问题并未引起太多人的关注。有一次我看到一份新闻采访，国内某共享单车企业因经营不善而濒临破产，在此之前有记者采访该公司首席执行官，问及公司面临困境的原因何在，结果这位创业者来了一句“我们的员工工作不努力”。这表明，很多创业者可能直到把企业搞垮都没搞明白一件事：一家企业的员工如果不努力的话，其根源在哪里。实际上，借用过去老百姓谈腐败问题的一句话来概括是最形象的，就是“问题出在前三排，根子就在主席台”。换言之，员工工作不积极、不努力，那一定是中层干部出了问题，而中层干部工作不上进，则必然是选拔和任用这些人的老板或首席执行官个人的管理理念和管理能力有问题。

创业者必须重视人的管理

关于创业企业的人力资源管理，我们通过马云、雷军等人的一些谈话以及关于这些公司的人力资源管理的书籍可以知道一些，但总的来说，系统性不是那么强，给人的感觉也不是那么强烈。后来，朋友寄给我一本顶级投资人和创业导师本·霍洛维茨（Ben Horowitz）所著的《创业维艰：如何完成比难更难的事》。霍洛维茨有着丰富的创业和管理经验，2009年与别人一起创立风险投资公司后，在初期即投资了脸书和推特等创业企业，被誉为“硅谷最牛的50位天使投资人”。最初拿到这本书的时候我并没有很重视，以为这本书是讲如何撰写商业计划书、如何构建商业模式以及如何进行融资等内容的，但当我翻开书之后意外地发现，这其实是一本重点讲解创业公司领导者必须了解的人力资源管理知识的书籍，因为这本书除了简要介绍自己的创业过程之外，绝大部分篇幅都在讲作者自己在创业过程中遇到的各种尖锐的人力资源管理问题以及自己在处理这些问题方面的经验教训。

《创业维艰：如何完成比难更难的事》一书中指出，创业企业要依次管理好人、产品和利润，而管理好人是最难的，但管不好人，其他两项就无从谈起。“真正的难题并不是设置一个宏伟的、难以实现的、大胆的目标，而是你在没有实现宏伟目标之时不得不忍痛裁员的过程。真正的难题不是聘请出色的人才，而是这些‘出色的人才’逐渐滋生一种优越感并开始提出过分的要求。真正的难题不是绘制一张组织结构图表，而是让大家在你刚设计好的组织结构内相互交流。”在这本书中，霍洛维茨谈到了如何塑造企业文化、如何打造一流的管理团队、如何处理有能力的刺头型员工、如何裁员、如何解决好朋友的降职问题、如何管理职务头衔、如何应对办公室政治、如何应对部门间的冲突以及是否应当去挖合作伙伴或利益相关公司中的人才等一些非常具体的人力资源管理问题。比如，在谈到能否从重要的生意伙伴或朋友公司里挖人的问题时，他认为，除非此人极其出色，否则没必要因为挖人而失去生意伙伴或朋友，而且这样做还有可能被反挖墙脚。即使是这些人自己主动要求加入本公司，也应该让对方公司知晓情况，为他们提供一个挽留自己的员工的机会。不过，在通报给对方公司之前，应首先征求员工本人的意见，若本人不同意，则可终止录用并做好保密工作。[①]

桥水基金创始人瑞·达利欧也明确指出：桥水基金取得成功的关键是人和文化，一个组织中的人会塑造文化，而文化又决定了这个组织会选用什么样的人。在桥水基金创业的过程中，帮助公司实现起飞的是其开发出的一系列重塑整个行业的投资产品，而创造这些投资产品的正是桥水基金的员工和企业文化。能够持续进步改善的公司都同时拥有优秀的人和优秀的文化，获得优秀的人和优秀的文化对于任何一个组织来说都是最重要的，但同时也是最难做到的。在《原则》这本总结桥水基金成功创业心得的著作中，达利欧总共讲了三部分内容：一是个人和公司的发展历程，二是生活原则，三是工作原则，关于如何识人用人以及如何打造良好文化的内容在其中占了很大的篇幅。比如，要理解人与人大有不同；比做什么事情更重要的是找对做事的人；要用对人，因为用人不当的代价高昂；要持续培训、测试、评估和调配员工等；要相信极度求真和极度透明；做有意义的工作，发展有意义的人际关系等。[②]

---

① 本·霍洛维茨．创业维艰：如何完成比难更难的事．北京：中信出版社，2023.

② 瑞·达利欧．原则．北京：中信出版社，2018.

顶级人才的获取必须一把手亲自出马

关于企业的创始人在初创企业或小企业中应当承担人力资源管理责任这件事，在创业方面取得了很大成就的雷军和马云等人多次谈到过。小米创始人雷军曾经在访谈中提到，创始人最重要的工作之一就是找人，而且创始人的这种找人的能力往往是公司的人力资源部甚至猎头公司都无法取代的。小米几乎所有的创始团队成员都是雷军亲自一个个谈下来的。他也曾为了说服一位资深硬件工程师加入，让几个合伙人轮流来谈，从早到晚用 12 个小时的时间说服了对方。雷军总说招人是天底下最难的事情，但如果没有找到合适的人和你一起干，只能说明你还没有花足够多的时间去找人。正因为如此，在创业初期，雷军把自己 80% 的时间都用在找人上了。

亚马逊公司创始人杰夫·贝索斯（Jeff Bezos）也很清楚，对于创业企业来说，要想招募顶级人才，必须一把手或高管亲自出马。1997 年初，亚马逊正处于被线下连锁书店集体围剿的紧急关头，但贝索斯花了大量的时间去招募顶级人才。瑞克·达尔泽尔（Rick Dalzell）曾经是美国陆军的一名信号工程师，担任驻德通信官，退伍后加入沃尔玛，主管信息技术，而沃尔玛的管理信息系统代表了当时零售行业的最高水平。为了招募达尔泽尔，贝索斯拉上公司首席财务官乔伊·科维（Joy Covey），亲自付出了长达半年的努力，在被多次拒绝之后，先设法邀请达尔泽尔到公司来参观，又安排科维每隔几周给达尔泽尔的太太打电话，还搬出来硅谷传奇投资人同时也是亚马逊投资人的约翰·杜尔（John Doerr）出来游说，甚至还和科维一起专程飞到沃尔玛总部所在地，仅仅为了给达尔泽尔一个惊喜，邀请他共进晚餐。达尔泽尔有所心动，但因为要举家搬迁到 3 200 公里之外的西雅图而退却。半年之后，在其太太的推动下，达尔泽尔最终选择加入亚马逊，担任首席信息官，后来他不仅帮助亚马逊全面升级了管理信息系统，打造了数字时代的全新管理模式，而且给亚马逊举荐了很多重要人才，在 2007 年退休之前一直是贝索斯非常倚重的左膀右臂。[①]

阿里巴巴前首席执行官卫哲曾经谈到，阿里巴巴从刚创建到有 400～500 人时，公司招聘任何人，马云都要亲自面试，包括前台接待员和保安。童文红原本是一位军嫂，她从阿里巴巴的前台做起，历经行政、业务和客服等多个岗位，后来成为菜鸟网络公司的董事长和阿里巴巴首席人力资源官。另一位名叫杨过的保安刚开始整天在公司产品部晃悠，先是旁听产品开发，到偶尔能插嘴，后来竟然升任产品总监。如果不是马云亲自面试这些人，恐怕不会有这么多奇迹。

霍洛维茨也指出，小企业的所有者或创业者往往需要亲自招聘和管理远比自己更胜任工作的人，而在这方面有三点很重要。一是知道自己想要什么样的人。不要凭外表和感觉去招人，不要受到自己头脑中固有的理想候选人形象的限制，要挑选与众不同的人。要多关注候选人的长处，而不是看他们有没有缺点，不要挑选那种没有弱点但同样没有强项的人。二是在对候选人进行甄选时，首先要确定自己希望候选人能够达到的标准，写下自己想要的能力以及愿意忍受的缺点，设计出能够表明候选人能否达到这些标准的问题；然后进行面试并对候选人的背

① 拉姆·查兰. 贝佐斯的数字帝国：亚马逊如何实现指数级增长. 北京：机械工业出版社，2023.

景进行秘密和公开调查；最后则需要由创业者单独做出最终的雇佣决定，这是一项孤独的任务。此外，创业者早前在不同岗位上任职的丰富经历和体验以及从外部引入专家的做法都有助于提升创业者雇佣决策的有效性。

权衡“空降兵”的利弊

一些初创企业很重视管理，而且希望自己的公司从一开始就能够有规范的管理，因此直接去招聘有大企业或外企工作经验的人进来。然而，很多公司的经验教训表明，这种做法风险很高。比如，马云曾经反思自己早期在创业过程中盲目引进“空降兵”的做法。2001 年，马云告诉两年前从北京跟随自己回杭州创业的 18 位合伙人，不要想着靠资历任高职：“你们只能做个连长、排长，团级以上干部得另请高明。”此后，阿里巴巴大规模从世界 500 强公司中引进职业经理人，但在 15 年后，当阿里巴巴在美国上市时，当初的这些合伙人有 7 位仍然留在阿里巴巴，其余离开的 11 位也大多在阿里巴巴担任过要职，而当时高薪聘请的“空降兵”早就“集体阵亡”了。那些从跨国公司挖过来的高级管理者习惯了用大企业的资源、渠道、人力来运作项目，但阿里巴巴当时还处于创业阶段，没有足够的资源和人力去“啃”大项目，组织结构和人员调配也必须保持较高的灵活性，员工规模不大，也不需要太规范化的制度。这种人才和企业不匹配的状态就好比一辆配备超规格发动机的汽车，不仅车子跑不快，发动机也因无法充分磨合而受损。

霍洛维茨还指出，创业企业在适当时候引入经验丰富的人往往是决定企业成败的关键，但这很可能是一把双刃剑。因为创业企业雇用来自大企业的管理者很可能会出现节奏不匹配和技能不匹配的问题。大企业的管理人员往往并不能胜任创业公司的工作，因为两者职责相差很大：大企业管理人员每天应接不暇地忙于处理各种业务，而小企业管理人员必须自己找事做。因此，创业企业雇用一位在创建类似规模的公司方面富有经验的人可能会更有效。适合创业企业的往往是具有这样一些特点的人：更愿意自己设定工作节奏，而不是等待分配工作任务；能够意识到大企业和小企业存在的工作差异；加入创业企业的目的是想变得更具有创造力。经验丰富的人往往会带来原来的工作习惯、交流方式和价值观，清楚如何驾驭制度，同时对自己的工作比领导者更熟悉，因此，在雇用这种人时要注意三点：一是坚持原则，推行自己的文化，一旦发现为争权夺利而使用诡计者绝不姑息；二是制定清晰明确的高标准工作要求；三是要求他们必须善于合作，成为团队的一分子。此外，对于不同的岗位来说，企业内部经验和外部经验的重要性不同。比如，技术负责人从内部选拔相对较好，而销售负责人则适合从外部选拔。

小企业的留人之道

除了招人之外，如何留住优秀的人才也是初创企业尤其是小企业可能会面临的一个很大难题。几年前我在北京大学讲课时遇到的一位女性企业家给我提供了中小企业留住优秀人才的经典案例。她的公司在陕西宝鸡，主要生产在油田中使用的阀门之类的产品。由于企业规模不大，加上订单数量也不是很稳定，这家企业采取了比较灵活的用工方式，也就是企业只雇用一些核心技术工人，无论是否有生产任务，都会给他们支付相应的薪酬，而在有订单时还会额外支付一定的奖金。当订单突然增加时，这家企业还会从当地临时雇用一些仅仅拿计件工资的工人（宝鸡当地有不少这样具有一定技术基础的工人），这些人干完活就离开，与企业之间没有劳动合同关系。这家企业最为重要的一道生产工序高度依赖高水平的技术工人，而该企业恰好找到了一位技术水平非常高而且工作特别认真的工人，一旦失去这位技术工人，企业的损失就会非常大，而且很难找到替代者。

这位企业家不能失去这位重要的员工，因此想方设法一定要留住他，不能让他被其他企业挖走。除了支付相对较高的薪酬之外，这位企业家还在其他方面做了很多工作。比如，她专门去这位工人的家里进行家访，当得知这位工人的家庭经济状况不是很好，需要用自己一个人的工资养活母亲、妻子以及两个孩子之后，她总是每隔一段时间就去这位工人的家里坐坐，跟这位工人的母亲和妻子聊聊天，给她们带一些家里用得上的衣物和食品等生活用品。不仅如此，当了解到这位工人的一个女儿跟自己的女儿在同一个学校上学之后，她还专门到学校设法把两个孩子调到了一个班，然后自己花钱聘请课外辅导老师对自己的孩子和这位工人的孩子进行辅导。她说，自己之所以能够留住这位重要的技术工人，一方面是在薪酬上没有亏待他，另一方面，她对这位工人的家庭给予的关注和帮助也起了很大的作用。据其家属说，其实用更高的薪酬来挖这位工人的企业也不少，但这位工人的母亲和妻子都更愿意让他在这位企业家的企业里工作。

小企业不要照搬大企业的管理实践

最后需要指出的一点是，由于初创企业和小企业往往规模较小，因此在具体的人力资源管理实施方式、方法、程序、系统等方面，可能跟大中型企业有所区别，尤其是注意不要简单地照抄大中型企业的人力资源管理实践，过分追求人力资源管理体系的专业化和规范性，那样做很容易把简单的问题复杂化，使企业经营者乃至员工耗费很多精力，却产生不了明显的效果。事实上，一些简便有效的人力资源管理方法可能更适合小企业。比如，初创企业和小企业的领导者完全可以在了解绩效管理基本原理的基础上，在日常工作中通过润物细无声的方式为员工制定绩效目标、进行绩效辅导，然后完成绩效考核等方面的工作，而不必非得建立和运行一套复杂的绩效管理制度。再比如，大公司往往在可能的范围内尽力搜寻最适合自己的优秀人才，无论这些人才过去与企业是否存在联系。但在中小企业中，尤其是初创的中小企业中，创业者往往会从自己多年积累的人脉关系包括亲戚朋友中寻找合适的人。在阿里巴巴最初创立的时候，马云用的人大多数是自己的同事和学生。先后参与创办携程、如家、汉庭、华住四家上市公司的季琦对创业团队的组建也有自己的心得，他认为要找三类人：一是熟人，即身边的熟人、朋友、同学、亲戚，这是一种有效的方法；二是俗人，即有饥饿感的平常人；三是淑人，即品德好的人。才能不好可以换岗位，但品德不好替换成本很高，在初始团队中，成员的人品非常重要。季琦同样不建议找外企的高管，因为他们都是“雅人”，也不要找创业成功者，这类人通常会觉得自己很牛，这种“曾经沧海”的人的保持成本高，改变成本也高。如果你找不到一流的人才，那就找平常人，此时就要求创业者做事聚焦、关注点聚焦、决策聚焦。

中小企业之所以与大企业存在这样的区别，一是因为中小企业通常没有能力支付富有竞争力的薪酬，因此，不能借助高薪策略吸引劳动力市场上的优秀人才；二是因为中小企业有很多事情需要去做，企业创办者本人也没有很多的时间和精力到市场上慢慢找合适的人；三是因为中小企业往往管理不是非常规范，人与人之间的相互信任非常重要，制定一系列复杂的规章制度对人进行管理不仅成本较高，而且会很耽误时间。因此，初创企业或中小企业的所有者或经营者从自己过去认识的人当中选择合适的人一起创业，不失为一种好的选择。当然，即使是找熟人也要注意做基本的判断，不合适的熟人最好不用。一方面不合适的熟人不仅干不了正事，还很可能会帮很多倒忙，管理起来麻烦，对整个团队的士气会产生很多不良影响。另一方面，有句老话说得好，“请神容易送神难”，如果是熟人或熟人介绍的人，要想不伤感情地将其请出企业得花很多心思，搞不好大家连朋友都没法做。所以，创业企业或中小企业找熟人是合理的选择，但也同样需要有一定的筛选标准，要么事前尽可能做一些考察，要么在入职的时候就把事情说清楚，免得将来伤和气。

06

善待员工才能真正让客户满意

百度公关副总裁遭遇滑铁卢

2024 年“五一”小长假接近尾声，一位据称是百度公关副总裁的璩姓女士在网上发布的一段视频迅速蹿红。在这段视频中，她以非常强势的语气讲了这样一段话：“我为什么要考虑员工的家庭，我又不是她的婆婆。我要考虑的是，她能不能在她的岗位及时给我交付结果。我又没有要求她周末陪着我出差，我也没有违反《劳动法》。你可以不用承担重要的工作，但是涨薪的时候就没你什么事了。我没有威胁你，别人跟着我出差 50 天，我不激励，我不涨薪，你觉得公平吗？你男朋友（因为你长期出差）打电话要跟你分手，跟我有什么关系？如果你这么在意你男朋友支不支持你，你可以辞职呀，我秒批。而且我根本没有义务去了解你哭没哭、吵没吵架。这不是我作为主管该关心的事情，我不是你婆婆，也不是你妈。我们的关系就只是雇佣关系而已。”

视频一经发布迅速引起社会关注，有人感到此人的身份不太可信，毕竟，百度的副总裁而且是负责公共关系的副总裁，怎么可能会说出这样显然会给公司带来极大负面影响的话呢？然而，当大家搜出此人的履历之后赫然发现，视频中的信息竟然都是真的。据知情人爆料，她之前在华为的年薪是 600 万～700 万元，而在百度更是高达 1 500 万元。

璩某的上述言论经过互联网的传播引起了极大的社会反响。虽然有少部分人表示，职场的现状本来就是如此，璩某只不过是说出了事实而已，大家不爱听实际上是回避现实。然而，更多的人却感到了由衷的愤怒，有人说璩某缺乏基本的职业素养，还有人说她这样说话会寒了员工的心，也有人说她实际上在充当资本的“打手”，这样的言论反映了资本的冷酷无情。随着事件的发酵，很多人又挖掘出了璩某的其他相关言论，比如她还说过，自己曾经忘记大儿子的生日和小儿子上几年级，但并不后悔，因为自己选择了做职业女性。但有人直言，你是事业狂、女强人，拿千万年薪，心甘情愿为公司卖命，可员工没拿那么多钱啊，要是为了上班搞得妻离子散，这班还上个什么劲？她过去在华为以及后来在百度的一些下属也在网络上透露了一些关于她的负面信息，一条标题为“300封举报信撒满工位”的视频表明，璩某在空降百度担任副总裁后曾遭下属妻子一封名为《关于公关部高管璩某各项违法失德行为的情况反馈》的举报信攻击，控诉其对下属员工的种种压榨行为：在璩某到任后，员工一天工作15个小时是常态，周末都无休，而且员工离开公司后也要随时在线上响应，即时处理工作，在单位加班之后到家还得继续加班。凌晨1点以后她发工作信息的情况比比皆是，半夜时她经常在各个群里布置工作、督促斥责、搞人身攻击，员工及其家属经常在入睡后被此起彼伏的信息声吵醒，孩子经常半夜被干扰到哇哇大哭。举报信中还指出，璩某收集相关领导者的爱好和家庭情况，做成隐私档案，要求手底下的员工把领导者哄开心。不过，璩某否认举报信里的内容，她辩解说自己的工作风格比较狼性，让一位员工的家属有了怨气，所以杜撰了这些文字。

璩某的小视频在2024年5月6日成为当日的网络热点，5月7日百度港股大跌，市值蒸发超60亿港元（尽管股价下跌是否是与此言论有关尚不得而知）。面对汹涌而来的声讨和各方压力，璩某5月9日就短视频事件引发的舆论风波在朋友圈发文称，因个人短视频引起风波，向广大网友诚恳道歉，并表示大家在各平台上发表的意见和评论她都认真看了，很多批评非常中肯，自己会深刻反思、虚心接受。她还解释说，自己在发布短视频之前，并没有征求公司意见，不符合相关流程，也不代表公司立场，特此澄清和道歉。对于视频中存在的很多不妥之处使公众对百度公司的价值观和文化产生了误解，造成了严重伤害，她也诚恳道歉。她还说，自己发短视频的初心是想把工作做好，但心太急了，方法不当，给大家带来了不适和困扰，自己会认真改进个人的沟通方式和管理方式，纠正错误，更关心同事，在实践中虚心听取大家的宝贵建议，希望大家批评指正。但很快，当天就有各方消息表明，璩某已从百度离职。

客观来说，在很多企业尤其是竞争激烈的互联网企业中，企业和员工之间的关系并不是很和谐，只讲赤裸裸的雇佣关系，而不讲人情甚至人性的现象确实存在，过去存在的这种现象是有其历史成因和一定社会环境基础的，但这并不代表企业和员工之间的关系必然是一种极端纯粹的经济利益交换关系。相反，随着经济发展水平的提高、产业结构的优化、整个社会的福利水平提升，尤其是随着人们的观念不断改变，企业和员工之间的关系是有可能变得更加和谐的。而且，善待员工并不是仅仅为了满足员工方面的需要，在当今互联网和数字化时代，善待员工其实也是为了满足企业善待客户的需要，因为企业和员工之间的触点决定了员工和客户之间的触点。[①]

---

① 安妮·许勒尔．触点管理：互联网时代的德国人才管理模式．北京：中国人民大学出版社，2015.

善待员工越来越成为主流

从雇佣关系存在之日起，企业就不可避免地要面对应当如何对待员工的问题。在工业革命及其之后的很长一段时间里，劳动者在与企业的关系中处于一种相对弱势的地位。后来，随着工会组织的出现以及各国政府不断出台调整企业与劳动者之间关系的法律法规，特别是随着知识型员工的出现以及知识经济时代的来临，劳动者和企业之间的力量对比逐渐开始朝着对劳动者比较有利的方向发展。然而，从整体上看，企业在处理与员工之间的关系方面仍然占据着更为主动的优势地位。我国自正式确立社会主义市场经济体制以来，政府通过制订《劳动法》《劳动合同法》《工会法》等一系列调整劳动关系的法律法规，力图使企业和员工之间的关系逐渐走上法制化和规范化的道路。但时至今日，由于相关劳动法律体系还不够成熟和完善，再加上执法力度不足，不同的企业由于人力资源管理理念不同，在处理员工关系的根本出发点以及具体的问题处理方式等方面仍然存在较大的差异。有些企业在员工关系处理方面不仅能够做到严格守法，而且能够遵守相应的社会伦理道德规范，培育了良好的雇主品牌；而有些企业或企业经营者在处理与员工之间的关系时不能做到善待处于相对弱势地位的员工，甚至存在恶意对待员工甚至侵犯员工合法利益的现象。

为什么说企业即使在占据优势地位以及享受较大的自由裁量权的情况下，仍然需要善待员工呢？从最简单的道理来说，这与大家在日常生活中常说的一条人生哲理是一致的——做人要多结缘、少结仇，而且多个朋友多条路。这条人生哲理对于企业而言同样有意义。企业如果不能善待员工，很可能产生很多意想不到的不良后果。比如，员工可能通过各种方式降低自己的生产率，甚至破坏企业的设备以及出卖企业的商业机密等。比如，美国就发生过若干起员工在被解雇之后，因为觉得自己受到了管理层或同事的不公平对待而心怀不满，于是拿着枪支回去射杀上级或同事的恶性事件。我国也曾经出现被解雇的员工因为无法拿到自己被企业恶意拖欠的工资，回到原来工作的工厂纵火，结果造成多人死亡的恶性案件。我有次给一些来自企业的人讲人力资源管理课程，在课堂上谈到了企业要善待员工的道理，后来培训组织者给我提供了一个很有意思的反馈信息。当时班上听课的有一位开超市的老板，他原来总是把员工放在自己的对立面看待。最典型的一个例子是，对于那些自己主动提出离职的员工，这位老板在给员工办理离职手续时，总会找各种理由不痛痛快快地一次性处理完，一定要离职员工三番五次地来回折腾。在课上听到我的观点后，他觉得确实有道理，于是开始在管理实践中主动进行调整。比如，当员工离职的时候，他不仅痛痛快快地帮着员工把该办理的手续都办理清楚，工资一次结清，而且会专门给离职员工所在的部门批一笔聚餐的经费，让大家欢送一下离职的员工。

很多企业一方面不断教育员工要有主人翁的责任感，要有奉献精神，要与企业同甘共苦；另一方面却对员工非常苛刻，要么在薪酬福利待遇等方面不舍得给予，要么不懂得尊重员工，无法为员工提供良好的心理体验。这样的反差之下，怎么能够指望员工真心对待企业呢？真正优秀的企业家一定不是仅仅站在自身的角度来对员工提出各种要求，而是发自内心地懂得要善待员工。比如，日本著名企业家稻盛和夫特别强调，企业家一定要懂得“敬天爱人”。他认为，企业经营应该尊重自然规律和社会规则，要像关爱客户一样关爱员工，企业只有尊重员工的尊严，才能获得员工的忠诚和奉献。阿米巴经营模式要想取得成功，就需要依靠员工的自主性和责任感，让员工充分发挥自己的才能，而这必须建立在尊重员工的基础之上。他明确指出，应该把员工放在第一位，其次是客户，最后才是股东。此外，他还给企业家们提出了很多忠告：要先员工之苦而苦，后员工之甜而甜；你爱员工，员工才会爱客户；不应该要求部下自我牺牲；珍视员工，就会产生凝聚力。[①] 本田公司的创始人本田宗一郎也明确指出人是企业最重要的财富，同时他还经常非常直白地告诉员工要为了自己的幸福而努力工作。不要说为了公司工作，工作首先是为了自己。自己最重要，公司其次，工作只不过是大家实现幸福的一种手段而已。[②] 很显然，在员工的眼里，这样的企业领导者所说的才是真正的心里话，能设身处地满足员工需要的领导者才是真正意义上的好领导者。

那么，在今天这种互联网和数字化时代，还需要继续强调企业应当善待员工吗？当然需要，因为互联网以及其他新型数字技术的发展已经导致企业、客户和员工三者之间的关系发生了重大变化，员工对客户以及企业的直接和间接影响力都变得越来越大。

互联网时代的员工对客户的影响力大增

在互联网出现之前，企业基本上采用在泰勒制和法约尔的十四条管理

---

① 稻盛和夫．稻盛和夫的哲学．北京：东方出版社，2019.

② 本田宗一郎．本田宗一郎自传．北京：东方出版社，2023.

原则的基础上构建起来的金字塔结构，处于金字塔顶端的是组织的经营者或领导者，中层和基层管理人员处于金字塔的中间，员工处于金字塔的最底端。员工在工作中遇到稍微麻烦一些的问题时，便会自下而上地层层汇报和请示，等到最高领导层做出判断和决策之后，再一层层地自上而下地把命令传递下来，由最基层的员工负责执行。很显然，这种组织有一条很明显的从领导到员工，然后从员工再到客户的延伸链条。这种组织的运营是由组织的领导者推动的，他们往往处在市场权力链条的顶端，员工和客户则是被动的接受者甚至是服从者。而这种建立在严格的层级控制和指挥命令链条基础上的金字塔结构要想有效，有一个重要的前提条件——产品或服务市场的竞争不够激烈，客户没有太多的选择余地，只能被动地等待企业的反馈和回应。在市场经济不发达，尤其是还存在商品或服务短缺的环境中，最容易出现这样的情况。在这种传统的金字塔结构下，正是因为客户对企业的影响相对较弱，所以与客户直接接触的员工也就没有那么重要。在客户和员工与企业之间存在严重的信息不对称和权力不对等的情况下，企业便会处于优势地位。

然而，随着市场日渐成熟，企业之间争夺客户的竞争变得日益激烈，尤其是互联网的普及逐渐改变了企业与客户以及员工之间的原有信息和权力结构，力量的天平已经开始慢慢地从企业向客户和员工倾斜。从经验上说，如果企业或消费者想要购买某种产品或服务，他们最想知道的就是曾经购买这种产品或服务的其他企业或消费者的感受如何，但在互联网发展起来之前，要想找到历史客户尤其是大量的历史客户是非常困难的，这样企业单方面发布的关于自己的产品或服务的质量、功能等的广告等信息就成为潜在购买者的主要决策依据。而在今天，客户或消费者不仅有了更多来源的产品或服务可以选择，更为关键的是，企业和客户之间的信息不对称状况已经有所扭转。明智的客户或消费者不仅可以通过互联网搜集关于企业及其竞争对手提供的各种产品或服务方面的各种信息，而且可以通过互联网得到曾经使用同种产品或服务的其他客户的购买或消费体验。比如，当我们准备去网购某种东西或者找吃饭的地方时，大家已经非常习惯到京东、当当、淘宝、大众点评网等各类相关网站上看一看过去的买家留下的评价信息，并且据此做出购买或消费决策。因此，可以说企业的潜在客户已经通过互联网与历史客户通过信息交换形成了客户联盟，从而以规模性集聚对企业形成了集体压力。

随着客户或消费者因为选择能力以及信息获取能力增强带来的企业之间的不对等地位出现逆向调整，员工与企业之间的关系也随之发生改变。一方面，在很多行业尤其是服务业中，员工而不是企业的领导者是与客户存在更为直接和紧密联系的人，他们的工作能力和工作状态，尤其是解决问题的水平以及对客户提供回应或反馈的及时性和友好性等，都会极大地影响客户对企业的态度和印象，决定他们是否会重复购买企业的产品或服务。另一方面，即使是在员工与客户之间并没有直接的接触或联系的情况下，员工仍然可以通过其他方式直接影响客户的购买决策。事实上，在互联网时代，客户或消费者在选择产品或服务的供应商时，不仅可以借助历史客户对于特定企业的产品或服务所做的评价来做决策，还会认真考虑另外一个同样有价值的信息来源——该企业的员工通过互联网发布的各种信息。这些信息包括员工对于本公司的经营管理状况的评价透露出的关于公司产品或服务质量等方面的信息，甚至包括公司对待员工的态度和方式等方面的信息。比如，网络上曾经有食品或餐饮公司内部员工发布关于本公司生产现场混乱、肮脏不堪等状况的照片，还有某银行新员工通过社交媒体曝出管理层强迫新入职的年轻女员工在饭桌上过度饮酒等不良现象。这些无疑会使得客户或消费者对公司的产品品牌或雇主品牌产生不良印象，不仅抑制他们自己的购买动机，同时会口口相传乃至在网络扩散这种对企业不利的影响。

很显然，在互联网高度普及的时代，企业管理和运营的关注点必须从过去高高在上的领导者转移到客户和员工身上，管理思维也必须彻底逆转，即从过去那种以产品为中心的“领导—员工—客户”的旧思维，反向调整为以客户为中心的“客户—员工—领导”的新思维。与此同时，企业对客户和员工产生影响的方式也必须彻底转变，从过去那种以命令控制、单纯的经济利益输送为主线的低能量或负能量影响方式，转变为以情感和价值观为主线的强能量或正能量影响方式。在前一种影响方式下，客户和员工在某种意义上都处于被动地被企业影响甚至控制的状态，而在后一种影响方式下，客户和员工则处于一种主动自发地采取行动的积极状态。很多研究发现，忠诚的员工会带来忠诚的客户绝非夸大其词，而良好的员工关系也是助力企业成为可持续发展的卓越公司的重要前提。拉金德拉·西索迪亚（Raj Sisodia）等人指出，卓越的公司不仅要持续为投资者带来利润，还要为员工、客户、供应商乃至整个社会带来财富。据此，他们提出了友爱的企业或有爱型企业的概念并在现实中寻找此类企业。他们着眼于那些财务业绩优良且能造福于社会的公司，根据确定的有爱型企业标准，在进行市场调查和访谈的基础上锁定了 60 家企业，然后派出团队对这些公司进行深入调研，对公司管理层、员工、客户以及其他利益相关人士进行访谈，最终找出了28家符合标准的企业。分析结果表明，与吉姆·柯林斯（Jim Collins）在《从优秀到卓越》一书中列出的11家从优秀到卓越型企业相比，在过去的3年中，有爱型企业的投资回报率为73%，从优秀到卓越型企业的回报率是75%，后者略高；在过去的5年中，有爱型企业的投资回报率为128%，超过从优秀到卓越型企业实现的77%的回报率，是后者的1.7倍；而在过去的10年中，有爱型企业的投资回报率高达1 026%，远远超过那些从优秀到卓越型企业所达到的331%的回报率，是后者的3.1倍。[①]

以韦格曼斯超市为例，截至2024年这家于1916年在纽约成立的区域性超市在美国开设了110多家门店，雇用员工人数达到5.3万。尽管这家公司规模不算太大，但在面临激烈的市场竞争的情况下，凭借独特的商业模式和高客户满意度，公司一直保持着稳健的收入增长，在美国东北部和中大西洋地区的门店数量也不断增加。韦格曼斯超市每平方英尺的销售额超过同行50%左右，2022年的销售额为120亿美元，营业利润率达到7.5%（是普通杂货店和零售商的两倍）。这家超市一方面关注自己对社会、所在社区以及顾客需要承担的责任，另一方面对自己的员工给予高度重视，是通过有爱心的员工管理获得客户和社会认可的典范。从顾客方面来看，调查显示，90%的受访顾客对韦格曼斯超市的评价为“优秀”，而另外一家知名的食品超市——全食超市的“优秀”评价比例只有66%，沃尔玛更是只有大约30%。再从员工方面来看，认可该超市是一个

① 拉金德拉·西索迪亚，戴维·沃尔夫，贾格迪什·谢斯．友爱的公司：卓越的公司如何靠热情和目标赚钱．北京：中国人民大学出版社，2009.

很棒的工作场所员工的比例高达 90%（在一家典型的美国公司中，这个比例只有 57%）。

如果你去访问韦格曼斯超市的员工招募网页就会发现，这家超市也像西南航空公司一样，旗帜鲜明地提出了员工永远是第一位的这样一种价值主张，超市高度认可的一点就是：要想更好地服务客户，首先要满足员工的需要。企业如果善待员工，员工自然就会善待顾客。该超市由于长期致力于创造积极的工作环境和保持高标准的员工满意度，在从 1998 年到 2024 年的 27 年中，一次不落地入选《财富》杂志评选的“百名最佳雇主”榜单上，通常是前十，并且几乎一直是排名最高的零售商（在总榜单中的排名 2005 年是第一，2024 年是第六）。更令人吃惊的是，据说这家已经有 100 多年历史的超市，从来没有解雇过任何一位员工。该超市认识到，对员工的投资是其在市场上保持竞争力的原因之一。低员工流动率不仅有助于降低劳动力成本，而且有助于维持公司优质的客户服务声誉。根据《财富》杂志的估计，韦格曼斯超市全体员工（包括兼职员工和领取小时工资的员工）的流动率约为 17%，全职员工的流动率更是低至 4%（美国零售业兼职员工的流动率通常高达 66%，全职员工的流动率也大约为 27%，美国最大的食品杂货零售商沃尔玛的员工流动率更是一度接近 40%）。这家公司几乎所有的管理人员都是从内部晋升上来的，在公司工作超过 10 年的员工比例达到 30%。

韦格曼斯超市认为，关心员工就意味着重视作为一个整体的每一个人，因此，其尽可能地为员工提供灵活的工作时间安排以及各种福利、津贴、健康促进资源等，从而帮助员工过上更好的生活。在薪酬福利方面，该超市以提供有竞争力的薪酬和全面的福利而闻名，其直接劳动力成本相当于其销售额的 15%～17%，远高于同行业平均 12% 的水平。其薪酬福利包括但不限于：等于或高于竞争对手的起薪；为节假日工作的领取小时工资的员工支付的加班费；全体员工的定期加薪；利润共享性质的员工退休计划，根据员工在 401（k）计划中存入的相当于个人薪酬 6% 的补充养老保险费，再为员工额外匹配相当于个人缴费 50% 的资金；手机话费、电脑以及电影票等方面的折扣；价值最高达到 150 美元的免费衬衫和鞋子等。

此外，该超市还认为，知识型员工是确保公司留住顾客以及保持竞争优势的根本保障，因而在员工培训方面投入了大量的时间，还派员工到世界各地去学习食品知识。由于员工的产品知识储备丰富，因此在顾客提问时，他们总是能非常专业地介绍超市中出售的鱼类、肉类或农产品的产地、味道以及烹饪方面的知识。此外，韦格曼斯超市还有一项专门用来支持员工接受高等教育的奖学金计划，此计划全体员工均能享受，其中非全日制员工每年最高可获得 1 500 美元的资助，全日制员工每年最高可获得 2 200 美元的资助，仅此一项，公司每年的支出就高达 500 多万美元。自 1984 年该计划启动以来，已经累计向 4 万多名员工分发了接近 1.5 亿美元的奖学金。此外，该超市还通过开放日、聚会、焦点小组以及与高级管理层的直接沟通等各种措施，确保员工感受到自己被重视和被倾听，通过对员工积极放权，鼓励一线员工站在顾客的角度主动做决定等措施，营造出积极的工作环境，提高了员工的满意度和敬业度。这些感受到幸福的员工显然更加具有主人翁意识，工作更加积极认真，他们的快乐情绪会感染前来购物的顾客，优化顾客的购物体验，从而不仅会向顾客传达一种正向、乐观的企业形象，而且最终会增加公司的销售收入。

过去和今天的员工会影响未来的员工

员工对企业的影响不仅体现在他们可以对客户产生的影响，还体现在他们对企业未来可能雇用的潜在员工所能够产生的影响。正如消费者会通过网站上的评价来决定是否购买企业的产品或服务一样，求职者很可能也会根据过去的员工对某位雇主所做的评价来决定是否到一家企业去求职或者是否离开某家企业。比如，成立于2007年的美国一家名为玻璃门（Glassdoor）的职场社交网站为求职者提供了就各种职场问题进行讨论的平台，其中也包括可以匿名对过去求职过或工作过的企业发表个人评价。此外，在国内的很多网站上都很容易找到求职者或员工对一些自己求职过或者工作过的企业所做的评价，关于比较知名的企业的评价信息尤其多。比如，为研究华为的案例，我曾经在天涯社区网站浏览了一个名为“华为世界”的论坛，其中就包括大量准备或已经到华为求职的人提出的各种关于华为的问题，更多的则是很多华为的前员工、现员工发表的关于自己在华为工作时的实际情况以及个人的体会和评价方面的信息。此外，还有一些华为员工的家属发表的关于自己有一位在华为工作的配偶是何种感受的观点。尽管这些信息都是匿名发布的，但看得出来，很多信息是比较详细的，因而可信度比较高，这在一定程度上会对求职者的求职决策产生影响。总之，一家企业的前员工、现员工以及潜在的求职者实际上通过互联网这个媒介建立了一个特定的劳动者联盟，这种联盟显然要比过去那种处于分散状态的劳动者在面对企业时能够产生更大的影响力。如果企业不能善待自己的员工，那么他们很可能会通过互联网等各种渠道将自己的不良感受或遭受的不公平待遇传播出去，从而使企业在未来招聘新员工时遇到困难，尤其是在人口红利逐渐消失，企业想要找到合适的员工变得更加困难的背景下。

在互联网时代，员工通过影响客户或未来求职者的决策，能够对企业产生更大的影响，因此企业必然希望能够对员工在网络上的言论加以控制，尤其是防止员工发表对本企业不利的言论。然而，想要完成这种控制难度实际上会越来越大。一是新生代员工的独立意识和价值意识觉醒，顾忌更少，维护个人权益和追求公平的动力更强，让他们压抑自己的想法或不满不去表达比过去困难得多。二是员工在网络上的公开发言往往是匿名的，企业很难查证，而且员工可以将相关信息透露给第三方，由他人代为发布。三是员工对自己所属的网络群体的忠诚度往往大大高于对企业的忠诚度，即使他们不在公开网络上发表对企业的看法，但在微信群、微博、网络论坛等小范围的朋友圈中也会直言不讳。四是新生代员工的流动性大大增加，即使在企业中工作时受到一些约束，在离职后仍然可以发布对企业不利的信息。此外，员工对于企业的影响绝不仅仅限于在网络上发表言论，在很多情况下，由于员工往往是与客户直接接触的人，企业争取客户能否成功，在很大程度上取决于员工在客户面前的表现。而员工在与客户沟通过程中可以通过多种明确的或隐含的方式，向客户传递自己对企业的看法或透露一些内部信息，从而影响客户的决策。

一家企业的员工除了可以通过各种渠道对企业未来的员工产生影响之外，还可以对企业未来的员工招聘产生更为直接的影响，比如，内部员工推荐对很多企业的新员工招募都越来越重要。近年来，随着人才争夺战愈演愈烈，企业在核心人才或关键人才招聘方面的压力越来越大，仅仅指望人力资源部门或部门负责人去招揽人才显然是不够的，在这种情况下，企业现有的员工可以成为人才招募的重要力量来源之一。现有员工对企业有比较全面的了解，对在企业中工作的利弊以及企业文化都有切身体会，因此，他们如果加入企业的人才招募活动，一方面有助于企业扩大招募范围，更快捷和精准地接触到那些潜在的合格候选人，因为内部员工在为企业推荐人才的时候，实际上已经帮企业做了一次过滤，从而提高了招聘的效率。另一方面，内部员工在向外部和别人介绍企业的时候，会比人力资源部门的专职招募官更能站在候选人的角度为他们提供与真实状况最为接近的信息，从而避免不匹配的候选人进入企业的招募甄选程序，双方浪费很多的时间却发现无法匹配。谷歌在成立初期以及之后的很多年中，最优质的候选人都来自内部员工的推荐，在被雇用的新员工中，一半以上都来自公司员工的推荐。谷歌从 2012 年甚至停掉了所有的社会招聘，因为谷歌发现，社会招聘渠道过来的求职者 99% 以上都达不到公司的要求。谷歌意识到，最优秀的人才是永远不需要到市场上去找工作的，因此等着他们来投简历注定不会有收获。谷歌的新员工来源主要有两个：一个是自己的猎头公司主动出击，去市场上招揽人才；另一个就是内部员工推荐。谷歌不断探索怎样才能提高内部员工给公司推荐人才的积极性，最初曾经采用推荐成功奖励计划，成功推荐一个人的奖金从 2 000 美元进一步提高到 4 000 美元，但奖励计划并未产生明显的效果。经过访谈发现，原来员工们推荐合适的人来谷歌工作根本就不是因为在乎奖金，而是觉得谷歌确实是一个非常好的工作场所，所以愿意与朋友等进行分享。此后，谷歌开始注重减少面试次数、加快面试速度以及对推荐人提供及时的反馈等，使内部员工在推荐优秀候选人的积极性得以维持。[①]

员工可能成为企业的竞争优势来源

当然，倡导企业善待员工并非仅仅因为员工可能会对企业造成不利的影响，实际上还有另外一个更为重要的理由，就是员工或人力资源本身有可能成为企业竞争的战略性基础。资源基础理论（resource-based view，RBV)）认为，一种可以成为企业竞争优势来源的资源通常具备四个方面的特征（VRIN）：一是有价值（valuable）。这种资源是企业制定和执行战略、提高组织效率和效能的重要基础。二是稀缺（rare）。这种资源不是每一家企业都能轻易得到的，其供给总是稀缺的。三是难以被模仿（imperfectly imitable）。这种资源是其他企业很难通过仿制的途径获得的。四是无法被替代（non-substitutable）。这种资源没有办法用其他资源来加以替代。

人力资源在一定条件下恰好能够同时满足这四个方面的要求，因此，人力资源可以成为企业的一种战略性资源。企业一旦认识到人力资源对自己的重要性，必然会在实践中尽可能地善待员工，否则的话，作为企业竞争优势的重要来源的这些人便会离开。最近这些年一直处于风口浪尖上的华为之所以能够持续取得骄人的业绩，令世界瞩目，其重要原因之一便在于其在管理方面尤其是在人力资源管理方面取得了突出的成就。事实上，这家公司恐怕是中国企业中第一个明确将人作为企业最为重要

① 拉斯洛·博克．重新定义团队：揭露谷歌人才和团队运营的核心战略．北京：中信出版社，2019.

竞争优势来源的企业。华为早在20世纪90年代末就在《华为基本法》中明确提出："认真负责和管理有效的员工是华为最大的财富"，"华为没有可以依存的自然资源，唯有在人的头脑中挖掘出大油田、大森林、大煤矿……"。任正非在1998年的题为"华为的红旗到底能打多久？"的讲话中也明确阐释过华为对于人的重要性的深刻认识："我们这个时代是知识经济时代，它的核心就是人类创造财富的方式和致富的方式发生了根本的改变。随着时代的进步，特别是由于信息网络给人带来的观念上的变化，人的创造力得到极大的解放，在这种情况下，创造财富的主要方式是由知识、由管理产生的，也就是说人的因素是第一位的，这是企业要研究的问题。"或许是惊艳于华为在短短30多年中取得的骄人业绩，很多中国企业都在加入向华为学习的热潮，不过我估计很多企业压根儿就学不会。因为很多企业学来学去，学的都是华为用的是什么样的具体工具和方法在解决问题，但恰恰忽略了华为管理的根本，就是对人的深入骨髓的重视、对人所做的深入观察和思考以及对人性的充分把握。如果企业没有把人视为第一资源、视为企业战略竞争优势来源的根本理念，怎么可能学到华为管理的精髓呢？

类似地，成为世界航空业奇迹的美国西南航空公司同样把人当成企业最重要的战略性资源。西南航空公司的总部位于美国得克萨斯州达拉斯市，是一家创立于1967年的低成本航空公司，经过几十年的努力，该公司成为美国航空业乃至全球企业界的一个奇迹。该公司多次被美国交通部评为服务的"三冠王"，连续20多年被《财富》杂志评为"最佳雇主"。几十年来，该公司在盈利性、安全性、准点率、行李准确率、客户满意度以及员工满意度等多项指标上都表现极佳，是目前全世界市值最高的航空公司之一。西南航空公司创造了从 1973 年到 2019 年连续 47 年盈利的世界纪录，仅仅在新冠疫情最严重的 2020 年这一盈利纪录被中断，当年亏损高达 31 亿美元，然而，到了 2021 年，该公司便重新实现 9.77 亿美元的盈利。西南航空公司最初只有 4 架波音 737 飞机，刚开始经营不善还被迫卖掉 1 架，而到 2023 年底，公司的飞机编队已经扩充到 817 架，当年运营总收入 261 亿美元，净收入 9.8 亿美元，税前投资回报率为 5.2%，税后投资回报率为 4.0%（而在新冠疫情大规模暴发之前的最后一年即 2019 年，西南航空公司的运营总收入为 224 亿美元，净收入高达 23 亿美元，税前投资回报率达到 22.9%，税后投资回报率也高达 17.8%）。2023 年，西南航空公司的全职员工总人数近 7.5 万人，旺季每天有 4 400 多个航班，当年运送旅客数量达 1.37 亿人次。

西南航空公司的愿景是“成为全世界最受人欢迎、效率最高和最盈利的航空公司”，使命则是“通过友好、可靠和低成本的空中旅行将人们与对他们重要的人和事连接在一起”，文化被定义为“发展、促进以及改善任何个人的创造性、个性、特性以及人格”。西南航空公司认为，只有心情放松的员工才是高生产率的员工，因而快乐工作是一条非常重要的准则。公司刚成立不久，创始人赫伯特·凯莱赫（Hebert Kelleher）便明确提出“员工永远是第一位的，客户是第二位的”这样一种独树一帜的管理理念，公司确保每一位员工都会受到尊重，努力使公司成为一个愉快的工作场所。公司前首席执行官加里·凯利（Gary Kelly）也明确指出：“员工是我们公司最为重要的力量，同时也是一种最具持久性的长期竞争优势。”公司还公开表明自己对待员工的态度，就是“我们承诺为员工提供有着公平的学习和个人成长机会且稳定的工作环境。我们鼓励员工为改善西南航空公司的有效性而发挥自己的创造性和创新力。总而言之，我们的全体员工都将得到相同的关注、尊重以及照料，同时也期望他们能够与公司外部的每一位客户分享自己所受到的这种对待”。正因为如此，与大多数美国航空公司不同，西南航空公司的劳资关系非常和谐，员工流动率一直很低，2023 年比之前高一些，也仅有 9.1%，比美国航空公司的平均水平要低一半以上。即使是在 2001 年“9・11”事件发生之后，公司也坚持不裁员，这种做法使该公司的员工工作更加努力，并且为公司提出了许多降低成本的建议。

美国西南航空公司取得令人瞩目的成就，其根本原因也恰恰在于把员工视为自己最为重要的资源。西南航空公司自己的总结是，公司只投资于两样东西：一样是飞机，另外一样就是人。当然，西南航空公司善待员工的做法也使得公司自己受益，西南航空公司多年来赖以取得成功的高周转率和低成本战略恰恰也是采纳员工建议的结果。在创业初期，西南航空公司因经营业绩不佳而不得不卖掉仅有的 4 架飞机中的 1 架，员工提出可以仅靠剩下的 3 架飞机维持原来 4 架飞机完成的航班数量，于是，公司发动全体员工共同努力，飞行员和管理层帮忙处理行李、乘务员轮流打扫机舱、地勤人员储备饮料等等，成功地将飞机降落后在登机口的停留时间大大缩短，公司很快成功实现盈利。此外，这家公司的员工时时刻刻替客户着想，积极主动、想方设法地帮助客户解决各种问题的事例更是数不胜数。正是由于得到善待的西南航空公司员工更加积极主动地去善待客户，从 1974 年美国交通部开始统计客户投诉率指标以来，西南航空公司一直是客户投诉率最低的美国航空公司。

善待员工之道

善待员工并不仅仅是指善待现在的员工，其中还包括善待已经离开企业的员工，因为这些人同样可能会通过各种方式对企业的声誉甚至经营产生影响。那些在组织中能够得到善待，同时在离开组织时以及离开之后仍然能够得到善待的员工，往往更愿意与原来曾经受雇的组织打交道，或者是与之进行业务往来，或者是为之推荐员工，或者是帮助组织形成和维护良好的雇主品牌，更有一些员工在因各种个人原因离开组织一段时间之后重新回到组织中来。正因如此，像麦肯锡、惠普等很多知名公司都会将已离职的员工组织起来，建立起类似大学校友会那样的松散组织，以保持企业与前员工之间的必要联系。近年来，国内不少企业已经开始有了这方面的实践，比如阿里巴巴就有自己的校友会，而且将其称为阿里巴巴强大的“外援部队”。

既然善待员工如此重要，企业还必须回答另外一个问题：到底应该怎样善待？要具体回答这个问题会涉及很多内容，但有一点是明确的——善待员工并不意味着无原则地迁就员工或者满足员工的任何需要。关于这个问题，我们还会结合对人性的分析进行深入的讨论。这里先提出善待员工至少应当做到的三点：第一，要遵守国家的各项与劳动关系有关的法律法规，依法处理与员工之间的关系，这是善待员工的前提和基础。第二，真正关心和了解员工的需要，通过满足员工的合理需要与员工建立起互惠互利的雇佣关系。员工不仅是一个组织中的人，更是一个社会中的人、一个家庭中的人，因此，他们在不同的人生阶段会有各种不同的需要。这些需要的满足与否对于员工的身心健康和幸福感影响很大。

一个发自内心愿意善待员工的企业，必然愿意花时间去了解员工的需要，并且在条件允许的情况下，尽可能照顾到员工那些合情合理的需要。第三，尽可能确保公平、公正地对待员工。由于公平、公正本身是一个主观性很强的概念，因此追求绝对意义上的公平、公正可能是非常困难的，但企业有一点可以做到：注重制定系统和科学的管理体系和管理制度，在遇到问题时基于这些员工事先认可的规章制度来对待员工或者处理与员工之间的关系，从而确保在对待员工时保持较高的组织内部一致性。与此同时，在任何情况下都要保持对员工个人的人格尊重。无论在处理何种问题或面对何种矛盾时，都要做到遵循基本的伦理道德规范，尽可能做到对员工仁至义尽，即使是在惩戒或解雇员工时，代表企业的当事人也应懂得换位思考，充分理解员工的心理感受，保持对他们的基本尊重，以最大限度地削减员工的不公平感。

善待员工当然不能停留在口头上，而是要付诸行动。作为物流行业的领军企业，顺丰一直非常看重员工对企业的价值，因而努力做到善待员工。2017 年 2 月 24 日，顺丰控股在深圳证券交易所举行重组更名暨上市仪式。这天，顺丰速运创始人、顺丰控股董事长王卫专门邀请了一位快递员跟他一起来敲钟，这位快递员前一年在北京市某小区骑三轮车送货时，因与一辆小轿车发生轻微碰撞而受到车主的恶意打骂。此事发生后，王卫曾在朋友圈怒言："如果这件事不追究到底，我不再配做顺丰总裁！"最终，打人者因涉嫌寻衅滋事被依法处以行政拘留 10 天的处罚。在顺丰控股上市时，王卫自掏腰包给员工发了 1 888 元、2 888 元、3 888 元、15 552 元、11 664 元不等的大红包，据说那次红包的总金额达 10 亿元。2020 年 8 月 28 日，王卫又拿出 5 亿元，给每位顺丰员工发了 888

元的红包，以回报广大顺丰员工在新冠疫情时的辛苦工作。王卫总结了自己的四条管人“心法”：一是爱心，即要设身处地为员工着想，他们辛不辛苦、工资够不够、是否需要增加薪酬和福利、是否需要晋升。二是舍心，要舍得与员工分享利益，慰劳他们。三是狠心，管理员工并不是“有福同享”这么简单，也要让员工接受历练。四是恒心，只有一层层真正地坚持执行，才有机会将管理做好。王卫曾经注意到，公司之前的员工工作服透气性不足，特别是天气炎热时，出了汗的工服会贴在快递员身上，快递员感觉不舒服，同时也使客户感觉快递员比较“邋遢”。因此，公司重新进行员工的工作服设计，在强调工作服的实用性的同时，还很重视工作服的舒适性和时尚性。2018 年时，公司曾花 1 亿元为员工定制了耐克的 SHIELD 系列工作服，这种单价达到 2 000 元的新工作服被员工誉为“黑色闪电战衣”，制服两肩都配置反光贴条来增加快递员送货时的安全性，同时具备为恶劣天气打造的防风、防泼水、透气以及轻量化等系列功能，非常适合快递员在日晒雨淋的环境中穿行。

用心关爱员工的另外一家在当前几乎成为网红的公司是总部位于河南省许昌市的胖东来。胖东来创建于 1995 年 3 月，经过 20 余年的发展已成为集专业百货、电器、超市连锁等产业于一身的综合性零售集团，涉及服饰、珠宝、医药、电气、餐饮等。做商场超市，它挤倒了实力雄厚的本土品牌、声誉卓著的全国连锁品牌在该城市的商场，使进军该地的世界零售巨头沃尔玛、家乐福延迟开业；做家电，它所在的城市见不到国美、苏宁的影子；做珠宝，导致其他珠宝店都开始瑟缩过冬。早在 2008 年，胖东来在人均销售额、人均利润、坪效等核心指标方面就已经在中国民营商业企业中排名第一；在包括沃尔玛、家乐福、易初莲花等国际巨头在内的全国所有商业企业中，胖东来的这些指标也在前十名之列。在武汉市红十字会公布的2020年1月22—28日的捐款名单上，排在第一位的公司就是胖东来，该公司捐赠5 000万元用于抗击新冠疫情。

胖东来不仅非常重视提供优良的服务，使客户可以很方便地进行退换货，还陆续推出了免费存车、打气、饮水、打电话、衣服熨烫、扦裤脚、临时寄存宠物等服务，使客户可以享受到超预期的服务。然而，所有的客户服务都是员工提供的，胖东来的优质客户服务也同样是由全体员工的敬业精神和工作热情支撑起来的。胖东来制定了远超当地同行的高薪酬政策，制订了利润分享计划，为员工提供比一般公司福利更多的福利项目，比如员工及其家属生病，都可在公司设立的职工诊所免费看病，药品只按成本价收费。为了让员工在业余时间有休闲放松的场所，胖东来在每一个商场都留出很大的空间来做员工活动中心。此外，胖东来还推行准时上下班制度，不提倡额外加班，认为这会影响员工的生活，所有的中高层管理人员每周也只允许工作40个小时，下班后必须离开。在零售行业，晚上、周末以及节假日往往是销售额最大的时候，胖东来却从2012年春节开始，所有门店在春节期间均闭店放假5天，后来又推出每周二闭店休假的制度，这打破了中国零售业“白天永不歇业”“节日即黄金时间”的规则。2018年11月，公司又做出了一个让全行业震惊的决定——在法定带薪休假时间的基础上，再增加一个月带薪休假时间。

胖东来一直以极其真诚且认真、投入地服务客户而著称，对客户的关心可以说是无微不至的，关于胖东来如何做好客户服务的案例有很多，除了在店内积极主动地为客户服务之外，胖东来还为行动不便的客户提供上门送货和退换货服务、为客户代购自家商店中没有的商品、为客户提供免费的缝纫服务，甚至还在商场门口设置专门用来寄存客户宠物的地方，不仅提供收集宠物粪便的袋子，在天热时甚至专门放置风扇给这些宠物降温。然而，在将客户放在第一位的同时，胖东来并不认为需要依靠牺牲员工的尊严和合法权益来满足客户。

一个非常典型的例子是，2023 年 6 月 20 日胖东来超市客服部负责人在抖音上发现了一个舆情、一段时长 54 秒的视频显示，在称重台附近，一位客户大声呵斥一名男员工，言辞激烈，其中包含伤人话语以及手部直指动作，而在此期间，员工只做出简短话语回复，被值班班长劝阻后便低头不再发声，旁边有几名员工对客户进行劝阻。针对这一事件，胖东来分别于 6 月 20 日与 24 日进行了调查。6 月 20 日的调查结果显示，6 月 19 日 20:40 左右，胖东来员工正在台面封装折价商品并放置周转筐到称重台进行折价称重，当事客户拿着自己提前自行挑选的商品要求进行折价称重，但这位员工解释说自行挑选的商品是不能做折价处理的，可以正常称重。然而，由于当时有多位客户围着周转筐对未称重商品进行哄抢，这名员工提醒大家要先称重然后再进行挑选，争抢会导致无法称重，但因提醒未起作用，无法进行正常称重，这名员工选择暂时离开称重区域，但随即意识到离开是不对的，便与部门主管联系，寻求解决方法。主管告知员工先返回区域维持好秩序，进行有序称重。这名员工约 6 分钟后返回，当事客户由于等待时间过长，情绪激动，言辞激烈，呵斥该当事员工不配做一名胖东来人，要投诉其服务态度。

胖东来在 20 日的首次调查中给出的处理结果是：当事员工未满足客户不合理诉求，受到客户的指责，向其发放 500 元委屈奖；对值班员工全程安抚客户，勇敢承担责任，积极解决问题的行为奖励价值 500 元礼品一份；对在场当班其他员工积极上前劝解安抚客户的行为，进行通报表扬，奖励礼品一份。

6月24日，胖东来又对该事件进行了二次调查，重新宣布了处理结果，并公开了长达8页的详细报告，最终的处理结果是：第一，当事员工对客户的抢购行为未及时正确疏导，而是自行离开，这属于严重服务事故，应予以解除劳动合同，但由于公司的相关服务标准和制度不够完善，因此按现有制度对当事员工降学习期一个月。第二，尽管事件的起因是员工违纪，但客户在权益受损或存在不满时，应通过投诉渠道进行反馈，理性解决问题，而不能现场对员工大声呵斥指责，这种做法伤害了员工的人格和尊严，会产生不好的社会导向，因此，给予员工5 000元精神补偿。第三，对当时在现场主动上前劝解安抚客户、勇于承担责任、积极解决问题的其他当班员工的行为进行通报表扬，并奖励价值500元的礼品。第四，由于员工服务存在问题导致客户不满意，按照胖东来《客诉处理标准》应对客户发放500元服务投诉奖。事后，客服部负责人和门店店长携带礼品上门向客户真诚致歉，当事客户非常坚决地拒绝了500元的投诉奖，同时也请代为转达她对员工的歉意及美好的祝福。

从这件事情中不难看出，胖东来真正将客户放在第一位，同时也很在乎员工的尊严和感受，不会为了追求客户满意度而牺牲员工的正当利益。此外，胖东来创始人于东来在一次演讲中还公开阐明了一个观点：企业一定要承担社会责任，比如通过多缴税以及多做慈善关心社会，但如果一家企业不能让员工过上体面的生活而是热心大搞慈善，用员工的血汗、希望和价值去做慈善，那么员工会怎么想？企业的财富不是老板一个人创造的，而是全体员工共同努力的结果，关心社会必须首先从关心员工开始，让员工过上好日子才是最根本的。

很显然，企业善待员工会使员工的满意度、敬业度和幸福度都很高，从而更加积极主动地为客户提供更加周到、细致、热情的服务，使客户满意度保持在很高的水平。企业善待员工的做法也使得整个社会对公司的认同度不断提高，这极大地提升了公司的竞争力，确保公司获得良好的财务收益。事实上，胖东来善待员工的做法对于公司的人才吸引和保留起到了积极的作用。2024 年 3 月，胖东来发布了 209 个岗位的招聘需求，结果收到近 3.2 万份简历，其中不乏 985 高校的毕业生，招录比达到 151:1。胖东来创始人于东来更是在 4 月对外宣布，原本胖东来在 2023 年计划挣 2 000 万元，没想到挣了 1.4 亿元，与此同时，员工的工资是在持续上涨的，最低收入是每个月 7 000 元左右，很多店的员工工资普遍在 8 000元以上，这都是在员工的工作时间和放假时间正常的情况下取得的。胖东来的案例再次印证了企业通过善待员工达到善待客户，从而最终赢得竞争优势的做法在实践中是行得通的。

与已经广为人知的河南胖东来相似，河北有一家名为信誉楼的商贸企业，同样不仅善待员工，而且取得了令人瞩目的业绩。信誉楼创始人张洪瑞1984年在河北省黄骅市用10万元贷款开了一家200多平方米的商场，经过 40 年的发展之后，信誉楼已成为一家业务覆盖河北、山东、天津三省市，拥有 43 家门店和大约 4 万名员工的大型商业集团，总资产超过 80 亿元。

近年来，在实体商超面临极大经营压力的背景下，信誉楼却一直保持着两位数的业绩增长。2023 年的销售额达到 236.27 亿元，同比增长 18.09%。在“2023 年度中国零售百强企业名单”中名列第 35 位，继续上行。当初，公司创始人起名“信誉楼”的目的就是表明公司坚持讲诚信和买卖不欺的经营原则。公司在成立之初就提供无理由退换货服务，为确保产品质量，公司还将所销售产品中的自有品牌比例提高到98%。公司教育员工要“视客为友”，对导购员的定位是帮客户买东西和为顾客提供解决方案，而不是卖东西。为防止损害顾客的利益、诱导顾客多消费，公司甚至刻意不将干部和员工的收入与销售额挂钩。

在善待员工方面，信誉楼同样堪称典范。公司创始人张洪瑞坦言：“我刚一干信誉楼就明白：不是顾客第一，是员工第一。”正是认识到员工是企业最为重要的资源，信誉楼甚至将自己的使命界定为“让员工体现自身价值，享有成功人生”，这种公司使命是为极为罕见的，甚至可以说是独树一帜的。信誉楼不仅为员工提供有竞争力的薪酬和丰厚的福利，还严格限制员工加班，在中秋节和春节等重要节日，所有商厦暂停营业，给员工放假，春节更是连续给员工放七天假。信誉楼还非常重视员工的成长和发展，为员工提供多层次和多种形式的培训和终身学习的机会，为人才发展制定具体的职业生涯规划。

公司鼓励员工大胆尝试，允许犯错，认为失误是员工成长的权利，这样的文化有助于员工快速成长。不仅如此，早在1988年，创始人就开始实施“劳动股份制”。公司的股权结构与华为类似，创始人仅保留不到5%的股份，且不允许子女继承，所有其他股份全部由信誉楼商厦工会委员会持有。公司实行的是岗位股制度，即对不同岗位上的员工授予不同股权，岗位变动时股权随之变动。公司不实行全员持股，也不允许继承和自行转让股权，持股员工退休或离职时，股权全部按离退时的价格收回，从而让股权永远掌握在能为公司创造较大价值的核心员工手中。

目前，信誉楼的绝大部分股权由近 8 000 名“星级”导购员与核心员工持有。①

然而，令人遗憾的是，我们一方面很开心看到胖东来和信誉楼这种同时善待客户和员工的企业，另一方面又总能看到采取相反做法的组织。一个典型案例是，2024 年 6 月，一个关于“南方医科大教师因救人上课迟到被处分”的话题登上微博热搜。事情的经过是，2024 年 5 月 10 日上午第一节课和第二节课时，南方医科大学第一临床医学院的英文课程“Pediatrics”（儿科学）的授课教师俞莉在上课前发现其科室患儿病情危重，疑似脑出血，遂留下来做紧急处理，导致迟到 29 分钟才赶到教室。俞莉是为了抢救病人并非故意为之，并且在问题处理完后及时到达教室，将授课内容妥善安排，顺利完成了授课任务，并未造成不良影响。但学校根据相关规定，经研究决定仍然将此事件认定为教学差错，扣发俞莉当月奖金 2 000 元，在全院范围内通报批评，取消俞莉本年度评优评先资格。此事在网上公开之后，立即引起了广泛讨论，绝大多数网友都对该校做出这样的处理决定感到不可思议，对于工作人员表示的“目前对俞莉的处理结果属于最轻的一档”表示不能接受。

公众之所以对南方医科大学的处理意见一边倒地反对，不仅是因为大家对这种显失公平的处理决定本身不满，还反映了大多数人对于自己在职场中遭遇的类似不公平对待的不满的一种心理投射。尽管学生能否算是大学的客户一直是一个存在争议的话题，但即使可以在一定程度上将学生视为大学的特殊客户，高校也不能为了满足“客户”的需要而对作为员工的教师进行以控制和惩罚为导向的管理。这是因为，一方面，

① 戚德志．何以信誉楼：四十年耕耘（1984—2024）．北京：机械工业出版社，2024.

教师对于教学的热爱在很大程度上是发自内心的，良好的教学效果带来的快乐是激励教师认真搞好教学的最重要动力，教学工作做不好对个人自尊的伤害对于教师来说是极大的，因此，准时到课堂和做好教学工作是绝大多数教师自己对自己提出的要求。如果假设教师不愿意遵守教学纪律和做好教学工作而制定和实施严苛的惩罚措施，那么这种管理从一开始就是错的，因为其隐含的前提和假设本身就是错误的。另一方面，对于并非一贯不守纪律或破坏规则的员工，组织在总体上应当秉承宽容和保护的态度，只要没有给组织带来重大损失，原则上没必要像这样动辄给予过度处罚，这种试图起到以儆效尤效果的做法，只会增添广大教师的不安全感甚至是恐惧感，最终会削弱他们认真搞好教学的内在动机。教育本身是一个良心活，用心做和不用心做差别极大，过分的苛责与惩罚或许表面上起到了作用，但实际上对学校造成的损失可能更大。因此，正像胖东来善待在百货商场中主要从事体力劳动的员工一样，教师这样的知识型员工同样需要善待。事实上，这些知识型员工的心理感受对于他们会付出多大程度的努力以及为组织创造多大的价值所产生的影响更大。

07

跳出人性善恶之争的泥潭

从马斯克的第一性原理说起

第一性原理近年来之所以引起关注，是因为埃隆·马斯克（Elon Musk）在接受 TED 主持人采访时谈到该原理的重要性，因为这一原理帮助他顺利地解决了在进行特斯拉汽车、可回收式运载火箭等多项发明中遇到的瓶颈性问题。“我们应该运用第一性原理而不是用比较思维去思考问题，这一点非常重要。我们在生活中总是倾向于通过比较做事，别人已经做过或者正在做的事情，我们也去做，这样只能产生微小的迭代发展。第一性原理的思维方式是从物理学的角度看待世界，一层一层地拨开事物表象看到本质，再从本质一层层地往上走。”

马斯克在早期研究电动汽车时，遇到电池成本居高不下的难题。一辆电动汽车至少需要 85 千瓦时的电池，而当时储能电池的价格是 600 美元（每千瓦时），这样的话，每辆电动汽车的电池成本将会超过 5 万美元，而特斯拉的第一款电动跑车 Roadster 的整车成本将会达到 12 万美元。这一难题最终被马斯克运用“还原论”这一有力武器解决了。他在将电池从元素层面拆解为碳、镍、铝、钢等材料后发现，如果从伦敦金属交易所购买这些材料，成本仅有 82 美元，大约只占电池总成本的 13.7%，因此电池成本高昂的直接原因并不在于原材料，而在于原材料的组合方式。要想有效降低电池成本，可以从改变电池的组合方式入手。此后，他与松下公司达成合作，采用松下公司 18650 钴酸锂电池的电池管理程序，重组特斯拉电动汽车的电池，一举将电池成本降至当时全行业的最低水平。储能电池的价格到 2014 年和 2016 年分别下降到了 350 美元和 190 美元，在特斯拉超级电池工厂建成后，储能电池的价格更是降到 100 美元左右，其中的原材料成本只有 80 美元。

随着马斯克的关注点从汽车领域转向航天领域，他运用同样的思维成功地设计出了成本比过去低得多的可回收式运载火箭。马斯克在 2002 年成立 Space X 公司时，并不被社会看好，这是因为研发运载火箭的成本太高了，每一次失败都要承担巨额的沉没成本。由于得不到投资，马斯克只能用自己的钱维持公司的研发与运营，这样就不得不考虑怎样降低火箭的成本。马斯克又对火箭的材料进行了拆解，结果发现铝合金、钛、铜和碳纤维等火箭的原材料成本只占火箭全部成本的 2%。因此，只要能以更有效率、更低廉的成本将原材料进行组合搭配，同时确保系统的稳定性就够了。马斯克发现火箭成本居高不下的另外一个重要原因是火箭只能一次性使用。因此，马斯克提出了重复利用火箭的想法。结果，马斯克成功地打破了火箭不可重复利用的群体认知假设，在 2018 年 10 月 7 日用一枚“猎鹰 9 号”运载火箭成功将阿根廷的一颗地球观测卫星送入太空，并首次在美国西海岸实现火箭第一级的陆地回收。[①]

事实上，第一性原理最早是由古希腊哲学家亚里士多德提出的，他认为，在每个系统探索中都存在第一性原理。所谓第一性原理，就是既不能被省略和删除，也不能被违反的一些基本命题和假设。第一性原理的本意就是要运用反向演绎法而不是归纳法去解决问题。因为现象总是多种多样的，无论怎样归纳和总结，都有可能出现偏差或遗漏，但如果循

① 沃尔特・艾萨克森 . 埃隆・马斯克传 . 北京：中信出版社，2023.

着这些现象去逆向追根溯源，便可以找到现象背后的本质，从而找到解决问题的根本性办法。同理，当我们研究人的管理问题时，也需要思考是否存在这样的第一性原理。一个组织之所以需要对人进行管理，无非是希望组织成员能够按照组织的要求去采取行动并达成绩效。而在此过程中，由于人的年龄、性别、宗教信仰、婚姻状况以及人格特征、知识、技能、经验等等都存在差异，并且在不同的组织中，需要人来完成的任务也五花八门，有效的管理风格或管理方式其实并非唯一，在这种情况下，想真正研究清楚管理人的规律，并非一件容易的事情。如果能够搞清楚管理的第一性原理，那么对于很多貌似复杂多变的管理问题，可能都会找到破解之道；反之，如果仅仅纠缠于各种管理问题或管理现象本身，很可能会陷入无所适从的境地。既然管理的本质是对人进行管理，那么只要回答一个根本性的问题——人的本性即人性到底是怎样的。如果连人的本性都搞不明白，管理也就无从谈起。因此，关于人的本性的基本假设实际上便是管理的第一性原理。

无解的人性善恶之争

一提到人性，很多人的脑子里可能立即会蹦出来一个问题——讨论人性是不是就是搞清楚“人性到底是善的，还是恶的”？有这种反应并不奇怪，因为这个问题在数千年中，从我们的老祖宗那里就一直是一个大家在没完没了地争论的问题。关于人性善恶问题，观点主要可以分为四种：第一种是人性本善的观点。孟子认为人性生来就是善的：“人性之善也，犹水之就下也。人无有不善，水无有不下。”“仁义礼智，非由外烁我也，我固有之也。”也就是说，孟子认为人性本善，仁、义、礼、智都是人与生俱来的，因此人人都可以做尧舜。第二种观点与第一种观点针锋相对，认为人性本恶。荀子认为：“人之性恶，其善者伪也。”就是说，人性本质上是恶的，所有的善都是伪装出来的。第三种观点是人性非善非恶。告子说：“性犹湍水也，决诸东方则东流，决诸西方则西流。人性之无分于善不善也，犹水之无分于东西也。”大意是，水无论向东流还是向西流，都不会对水本身带来任何改变，水依然是水。第四种观点是人性有善有恶。西汉的杨雄认为：“人之性也善恶混。修其善则为善人，修其恶则为恶人。”也就是说，人性还是有善恶之分的，而且善恶同体，关键看当事人是选择向善还是选择作恶。

提到人性善恶的争论，有必要了解一下明朝大儒王阳明（即王守仁）的心学观点，其中最具代表意义的就是“无善无恶心之体，有善有恶意之动，知善知恶是良知，为善去恶是格物”。王阳明认为，心即是理，心外无事、心外无物，因为心的本体无善无恶，所以天地万物无善无恶。也就是说，心的本体是空灵清净之物，无善无恶。只有当人开始产生意念并把这种意念加在事物上时，意念本身就有了善恶之分，即符合天理的善和不符合天理的恶。良知本身虽无善无恶，却可以本能自在地告诉我们某种意念是善的还是恶的。最后，一切学问和修养归结到一点，就是要格物致知，即把不善的意念去掉，把善的意念发扬光大，以实现心正。换言之，王阳明认为，一个人如果任何意念或想法（应该指欲望）都没有的话，本体自然是非善非恶的，但只要开始有意念或想法，就会有善恶之分。因此，他主张人们（即能够分辨善恶的本体）不要因被欲望遮蔽而识不清善恶，人们不仅应看清善恶，而且应自觉做到从善如流，也就是做到知行合一。说实话，要完全搞清楚王阳明上面说的那四句话的确切含义，确实是一件比较困难的事情。然而，尽管王阳明认定人的本心或本性是没有善恶之分的，善恶都是与人的意念或欲望相连的，在人的意念不动或没有欲望时，人心就非善非恶，而一旦意念动了或欲望产生了，人心便出现了善恶之分。但问题在于，只要是人，怎么可能没有任何意念或欲望？即使是修行者，他们也并非本来就没有意念或欲望，只不过是不断地通过念经、自我心理暗示等方式转移或压抑个人的意念或欲望。因此，王阳明的这种说法同样不能够否认人性是存在善恶之分的，而是其中既有善的成分，也有恶的成分而已。一言以蔽之，王阳明仍然没有跳出人性善恶的窠臼。

由上可以看出，如果仅仅从人性是善的还是恶的这个角度去考虑问题，就不要指望能有任何一种确定的答案，因为几千年来都没有得到这样一个大家都信服的答案。如果你说人性是善的或者是恶的，别人立即就可以找到很多反面的例证，而如果你说人性是非善非恶或有善有恶的，那又等于没说，因为这些关于人性的结论对于我们管理别人是没有任何指导意义的。也就是说，基于这样的人性判断，我们在管理中到底应当怎样思考问题以及采取行动呢？

在讲授人力资源管理课程的相当长的一段时间里，我基本不谈人性的问题。但一次经历触动了我，深感人性的问题不搞明白，很可能会对管理实践造成很多误导。我曾给一批民营企业家讲授人力资源管理课程，课后我正在收拾东西，一位看上去五十多岁、带着一脸困惑的企业家走到讲台前，问了我一个问题："刘教授，您能不能告诉我，人性到底是善的，还是恶的？"我随口问了一句："您为什么对这个问题感兴趣？"于是，他跟我一通诉苦，告诉我他的小工厂原来管理很严格，效益还不错，后来出来听课，听到很多讲师都说，管理要以人性本善为基本假设，不要基于人性本恶的假设来搞管理。于是他回去后搞了一些改革，把很多权力下放给员工，很多管理规定也取消了，结果企业很快出现了利润下滑，甚至接近亏损。我当时跟这位企业家解释了一下，不能简单地将人性视为善的或恶的，人性是比较复杂的，是有多面性的。但我一直觉得自己没有很清楚地提供一个对管理有更为直观的指导意义的答案，于是重新开始对人性问题进行思考。

我在某次讲课时突然意识到，我们一直纠缠在人性善恶的争论上，这实际上是犯了一个很明显的逻辑错误。当我们在判断人性是善还是恶的时候，是不是首先应该搞清楚人性到底是什么这样一个事实呢？我们在讨论人性的时候，总是上来就讨论人性是善的还是恶的，但恰恰一直都没有正面回答人性到底什么这样一个根本性问题。这就好比这样一个场景，有两个人昨天晚上一起吃饭，今天我问他们俩："你们昨天晚上吃了什么呀？"结果，其中一个人直接回答说："别提了，昨天晚上的饭可难吃了。"而另外一个人却恰恰相反，坚持认为昨天晚上的饭挺好吃。很显然，这两个人都没有正面回答我的问题，也就是到底吃的是什么，是粤菜、川菜还是农家菜？是烧烤、海鲜还是佛跳墙？很遗憾，他们两个人都跳过了吃的到底是什么这个最为关键的问题，上来就开始讨论好吃和不好吃的问题，前者是一个相对客观的问题，而后者显然是一个典型的主观价值判断问题。同样的道理，我们在谈到人性善恶的时候，其实并没有正面回答到底何为人性，反而上来就开始讨论人性是善的还是恶的。换言之，要想回答"好与坏"的问题，首先要回答"是什么"的问题。

这其实就是人性善恶之争所犯的最致命的逻辑错误。

西方管理理论对人性的解读

那么，客观存在的人性到底是怎样的呢？在这方面，西方的管理学家通过人性假设展开了很多有意义的探讨。正如美国管理学家道格拉斯·麦格雷戈（Douglas McGregor）指出的那样，在每一个管理决策或每一项管理措施的背后，都必定有某些关于人性本质以及人性行为的假定。[①] 总的来说，管理学家共提出四种人性假设：经济人假设、社会人假设、自我实现人假设以及复杂人假设。

经济人假设认为，人的行为动机源于经济诱因，即追求自身利益的最大化。人的工作动机就是获得经济报酬。因此，要想让人按照组织的要求完成各项工作任务，就必须尽可能给他们提供最大的经济利益。而在这个过程中，组织通过提供经济刺激控制了员工，因此员工在组织中是被动的。这种假设与麦格雷戈提出的 X 理论的观点比较相似。

社会人假设认为，人的最大需要是社会需要，人对人际关系或社交的需要远比对经济利益的需要更为强烈。企业只有满足员工的社会需要，比如归属需要、被人接受的需要以及对身份感的需要等，才能对他们产生最大的激励作用。

自我实现人假设来自马斯洛的需要层次理论，它认为，当人们的最基本需要得到满足之后，便会转向较高层次的需要，即寻求自身潜能的发

① 道格拉斯·麦格雷戈 . 企业的人性面 . 北京：中国人民大学出版社，2008.

挥和自我价值的实现。[①] 这种假设与麦格雷戈提出的 Y 理论的观点总体上是一致的，认为人一般是勤奋的，会自主培养自己的专长和能力，并以较大的灵活性去适应环境，人主要还是靠自己来进行自我激励和自我控制，而外部的刺激和控制则可能会使人降低到不成熟的状态，如果能够给人们提供适当的机会，他们是愿意自觉地让个人目标与组织目标保持一致的。

复杂人假设认为，人既非单纯的经济人，也非完全的社会人，更不可能是纯粹的自我实现人，而应该是因时、因地、因情况而有着不同需要和采取不同反应方式的复杂人。它假定人的需要是多种多样的，这些需要会随着人的发展和生活条件变化而发生改变，每个人的需要各不相同，需要层次也因人而异。不仅如此，人的需要或动机模式是个人的内部需要和外界环境之间相互作用的结果，人在同一时间也会有多种需要和动机，它们会产生相互作用并结合为一个统一的整体，形成错综复杂的动机模式。

实际上，管理学中的激励理论通常包括两类：一类是内容型激励理论，另一类是过程型激励理论。其中过程型激励理论主要是与对人进行激励的过程或方法等相关的理论，比如目标管理理论、期望理论、强化理论等等。而内容型激励理论研究的全都是人的需要，即人在组织中的需要问题，其中包括大家熟知的马斯洛的需要层次理论、赫茨伯格（Frederick Herzberg）的激励－保健双因素理论、麦格雷戈的 X 理论和 Y 理论、阿尔德弗（Clayton Alderfer）的 ERG（存在 / 关系 / 成长）理论以及麦克利兰（David McClelland）的成就动机（成就 / 权力 / 归属）理论

① 亚伯拉罕・马斯洛 . 动机与人格 . 北京：中国人民大学出版社，2022.

等等。值得一提的还包括心理学者理查德·瑞安（Richard Ryan）和爱德华·德西（Edward Deci）提出的内在动机理论，该理论认为人有三种最基本的心理需要，即自主（autonomy）需要、胜任（competence）需要和连结（relatedness）需要。[①]这些理论全都是在探讨人想要的东西有哪些，既有对薪酬、福利、晋升等与个人通常意义上的与利益直接相关的需要，也有对尊重、归属、成就感以及自主性等非常规意义上的与利益相关的需要。这些与人的需要有关的理论之所以被归入激励理论的范畴，其根本原因就在于，如果你不知道员工想要什么，那你就不可能找到激励他们的正确方法，很多激励手段最终很可能会彻底失败，甚至会南辕北辙。比如，对一位根本不缺钱的员工总是用增加报酬或奖金的方式实施激励，激励效果不仅会因边际收益递减原理的作用变得越来越差，甚至会让员工感觉自己在上级的眼里就是一个仅仅为了钱才玩命干活的人，这对于那些是因为喜欢工作或者能够从工作本身获得快乐的人来说，反而会削弱他们的工作动机。

除了管理学者对于人的需要所做的讨论之外，很多企业家也意识到必须清楚地了解员工各种不同层次的需要，只有这样才能有针对性地做好激励工作。任正非就曾经在内部讲话中直言不讳地指出，成功是由欲望构成的，而欲望可以分为五个层面。第一个层面是物质的饥饿感。绝大多数人甚至几乎每一个人都有最基本的物质诉求，员工加入企业最直接和最朴素的诉求无非是增加个人的经济收入或物质财富。任何企业或组织如果不能给员工提供最基本的物质需要的满足，就很难吸引和留住

---

① 爱德华·德西，理查德·弗拉斯特．内在动机：自主掌控人生的力量．北京：机械工业出版社，2020.

员工。第二个层面是安全感。马斯洛需要层次理论同样提到了人们对于安全的需要，因为这是人类与生俱来的一种本能性需求，这种安全感不仅包括人身安全、经济安全、就业安全，还包括心理安全。企业必须通过自己的人力资源管理实践和企业文化为员工提供一种实实在在的安全感，只有这样，员工才有可能在企业遇到困难的时候相信企业和自己的管理者，与企业同舟共济，共同面对充满了风险和未知的外部环境，从而达到华为的那种“胜则举杯相庆，败则拼死相救”的境界。第三个层面是成长的愿望与野心。大部分人都会有不同程度的权力欲望，而且通常情况下，越是智力高的人，领袖欲望、野心的张力越强。那么，怎样才能为这些想要出人头地、做领袖，想要拥有权力的人提供公平的机会就显得至关重要。企业只有通过价值评价和价值分配体系使这些人的权力和收益与他们的欲望、雄心、野心相匹配，才能让他们心甘情愿地为实现企业的目标发挥自己的才能。与此同时，企业在张扬队伍中每个人的雄心的同时，又要注意遏制因过度的野心或欲望过分膨胀对企业的事业造成的危害。第四个层面是成就感。绝大多数人都有被组织认可和被社会认可的欲望。企业可以通过把财富、权力、名分等等与优秀员工共享，从而让他们的成就感得到满足。第五个层面是使命感。所谓使命感，实际上就是指一个人对于需要承担某种重大的责任有一种自觉担当的倾向。这种使命感往往源于对他人、对组织、对社会需要承担责任的义务感。当然，拥有这种使命感的只有极少数人。任正非所说的欲望，实际上就是一个人的需要的另外一种表达，因为欲望代表的就是希望得到某种东西的强烈程度。任正非的另外一种说法实际上指出了对不同组织层次的员工进行激励需要分别有所侧重，就是侧重基层员工的饥饿感、中层干部的责任感以及高层管理人员的使命感。

通过上面的分析不难看出，西方管理学者关于人性的讨论相对而言更为客观，没有纠缠善与恶这样一些价值判断标准问题。然而，纵观西方管理学者对于人性的讨论之后，我们很容易陷入另外一个误区，就是把人性简单地等同于人的需要，即人有需要这一事实本身就是人的本性。然而，仅仅用需要来界定和描述人性显然是远远不够的。这是因为人的本性不仅体现在他们会产生各种需要，还体现在他们通常会积极主动地去采取一些行动，以谋求个人需要得到最大满足。一旦人的需要得到满足，便会产生兴奋、快乐、幸福等积极的感受；而一旦需要得不到满足，便不会产生积极的感受，而且有可能不满、难过、挫折、愤怒，有时候甚至会对他人、组织以及社会造成伤害。一言以蔽之，人性的本质就是通过追求个人需要的满足来获得幸福感。

人性的内核：需要

人性之所以看上去很复杂，主要是因为人的需要具有多样性、可变性以及差异性三个方面的特征。

首先，人的需要具有多样性。人的需要可以划分成很多种不同的类型。西方学者对于人的需要进行了很多研究，也划分出了各种不同的需要类型。比如，马斯洛的需要层次理论提出五种需要——生理需要、安全需要、归属与爱的需要、尊重需要、自我实现需要。麦克利兰的三重需要理论提出三种需要——成就需要、权力需要、亲和需要。阿尔德弗的 ERG 理论提出三种需要——生存需要、关系需要、成长需要。心理学家爱德华·德西和理查德·瑞安等人的自我决定理论提出自主需要、胜任需要和关系需要。此外，还有两位进化心理学家保罗·劳伦斯（Paul Laurence）和尼廷·诺里亚（Nitin Nohria）认为，人类在进化过程中形成了四种嵌入人类基因的本能情感驱动力，即获取、探知、归属和防御，由此产生了四种相应的需要——尊重和认可需要、发展需要、工作和生活平衡需要以及保障需要等等。

即使是同一个人，在同一时期也会有多种需要并存，而不是只有一种需要。比如，一位劳动者在组织中工作时，不仅需要获得高薪酬和良好的福利，可能还需要灵活的工作时间，同时需要得到领导者的尊重和认可。人的有些需要可以同时得到满足，有些需要却彼此冲突甚至根本不可能同时得到满足。比如，如果有人希望找到一份钱多、活儿少、离家近的工作，那多半是无法得到满足的。再比如，很多劳动者在挣钱养家的同时，也特别希望能抽出时间多陪伴家人，或许还希望能有时间参加一些课程的学习，以提高自身的能力，但这些需要很难同时得到满足。事实上，工作生活之间的不平衡或冲突已成为很多职场人士最常见的烦恼之一。对于一个理性的人来说，当自己存在多种需要而且这些需要之间可能存在潜在的冲突时，当事人往往会基于不同需要的强烈程度，在心目中对自己的各种需要做一个大体上的重要性排序，以优先满足最重要或最紧迫的需要，将其他需要放在其次的位置，甚至是暂时放弃。然而，由于人并非完全理性，很多人面对从内心产生的各种需要都会陷入某种混乱状态，他们要么抓不住主要矛盾，分不清自己在某个时期的各种需要之间的主次关系，不知道应当优先满足哪些方面的需要，要么不切实际地期望自己的所有需要都能够同时得到满足（也就是通常所说的太贪心），结果陷入沮丧、痛苦、纠结、抑郁甚至狂躁之中。

其次，人的需要具有可变性。即使是同一个人，在人生或职业发展的不同阶段，其需要本身尤其是主导需要或需要的重要顺序、强度也是会发生变化的。一个人在年轻和年纪大时、上学和工作时、刚入职和有一定工作经验后、有孩子和没孩子时、家庭经济状况好和状况差时、做员工和做领导者时，其需要的内容或者对需要的排序都会有所不同，往往是初级需要得到满足之后，还会产生高级需要。比如，一位大学生在刚刚毕业时可能更多地考虑的是如何能够在北上广等大城市就业的问题，尽管他们对薪酬也很关心。而一旦成功地在这些大城市站住脚，他们的需要可能更多地转向了个人在组织中的薪酬水平增长、职位晋升等方面，同时还会开始考虑婚姻和家庭方面的问题。总之，人的多种需要及其需要的强度是处于动态变化过程之中的，而不是一成不变的。觉察和应对人的需要的可变性在生活中和工作中同样非常重要。比如，一些人在刚开始谈恋爱或刚结婚的时候很幸福，但过一段时间这种恋爱和婚姻关系就有可能出问题，其中一个非常重要的原因就在于，最初在一起的时候，双方之间的需要是能够得到匹配的，即都能满足对方的某些关键需要。但随着时光流逝，其中任何一方的主导需要发生变化，而另外一方没有觉察到或不够重视，或者不愿意通过自己的主动努力去满足对方新的需要，那么恋爱和婚姻关系就可能不稳定甚至破裂。同样的道理，从管理的角度来说，管理者也应当意识到，员工的需要不是永恒不变的，在某个时期能够对员工产生激励的因素，在另外一个时期可能就没什么作用了，也就是会从激励因素变成保健因素，因此，管理者必须对员工的需要有足够的把握。关于这一点，我们在后面章节中会做进一步的讨论。

最后，人的需要具有差异性。不同的人之间既有可能存在很多彼此相同或相似的需要，也可能存在彼此不同甚至完全相反的需要，正所谓“汝之砒霜，彼之蜜糖”。更准确地说，不同的人在各自的需要组合及其强度分布方面很有可能存在差异。在现实生活中，最常见的做法是把人的需要划分为物质需要和精神需要，并且无论是物质层面的需要，还是精神层面的需要，其类型都是五花八门的。因此，不同的人的需要往往是独特的，甚至可以说每个人的需要都不完全相同。即使是在大家都存在某种相同需要的情况下，需要的强烈程度也会不同。比如，对于有些劳动者来说，能否挣到更多的工资很重要，工作有没有意义以及是否有成就感无所谓，而对于另外一些劳动者来说，工作意义和工作成就感很重要，钱多钱少则是次要的考虑因素。再比如，挣钱可能是每一位劳动者都有的需要，但不同的人对金钱的需求强烈程度是不同的，甚至有些人出来工作根本不是为了挣钱。

人性的表象：行为

人性跟人的需要无疑具有不可分割的关系，但人性又并不仅仅体现在人有各种需要，还体现在人一旦有了需要，就会在现实中通过某种方式或采取某些行动来满足个人的需要。换言之，人的行为是有目的的，就是满足个人的重要需要。不过，尽管人的行为源于个人需要，但个人需要的满足在很多时候可以通过多种不同的行为来实现，而这些行为可能是彼此互补的，也可能是相互冲突的。比如，一个人如果想要升职，可以通过做出突出的业绩、增加与领导接触的机会、与同事保持良好的人际关系等各种方式来实现自己的目标，这些行为之间是彼此互补的。与此同时，一个人也有可能采取不正当的手段妨碍同事的工作，甚至构陷同事来达到自己得到升迁的目的，这种时候这个人就很难再通过努力获得同事们的认可来达到自己的目的。当一个人可以通过多种途径满足个人需要时，他最终会选择采取哪些行为或放弃哪些行为，在很大程度上取决于法律环境、制度环境或社会环境以及个人的价值观。

人的需要和行为之间尽管存在非常紧密的联系，但两者也存在明显的区别。其一是人的需要很难被捕捉到，在现实生活中，人的需要很多时候只有本人最清楚，如果本人不实实在在地说出来，别人很可能无法了解他的真实需要到底是什么。当然，有些时候，人可能自己都无法准确地表述自己到底想要些什么，或者是想要的东西实在太多，自己分辨不清。相反，人的行为比较容易被观察到。其二是人的需要本身是一种相对客观的存在，而且很难用善恶加以区分，比如一个人想多挣钱，想住上大房子，想得到别人的认可和尊重，想有成就感和对个人生活的掌控感，这些都没有善恶之分。人为了满足个人的需要而采取的行为却很容易与善恶扯上关系。这是因为，一个人为满足个人的需要而采取的行为在很多时候不可避免地会对他人或社会产生正面或负面的影响，如果一个人为了满足个人的需要而采取的行动对他人和社会造成了不利的影响，我们通常认为这种行为是恶的。相反，如果个人的本意是满足个人需要，但同时对他人或社会产生了积极的影响，我们通常认为这种行为是善的。

因此，关于人性，我们需要区分两个问题。第一个问题是深层次的问题，即人性到底是什么。也就是说，人有哪些需要以及人采取了何种行动或措施来满足个人的需要，这是相对客观的事实。第二个问题是价值判断问题，即人的需要以及在满足个人需要过程中表现出来的行为好不好的问题，也就是根据某种社会道德观念或价值观对相对客观的人性做出的另外一个层次的主观判断。第二个问题也很重要，但如果跳过第一个问题直接回答第二个问题，不仅容易导致对第一个问题的忽略，而且容易得出错误的判断。

趋利避害是永恒的人性

如果用一句最简洁的话来概括人性，那就是“趋利避害”，即人的本性就是在一定约束条件下追求个人利益的最大化。也就是说，人会有各种需要，同时在绝大多数情况下会为满足个人需要而采取各种行动。换一种更学术化的表达就是：尽管每个人的效用函数或幸福函数是存在差异的，但每个人都是追求个人效用最大化或幸福最大化的。根据这个定义，人性是一个中性的概念，是一种不依赖他人意志的客观存在。对此，管子早就洞察得一清二楚，正如他指出的那样：“人之情，逢利无不趋之，逢害无不避之。”简而言之，人们争先恐后地做那些对自己有利的或者能让自己得到利益的事情，而对那些对自己不利或者可能给自己带来损失的事情则避之不及。关于这种相对客观的人性的总结，在《奏记大将军梁商》中有明确的记载：“至于趋利避害，畏死乐生，亦复均也。”

人在本质上是“趋利避害”的这种假设实际上最早是由经济学家提出来的，只不过经济学家所讨论的“利”与“害”完全局限于经济利益和经济成本，并没有考虑非经济利益以及非经济成本。经济学家假定，人是所谓的“经济人”或“理性人”，即每一个从事经济活动的人都是利己的，他们采取的所有经济行为都要力图以最小的经济代价去获得最大的经济利益，在任何经济活动中，只有这样做的人才是理性人，否则就是非理性的。它不仅假设人的行为动机是趋利避害或利己的，而且假设每一个经济行为人都能够通过成本收益核算的方式，对自己面临的一切机会和目标以及实现这些目标的手段做出最优化选择。这一假设要求经济行为人能够满足以下几个必备条件：第一，他们具有关于自身所处环境的完备知识，即使不是绝对完备，至少也是相当丰富和透彻的；第二，他们有稳定的且条理清楚的个人偏好；第三，他们有很强的计算能力，能准确地计算出自己做出每一种选择可能产生的结果；第四，他们总是能够从各种备选方案中做出最优的选择。

经济学家提出来的这种绝对的理性人或经济人假设很自然地会招致一些批评和质疑，因为很显然，在现实中能够完全符合上述行为特征的人基本不存在。因此，管理学家基于更为现实的情况，从决策的角度对这一假设进行了修订，提出了“有限理性人”假设。社会协作系统学派创始人切斯特·巴纳德（Chester Barnard）在1938年出版的《经理人员的职能》一书中指出，人并不是完全理性的经济人，而是只具有有限的决策能力和选择能力。巴纳德的这一观点被后来的管理学家和社会科学家、决策理论学派的重要代表人物赫伯特·西蒙加以继承和发展，西蒙指出，人在经济中不会追求利益最大化，同样，在决策中也不会追求决策最优化。这一方面是因为人在决策过程中并不是完全理性的，除了理性因素之外，还会受到情感、知识水平、个人能力等其他非理性因素的影响。另一方面还因为做出最优决策所需的条件在现实中根本无法被全部满足。事实上，决策者根本不可能获取与决策有关的所有信息，即使能够获取全部信息，也会因为决策者的能力和精力等方面的局限不能完全利用。此外，即便决策者能够利用所有这些信息，也不可能得到所有的备选方案，而只能在几个有限的方案中做出最优选择。于是，决策者往往只追求令人满意的决策结果，而不是寻找所谓的最佳解决方案。

很显然，经济学家的完全理性人假设和管理学家的有限理性人假设存在一定差异：经济学家关心的是经济行为，而管理学家关心的是决策行为；经济学家认为人是绝对理性的，而管理学家认为人只是相对理性的。但两者有一个共同点——趋利避害，无论是经济行为人，还是决策者，他们在主观上都会努力追求对自己有利的结果，而尽可能避免对自己不利的结果。

从综合经济学家和管理学家关于完全理性人和有限理性人的讨论，回归到关于人性的一般讨论上来，我们认为，如果不把趋利避害这一特性仅仅局限在经济学家讨论的经济收益和经济成本的范围，而是将其扩大到广义的“利”和“害”的概念上，那么用“趋利避害”来解释人性再妥当不过。关于人性的这一本质，我们可以提出以下几个基本假设：

第一，人知道自己需要什么。正如我们在前面讨论过的，人会有各种各样的需要，这些需要在人生的不同阶段或到了不同的环境中会出现变化，并且在原来的需要得到满足之后，还会生出新的需要。当然，我们假定人的需要是多方面的，而不像经济学家假设的那样只有经济方面的需要，人还会有生理的、心理的、社会的等其他多个领域的需要。当然，我们并不假设人们完全、彻底地知道或了解自己的全部需要，而只是假设他们大体上是清楚自己的需要的。事实上，人的有些需要是潜在的或存在于潜意识当中的，这些潜在的需要有些会逐渐变得明晰并被当事人认识到，而有些潜在的需要可能连当事人自己都不一定能够清楚地意识到。

第二，人知道通过哪些路径或方法有可能满足自己的需要。也就是说，人一旦知道了自己的需要，会很自然地想到寻找路径和方法去得到自己想要的东西。但我们在这里并不假设人一定知道所有能够帮助自己达到目的的路径或方法。实际上，在绝大多数时候，人往往并不知道到底有多少种路径和方法能够使自己的需要得到满足，而是只知道一些在自己的认知范围内可以找到的路径和方法。有时候人们自以为能够达到自己目的的路径和方法实际上还是错误的。然而，无论如何，通常情况下人总是会想方设法去满足自己的需要，至于这些路径和方法选择的正确性或有效性，则取决于当事人的知识、经验、能力以及个性等各方面的因素。一个人的知识越丰富，经验或阅历积累越深厚，信息获取和信息分析加工能力越强，人际关系网络越广泛，主动性越强，则选择路径和方法的效率越高，同时有效性也越强。

第三，人的行为具有适应性或调整性。也就是说，人在清楚自己想要什么，同时选择了自认为适当的路径和方法之后，就会通过采取实际行动努力去满足自己的需要，但这种行动可能产生两种不同的后果：一种是他们发现自己的选择和行动是有效的，于是会继续强化原有的行为，直到自己的需要得到满足。另外一种情况则相反，在尝试过某种路径或方法之后，他们未能得到原本想要的结果，这时他们便会尝试调整自己的行为，变换其他路径或方法，即通过试错的方式不断寻找真正有效的路径或方法。很多时候，因为种种原因，人们即使在尝试了自己认为有条件或有可能去试的各种路径和方法之后，仍然无法实现个人的目标。

在这种情况下，人们要么等待机会，继续寻找新的路径和方法，要么降低目标，甚至彻底放弃追求需要的满足。

按照我们在上面描述的“趋利避害”的人所具有的这三个特征来看，人性确实是一种客观的中性存在，它本身并不是从一开始就与善恶有直接的瓜葛。

关于人的本性是“趋利避害”这一观点，在一定程度上也与功利主义哲学思想具有一定的相似性。杰里米·边沁在 18 世纪末首次提出的功利原则认为，追求快乐和避免痛苦即避苦趋乐是人的最根本的心理动机，人们的一切行为的准则就在于追求最大快乐。又因为对于什么是快乐、什么是痛苦，只有每个人自己才最清楚，所以个人在原则上是自身快乐或幸福的最好判断者，追求自己的最大快乐是具有理性的人的目的，这就是自利选择原理。

另一位英国著名哲学家、心理学家和经济学家约翰·穆勒（John Mill）继承了边沁的理论并加以完善，将其功利原则上升为功利主义理论体系。[①] 穆勒认可边沁关于人的目的是追求快乐的观点，他的名著《论自由》的主要观点就是，只要不涉及他人的利害，个人就有完全的行动自由，其他人和社会都不得干涉；只有当个人的言行危害到了他人或社会的利益时，个人才应接受社会的强制性惩罚。但穆勒并不认同边沁关于快乐只存在量的差别、没有质的不同的观点。边沁认为，心灵快乐和肉体快乐是不存在本质区别的，唯一的区别是心灵快乐的成本更低，同时产出更高。穆勒则指出了两种快乐存在本质区别：肉体快乐依赖于有限的资源，而有限资源的获得必然是竞争的产物，而心灵快乐却是自足

① 约翰·穆勒．功利主义．北京：商务印书馆，2019.

的，一个人获得知识的快乐、做好事的快乐并不会与别人产生冲突。功利主义者也从不否认心灵的快乐，他们甚至认为心灵快乐比肉体快乐更好。穆勒认为，理智的快乐、感情和想象的快乐以及道德情感的快乐所具有的价值要远高于单纯感官的快乐。不仅如此，穆勒还试图完善边沁的“人追求最大快乐”这一假设，他认为人所追求的不只是简单的快感，还希望这种愉悦感的来源是有意义的，也就是有幸福感。显然，幸福是一个内涵比快乐更为丰富的概念。

通过上面的分析不难看出，中国人喜欢谈论的人性善恶问题实际上不是对人性的第一个层次即需要本身的讨论，而是对人为满足自己的需要而采取的行为所做的评价，由于人性的第一个层次即人的需要往往是隐含的，相对难以被观察到或被外人辨别，人性的第二个层次即人的行为却很容易被观察到，因此，大家常说的人性善恶往往是针对人采取的行为，而并非针对人的需要本身。进而言之，人们总是以某种价值观或判断标准为依据，根据他人为了满足其个人需要而采取的行动或做过的事情的好与坏得出人性善恶的结论。在这种情况下，人们实际上是根据自己所持的某种社会价值判断标准，来对自己观察到的他人的行动或具体做法产生的社会影响或后果来做出评价。只要做出价值判断，便可区分出好与坏，或者看到人性的善与恶。

然而，这里的复杂性在于，即使是针对同一种行为，不同的观察者或评价者由于各自坚持的价值判断标准不同，也很可能会得出不同的甚至完全相反的结论。另外，人的行为实际上是多样的，我们很难指望一个人永远只表现出好的或善的行为，从来没有相反的行为，同时，我们也很少看到一个人永远只表现出坏的或恶的行为，从来都没有好的或善的行为在他们身上发生。相反，更现实的情况是，在同一个人身上既有可能看到好的行为，也有可能看到不好的行为。也就是说，在绝大多数情况下，人的行为是善恶并存的，纯粹的好人或坏人反而是极其少见的。正因为如此，关于人性善恶的争论自然就很难得出一个大家公认的答案。如果总想基于绝对的人性善恶来决定如何对人进行管理，则必然会陷入极端主义的泥潭，在管理实践中屡屡碰壁。

在管理实践中，企业首先要正确回答人性是什么的问题，而不是匆匆忙忙地跳到人性善恶的争论中。相对客观而清醒地看清人性才能采取正确的管理实践，上来就纠结人性善恶会让管理变得无所适从。员工的很多需要本身并无善恶之分，很多行为也很难上升到善恶的高度去做出评价，它们只是一种中性的客观存在而已。企业需要牢记的最关键一点就是，人总是存在各种需要的，并且会努力在一定的约束条件下尽可能去满足自己的需要。不要幻想员工会大公无私，也不要幻想稍加忽悠就能让员工忘记自己的需要。对企业来说，最需要关心的问题无非只有一个——怎样做才能让员工在主动自觉地追求个人需要满足的过程中，自然而然地帮助企业达成目标。

最后，几千年来人们之所以一直在人性善恶的层面争来争去却没有答案，除了把人性和行为混为一谈之外，更重要的是，所有这些争论都在就人本身而论人，完全忽略了人与外部的环境、制度或系统之间的关系。正是由于看不到人的行为实际上更多地受到制度或系统这个维度的影响，我们在几千年的时间里都没能正确地认清人性。这种情况再次表明，只有站在更高的维度上，才能看清楚很多在低维度上看不透的事情。

08

利他是利己的高级形态

并不纯粹的戚继光

几乎在每一个中国人的心目中，明朝抗倭名将戚继光都是一个非常了不起的人，一说起戚继光，大家必然会想起戚家军和鸳鸯阵。戚继光对朝廷忠心耿耿，毕生都在为抗击敌寇而呕心沥血。他爱兵如子、带兵有方，在战斗中身先士卒，打仗时心思缜密，有着非常卓越的指挥才能，为荡平东南沿海的倭患立下赫赫战功，后期又为北部边防做出巨大贡献。那么，戚继光果真是一位光明磊落，毫无私心，一心一意为国家出力的纯粹的人吗？

根据黄仁宇先生在《万历十五年》第六章“戚继光——孤独的将领”中的评价，戚继光实际上是一个非常复杂的人，很难将他强行安放在用传统道德构成的标准框架之中，在他的一生中有很多难以解释的事情。比如，戚继光的夫人王氏出身于浙江台州府临海县的一个军官家庭，父亲是明朝的一名武官，曾任南溪守备，母亲出身于当地名门望族。王氏自幼接受良好的教育，知书达理，而且性格豪爽，甚至有些泼辣。但戚继光在生前娶亲三人，生子五人，直到戚继光的儿子长大成人，王氏竟然都毫不知情。再比如，戚继光非常关心士兵的疾苦，提到士兵生活的痛苦都能洒泪，甚至还取消了让士兵为他家砍柴的惯例，以至于有一年除夕，总兵府中竟然因为缺乏烧饭的柴火而无法及时辞岁。但与此同时，一些北京著名餐馆的名菜，比如抄手胡同华家的煮猪头等，却可以跨越百十里通过快马传到军营供戚继光享用。尽管在蓟州练兵时，戚继光与将士歃血为盟，对天起誓绝不贪污受贿，但他在私下给张居正送过很贵重的礼物，以至于张居正只敢象征性地收下其中的一小部分，其他的都退回去。戚继光在统率大军时以慷慨著称，对朋友尤为豪爽，其中涉及的钱财显然超出了戚继光本人的俸禄能够承受的范围。但戚继光大手大脚惯了，不善积蓄，所以当他晚年因皇帝清算张居正的势力而受到牵连时，竟一贫如洗，连看病的钱都找不到，而其夫人在他去世之前早已将其抛弃。戚继光在 1584 年时曾遭弹劾，原因之一便是他在蓟州任上的账簿竟然不知去向。正因为如此，《明史》在将戚继光与俞大猷进行比较时，给出了“操行不如，而果毅过之”的评价，这实际上是委婉地指出戚继光尽管是一位优秀的将领，却不一定是一个廉洁的人。[①]

戚继光毕竟是特定历史环境下的人物，他的复杂性也是与当时的政治、经济、文化和军事等环境的复杂性以及历史的局限性分不开的，放在那个时代，戚继光能够做到那些事情已经非常了不起，与他同时代的将领几乎无人能够与其相比，包括同为抗倭名将的俞大猷。但无论如何，我们都不应该对他进行过分的美化，而应该本着实事求是的态度来看待他取得的成就和个人存在的问题或缺陷。一言以蔽之，人是复杂的，人的动机和行为是多样的，不要非把一个人说得那么纯粹，那样太不真实了。

然而，现实中我们或许曾经听到过这样的说法：某人是“毫不利己，专门利人”的人。尽管这是一种带有修饰性的说法，但为了进一步搞清楚人性，我们还是需要进一步讨论这个与人性善恶之争类似的争论，就

---

① 黄仁宇 . 万历十五年 . 北京：生活 · 读书 · 新知三联书店，2006.

是人到底是利己的，还是利他的。由于利己往往与人性的恶联系在一起，而利他往往与人性的善联系在一起，因此人的利己和利他之争与人性善恶之争一样，是一个长期争论不休但并没有清晰答案的问题。

人是利己与利他的混合

根据通常的定义，利己是指只关心个人利益，而不在乎甚至损害他人的、组织的或社会的利益；而利他则恰恰相反，指一个人可能会为了维护他人的、组织的或社会的利益主动牺牲个人的利益。人如果是纯粹利己的，就不可能产生利他行为，因为利他行为必然会在一定程度上要求牺牲本人的利益。但人如果是纯粹利他的，就不应该在乎自己的任何利益，所以不可能同时又是利己的。因此，纯粹的利己和利他只能是相互对立的，只有在人是并非纯粹利己或纯粹利他的情况下，利己和利他才能同时存在于一个人的身上。然而，在现实中，我们在有些人身上不仅看到令人反感甚至愤恨的自私自利行为，也能看到为了他人、组织或社会的利益而甘愿做出重大牺牲的利他行为，也就是在同一个人身上，可以看到利己主义和利他主义两种行为同时存在。因此，正如大家倾向于说人性中善恶两种本性都有一样，一个比较容易接受的结论是，人的利己性和利他性是可以同时并存的。也就是说，绝大多数人实际上都并非纯粹的利己或利他，而是两种特征的某种组合，只不过在某些人身上我们更多地看到利己性，而在另外一些人身上我们可以看到更多的利他性。关于人是利己性和利他性混合体的观点实际上早已有之，比如，希勒尔（Hillel）说过这样一句经典：“若我不为我，谁会为我？若我不为他人，我算什么？如果不是现在，又当何时？”这句话实际上首先强调了对自我的责任，强调了自我价值和自我保护的重要性，人要为自己的利益和需要负责，而不能指望别人为自己争取。其次强调了对他人的责任，强调了人与人之间的联系和责任，大家同处一个共同体和社会，如果不能为他人着想，那么自己存在的意义又是什么呢？最后一句则强调了行动的紧迫性，提醒人们不要拖延，不要总是想着等待更好的时机，鼓励人们尽快采取行动去面对挑战。

在很多人的印象中，优秀的领导者往往都是纯粹利他而毫不利己的。他们光芒四射，有着超凡的领袖人格魅力，表现出大无畏的勇气、高尚的动机、毫不动摇地为自己追求的事业献身的执着以及心甘情愿牺牲一切的觉悟。他们关心的从来不是个人的荣辱或利益，而是有着更为崇高的理想。总之，这些人很像我们常说的那种大公无私的人。然而，把领导者塑造成这样一种“高大上”的形象往往是有误导性的，优秀的领导者实际上绝非大公无私的，而是公心和私心并存的。哈佛商学院教授小约瑟夫·巴达拉克（Joseph Badaracco, Jr.）提出的沉静型领导者（quiet leaders）理论就是对此所做的一种纠偏。他认为，人的利己性和利他性实际上是并存的，而且这种复杂的动机（而不是单纯的利他主义动机）反而会有利于领导者采取正确的方式去做事。在2001年安然公司的丑闻爆出之后，最先揭示内幕的原安然公司副总裁莎朗·沃特金斯（Sherron Watkins）给人留下了深刻的印象，巴达拉克教授提出的沉静型领导者的概念就是用于对沃特金斯以及类似的那些领导者进行评价的。他指出，人们普遍认为领导者就是乐于为他人利益而牺牲自己的舒适和方便的人，而实际情况是，尽管这些人想要为自己的国家、组织、同事以及他们自己去做正确的事情，但他们根本不愿意扮演公众英雄的角色，也不希望给别人留下一种大胆而勇敢的领导形象，他们压根儿就没想那么做。换言之，他们的动机并不单一，他们与常人一样也有着一些并不那么高尚的、复杂的本能，利己主义和利他主义在他们的行为中是并行不悖的。不过，对于这些优秀的领导者来说，动机不够纯粹不仅不会成为他们取得成功的拖累，反而是一种极其有价值的助推因素。潜在领导者需要从众多的动机中汲取力量，不论这些动机是高尚的还是平凡的，是有心的还是无意的，是利他的还是利己的，他们面对的挑战不是如何压抑利己的念头和平凡的动机，而是协调、引导和控制它们。①

那些在外部环境和内心世界里信奉复杂的人，往往比那些试图粉饰棘手事实的人更有可能战胜日常的挑战。由于复杂的动机会促使这些人停下来环顾四周、调查情况、做出反应、学到东西，而不是在复杂的环境中冒冒失失地采取行动，因此有着复杂、混合的动机反而说明一个人真正了解事态的发展，这为他们指明方向，使他们在采取行动的过程中沉静而不动声色，促使他们去选择那些负责任的、低调的和幕后的方式来解决各种棘手的问题，而这恰恰是沉静型领导者取得成功的关键所在。小约瑟夫·巴达拉克强调，正是这些领导者的动机足够复杂和利己，才使得他们能够避免去做自我伤害和自我牺牲的事情。相反，他们会努力找到颇具创新性的途径，通过一些幕后的工作谨慎、缓慢、渐进、耐心地去改善世界。事实上，在现实中，许多企业家都是沉静型领导者，即使是那些看起来叱咤风云的企业家，在他们身边掌控全局的往往也是一些具有沉静型领导者特征的关键人物。显然，沉静型领导者和所有其他人

① 小约瑟夫·巴达拉克．沉静领导．北京：机械工业出版社，2019.

一样，也有着作为普通人会有的希望、恐惧、野心以及各种各样的缺点，尽管他们会努力按照诚实、正直等优良品格的要求来行事，但他们并不渴望成为圣人，他们希望自己能够最终事业有成，却不打算为了做正确的事情牺牲前途。他们往往没有超凡的领袖魅力，甚至没有太大的权力，他们更愿意在幕后活动，从未有过拯救整个世界的念头，他们的每一步行动都小心谨慎、努力求证，他们始终谦逊、克制和执着地捍卫自己的职业操守，妥善地处理对公司、同事与社会公众的忠诚。即使面对一个看似普通的决策，他们也总是会周密思考，因为他们认为如果不这样做就无法获得长远的成功。他们往往也是很好的邻居、朋友和父母，而不是特立独行、自视甚高或不讲人情。在沉静型领导者身上确实存在一些与其他领导者不同的地方，就是在他们的身上存在三种不太起眼的，从而很难让人将其与英雄主义的领导形象联系起来的美德：克制、谦逊和执着。正是因为这三种美德再平常不过，因此沉静型领导者的美德几乎是任何人都可以实践和培养的，它不是特殊人物才能具有，也并非只有在非常事件中才能加以运用。

此外，日本著名企业家稻盛和夫也专门讨论过人的利己和利他问题。他指出，人的心大致可以划分为利己和利他两种。利己之心是维持人的肉体所必需的，而利他之心则来自人的灵魂深处。为了把自己的灵魂呼唤出来，需要非常艰苦的修行，也就是说，杂事缠身、终日忙碌的人们想要拓展利他之心并非易事。他还指出，人心就好比一个容器，这个容器中通常装满了利己之心，因此，想要让利他之心出头，只需要抑制利己之心即可（也就是控制自己的欲望，即知足），这样就可以让人心这个容器中有一些空隙。稻盛和夫指出，由于人的心态不同，利己和利他可以使人生出现犹如地狱和天堂那样的巨大区别。他同时指出，一方面，利己和利他是相对的，比如，在一家小公司中，如果经营者守护公司、珍爱和善待员工，他就有利他之心，但如果仅仅考虑企业利益而不考虑社会利益，那他就只有企业层面的利己之心。另一方面，利他最终还是利己的。稻盛和夫指出，以利他心度人生，能增强人的成就感和幸福感，最终回报会回到自己身上，对自己同样有利。利己则生，利他则久。天生万物，莫不如此。

他还专门举例说明这种观点：几十年前，京瓷曾出手救助一家陷入经营困境的生产、销售车载对讲机的公司。在与这家公司合并以后，稻盛和夫才发现这家雇用了几千名员工的公司中有一个思想偏激的工会组织，工会成员不好好工作，而是热衷于搞工人运动，他们在多次态度强硬地提出不合理要求被拒绝后，到街头展开宣传活动，不仅在公司和稻盛和夫家的周边张贴传单，还开着宣传车在主要街道用高音喇叭污蔑公司和稻盛和夫，这种情况一直持续了七八年。在这期间，尽管蒙受了难以估量的损失和困扰，稻盛和夫并没有采取对抗措施，而是把心血倾注在这家公司的重建事业上，拼命提升企业效益。最终，这家公司开始盈利，成为京瓷机器制造事业的一个重要组成部分。而在十几年后，京瓷又合并了另外一家濒临倒闭的复印机公司，当时负责重建工作的核心人物就是稻盛和夫当年煞费苦心拯救的那家车载对讲机公司的一位厂长。后来，这家复印机公司的业绩也大幅提升，成为京瓷的重要成员。按照稻盛和夫的说法，自己为了员工忍辱负重，一心行善，拼命努力的结果就是，好的结果最后终于又回到了自己的身上。此外，2010 年当创建于 1951 年的日本航空公司由于环境变化和经营不善濒临破产时，78 岁高龄的稻盛和夫应日本首相鸿山由纪夫的邀请再次出山。在为日本航空公司的干部召开的第一次会议上，他就提出要追求全体员工在物质和精神两个方面的幸福，同时指出，要想改变公司，首先要改变员工的思维方式。他通过对全体员工进行培训，用稻盛经营哲学影响员工的思想，着力培养员工的利他之心，让干部学会考虑员工，让员工学会考虑公司。不仅如此，稻盛和夫还努力让公司员工认识到，重建公司并不仅仅是为了自己，更是为了社会和世人。慢慢地，整个公司的风气发生了潜移默化的变化。在此基础上，稻盛和夫开启第二步整改，即通过引入阿米巴经营方式，建立分部门、分航线、分航班明确收支状况的管理系统，让全员产生共识，努力实现成本最小化和收入最大化。仅仅用了 14 个月的时间，公司起死回生，重新开始盈利并获得稳步发展。①

主动的利他行为来自利己的驱动

虽说大家通常还是更倾向于认为人是利己和利他两种动机的某种混合，但正如前面讨论过的人性善恶并存这种结论一样，这实际上是一种和稀泥的解释，在面对具体的管理问题时，这种解释很容易使管理者陷入左右为难、不知所措的困境。此外，我们在前面解释了人性的本质无非是通过努力满足个人的需要来获得满足感或幸福感，也就是“趋利避害”，这样一种解读很容易让人产生一种错觉——它假定人都是自私的，似乎人唯一关注的就是自己的满足和幸福，不可能牺牲个人利益去满足

① 稻盛和夫 . 活法 . 北京：东方出版社，2019；稻盛和夫 . 哲学之刀：稻盛和夫笔下的“新日本新经营”. 北京：机械工业出版社，2023.

他人的、组织的或社会的需要。如果真是如此，我们对人性的定义岂不是无法解释一些常见的利他行为，利他难道不是人性中与生俱来的一种特征，而是反人性的？所以，对人的利己性和利他性问题继续进行深入讨论很有必要。

在思考人的利己性和利他性问题很长一段时间之后，我在某天正在讲这个问题的时候，突然有了顿悟——人的所有利他行为的根源其实仍然是利己，即满足自己的某些需要，只不过这种利己主义的动机在客观上产生了对本人之外的他人、组织或社会有利的结果而已，这种情况就是大家经常说的那种“主观为自己、客观为大家”的情形。用经济学的语言来说，就是个人的决策和行为除了能够为本人带来利益，还产生了外部性，而这种外部性恰好是对外界有利的，即给外界带来了正面的或好的影响即正外部性。这种同时让本人和外人同时获利的情况，在经济学中称为“帕累托改善”，即一种行动或交易在总体上提升了整个社会的福利水平。如果我们对利益这个概念做一个广义的解释，即利益是指所有能够满足个人需要的东西或者能够给个人带来满足感的东西，而不仅仅是狭义上的那种实实在在的物质利益，那么趋利避害的人性假设便同样可以解释人的利他行为。举例来说，当自己的同事临时有事的时候，我们可能会帮他们完成一些工作上的事情或者顶替他们去加班，或者会在天气不好的时候，专门开车绕道去送一位没开车的同事等。这些做法从表面上看是对自己没什么好处的，要搭上自己的时间甚至金钱，但为什么我们愿意主动去做呢？原因很简单，这种付出是能够给我们带来利益的，只不过这种利益不是通俗意义上的利益，而是收获好心情。事实上，在很多时候，当我们帮助别人的时候是能够产生开心和快乐的感觉的，因为助人行为在一定程度上体现了自己对他人的价值和意义，能够证明自己至少是一个愿意帮助别人的或者善良的人。

再举个例子。很多企业家都做慈善，从表面上看，做慈善是一种典型的利他行为，但深入分析就可以看出，企业家做慈善的核心动机仍然是满足自己的需要。有些企业家之所以做慈善，是因为在发财致富的过程中做过一些昧良心的坏事，心有不安，担心遭到某种冥冥之中的报应，因此希望通过做慈善在一定程度上给自己赎罪或换来一些心理上的安慰。有的企业家做慈善主要是为了赢得社会的赞誉，强化企业品牌，从而最终有利于公司的业务和利润。有的企业家做慈善或许就是为了出名，比如以另类的所谓“暴力慈善”出名的陈光标，他拿出真金白银做了很多慈善，而且他享受自己成为社会关注的对象，从某种意义上，他在自己的慈善活动中更像是一位享受观众热捧的演员。值得庆幸的是，还有另外一类企业家，他们做慈善纯粹是因为个人发自内心的道德约束或回报社会的需要，他们甚至不希望外界对此做过多的解读和宣传，比如自己拿出上百亿元做慈善的“汽车玻璃大王”曹德旺在做慈善的相当长的时间里是拒绝被人宣传的，因为他不希望外界以为他做慈善是为了做广告或出名。这些企业家之所以会默默地去做慈善，是因为他们希望通过实际行动来证明自己是对社会有贡献和价值的人，以此体会到某种高尚的感觉，以及产生自己是一个好人的心理认同。

由上可见，一个人在没有受到任何强制或逼迫的情况下，自觉主动地去做的任何事情，从理论上说都是能够满足本人的某种需要的，无论这种需要从表面上看属于狭义上的利己还是利他。当一个人从自己的利他行为中能够获得满足感或幸福感的时候，这种行为给这个人带来的便是实实在在的利益。按照这种逻辑，我们可以清晰地看到，利他行为的根源同样来自利己，只不过这是一种具有正外部性的利己而已。换言之，利他只不过是以特殊形式表现出来的利己而已，貌似与利己是对立的，实际上仍然源于利己，只不过是一种在客观上具有利他性的利己而已，即一种具有“双赢”性质的利己。

事实上，关于人的利己性和利他性之间的关系的讨论，早在200年前，亚当·斯密（Adam Smith）已经阐述得非常清楚，但他对于人性的讨论经常被后人忘记甚至误解。直到今天很多人都认为，作为经济学的奠基者，亚当·斯密从一开始就认定人的本性是自私的，而经济学也是一门建立在自私假设基础上的学问，但事实并非如此。亚当·斯密的思想主要体现在三本著作中。大家最熟知的是他那本《国富论》[①]。此外，他在同一时期还写过一本《道德情操论》[②]。而在他去世后，他曾经任教的格拉斯哥大学组织专家学者根据他当年在该校上课的课堂笔记整理出版了一本名为《法理学讲义》的著作。通过这三本书，亚当·斯密实际上将人性的问题谈透彻了。

首先，在《国富论》和《道德情操论》中，亚当·斯密强调的是人的自利性、利己性或自爱性（self-interest, self-love），通俗地说，人是在乎自己的利益的或者是希望能够满足自己的利益的。不过，需要注意的是，他所说的这种自利性并不是丝毫不顾及他人的感受和反应甚至损人利己，因此，他用来描述人性的两个英文单词（self-interest 和 self-love）都很中性，有意与我们通常说的那种带有贬义的自私（selfishness）的概念区

① 亚当·斯密．国富论．北京：商务印书馆，2023.

② 亚当·斯密．道德情操论．北京：商务印书馆，2020.

分开来。其次，在《道德情操论》中，亚当·斯密指出，尽管人在本能上总是追求自身利益、以自我为首要关注点，但也会关注他人的利益，这个两重性才是人的常性（constant nature）。

亚当·斯密在《道德情操论》中指出了人有三种美德，类似于我们说的“智”“仁”“义”。“智”或明智让人通过算计增进自己的幸福，这是一种正常的自利行为。正是有了这种明智以及因此而来的物质财富等，人才有可能让自身处于可以帮助他人的位置，甚至增加整体的社会福利。由此可见，亚当·斯密认为人的正常自利本身也是一种美德，这种美德也可以表述为自爱（self-love）。人的第二种美德是“仁”或仁慈、仁爱（benevolence, beneficence）等，即对他人的关注和照顾这样一种有意识的利他行为。但仁爱这种美德应该是出于人的自愿，而不能被逼迫，因为不仁即使会让人感到厌烦，却也不应当招致惩处，它不会生出“真恶”。第三种美德是“义”或正义（justice），它会给人的“追逐自我利益的行为”设限，从而不会对他人做出无正当原因的损害，或主动承担起对他人应当承担或适宜承担的责任。总之，人关心自己是本能，关心他人只能是基于自愿，而不关心他人也不算恶。但要让人自觉做到不会无理由地伤害他人的利益太不现实。正因为如此，亚当·斯密在他的《法理学讲义》中强调了遵守法律规范的重要性，即通过法来保证正义，只要人能守法则为“义”。“义”既是一种美德，也是一种法律要求。

此外，亚当·斯密在《法理学讲义》中还指出，每个政权的成立都要具备四大要素：一是维护正义和保障每个人的财产安全；二是推进有效的公共治理，大力推进使国家富裕强盛的各项措施；三是确保财税收入以支付政府的各项开支；四是确保足够的军备和国防力量，保证国家不受侵略。其中的第一条显然指出了“义”实际上是需要政府来维护的，这样，尽管它也属于一种美德，但并非人的自发本能。可见，亚当·斯密实际上也认可人的本性是利己的，但利己和利他是可以共存的，而利他心实际上也源于利己心。正如他指出的那样，我们之所以有吃有喝，并不是来自屠夫、酿酒师或面包师的仁慈，而是来自我们对自身利益的追求。也就是说，利他主义与利己主义并不是对立的，利己和利他实际上都是自然秩序不可或缺的一部分。并且，利他只不过是利己在一定条件下的表现形式而已，所有利他行为的基础仍然是利己，正如他在《道德情操论》中指出的那样，同情他人和人们之间的相互同情带给人们精神上的愉悦与满足感是促成利他行为发生的动机。①

在哈佛大学任教的积极心理学家泰勒·本－沙哈尔（Tal Ben-Shahar）在《幸福的方法》一书中，通过对幸福问题的探讨，最终得出了关于人的利己和利他问题的类似结论。本－沙哈尔基于自己的亲身经历对幸福进行了深入的探究。他发现，幸福才是人生的终极财富，对幸福的追求是人性的本质。然而，幸福并不等于快乐，真正的幸福应该是快乐和意义的结合，其中快乐代表当下的利益，而意义来自目标，代表的是未来的利益。要想做一个幸福的人，必须有一个明确的可以带来快乐和意义的目标，然后努力去实现这个目标。本－沙哈尔在书的开篇就提出了一个关于幸福的模型，他把不同的人生模式划分为四种：为了及时享乐而出卖未来幸福的人属于享乐主义型；为追求未来快乐而承受当前痛苦的人属于忙碌奔

---

① Coase R H. Adam Smith’s View of Man. Journal of Law and Economics, 1976, 19（3）; Arevuo M. Adam Smith’s Moral Foundations of Self-interest and Ethical Social Order. Economic Affairs, 2023, 43（3）.

波型；既不享受眼前的快乐，也对未来没有任何期望者属于虚无主义型；既享受当下所做的事情，又要拥有更加满意的未来者则属于感悟幸福型。

本－沙哈尔坦言自己并不是一个利他主义者，他做任何事情的最大理由都是因为做这件事情可以让自己开心，这就是他所有行为的目的。但是他认为，人们并不需要在利己和利他之间做出选择，它们是完全可以共存的。这是因为，给别人带来幸福也会给自己带来意义和快乐，因此帮助别人实际上会增进自己的幸福。不过，他并不认为牺牲自己是对的：一方面，如果仅仅执着于道德责任感，总是在牺牲中去寻找生命的道德意义，那么这种牺牲本身并不会给人带来快乐，因此很难长久坚持下去。另一方面，我们如果仅仅为别人而活，而不为自己的幸福打算，那么很可能会慢慢地去伤害自己，乃至失去助人之心。一个自己就不快乐的人，也不太可能善待别人，由此带来的则是更多的不快乐。因此，最大的快乐来自意义，如果其中还能带有助人为乐的成分，那就是锦上添花了。总之，自助与助人是分不开的，帮助别人越多，自己就越开心；自己越开心，就越容易去帮助别人。

很显然，本－沙哈尔同样认为，人的本性是追求个人幸福（幸福由当前利益和未来利益两部分组成），而追求个人幸福本身并不必然导致损害他人，相反，帮助他人变得更幸福反而有助于增进自己的幸福，也就是说，利己和利他实际上是可以非常和谐地保持统一的。[①] 当然，在现实中并不是每个人都能够达到这种幸福的状态，很多人可能甚至连当前的快乐都无法得到满足，也没有意识到意义的重要性。此外，有些人从给他人带来快乐和幸福中获得的自身幸福感更强烈，而另外一些人通过帮助

① 泰勒·本－沙哈尔．幸福的方法．北京：中信出版社，2022.

他人获得的幸福感更少或感受更不明显。不过，无论如何，追求个人利益是每个人永远不变的本性以及目标，那些真心帮助别人的人恰恰是那种从帮助别人中获得快乐最多的人。这再次证明了我们得出的“利己是根本，利他是利己的高级形态”这样一个论断。

警惕打着利他旗号的真利己

正是由于利他主义的根源依然是利己，因此在现实中也存在另外一种很有意思但常常被忽略的现象，就是很多人会打着利他的旗号来行利己之实。而这种被利他包裹起来的利己，有些是当事人有意为之，有些则是当事人无意识中实施的，而且并没有自我觉察到。在这方面最为常见的一个例子就是很多父母在管自己的子女时的种种做法。比如，很多父母对孩子的管教过于严苛，不顾孩子的实际情况，对孩子提出过高的要求，即使当孩子已经出现各种不良反应，甚至已经出现了一些令人很难接受的严重后果时，这些父母往往也觉得自己当初的做法都是为了孩子好，很难理解孩子为什么不接受自己的好心。这种情况不仅出现在孩子未成年时期，甚至延伸到子女上大学、大学毕业找工作、找对象、生孩子乃至养育下一代等各个不同阶段。很多父母会干涉自己的成年子女本来应该享有的很多自由，包括选大学和专业的自由、选职业和工作单位的自由、是否结婚以及跟谁结婚的自由、是否生孩子以及生几个孩子的自由等等。他们之所以经常特别理直气壮地干预子女的选择，是因为他们总是信心满满地相信“我做所有这些或提这些要求都是为了你们好”。然而，殊不知在这种天经地义的感觉背后往往是父母的某种自私，比如希望孩子能实现自己当初未能实现的愿望或目标，希望证明自己有能力生养一个出色的孩子，因为孩子优秀而在同事、邻居甚至亲戚朋友的夸奖中感受荣耀，希望孩子完全按照自己的愿望或设计而成长和发展，希望子女的工作和生活稳定而不给自己添麻烦等。

事实上，父母对子女的很多粗暴干涉往往都是源于满足自己的需要，而不是真正考虑子女的需要。很多家庭两代之间的矛盾甚至悲剧，都源自有些父母没有清楚地看到，所谓的那些“好”实际上不过是自己想要的，而并非子女想要的。正如我们在前面讨论过的，每个人的需要不同，甚至同一个人的需要在不同阶段也是存在差异的，只有当事人自己清楚自己想要的东西到底是什么。而子女和父母很可能不仅存在个体基因方面的差异，而且存在成长时代以及其他方面的差异，因此，两代人之间的需要存在差异很正常。有鉴于此，家长应当采取的正确做法是，在孩子成长的过长中，通过长期的观察和试验，系统而全面地分析和理解子女的个人特征，然后为他们提供相应的发展自己的机会，在尊重和理解子女个人感受的基础上，关注和引导他们的成长。随着子女年龄的不断增大，父母应当逐渐把决策权交给子女。一旦子女成年，选择权就应该全部交给他们自己。在这个时候，父母仍然可以给子女提一些建议，但最好不要过分干涉，最终的决策还是让他们自己权衡。然而，令人遗憾的是，很多父母在对待子女时采取的却是相反的做法，从小到大都对子女施加严格的管控，最终很容易出现两种情况。一种情况是因为父母过分管控子女，导致子女没有能力独立做出各种必要的选择或独立解决自己面对的问题，对父母依赖过度，即使是在大学毕业甚至结婚之后都无法真正实现生活独立。另外一种情况则是子女在成年以后，甚至在还未成年的时候，对父母的管控产生强烈的反抗或逆反心理，要么以极端的形式对父母的高压进行抗争，要么在自己能够自立以后刻意疏远父母，而这种疏远既有可能是心理上的，也有可能是身体上的。

在职场当中，同样存在类似的无意识的利己以及有意识的用利他包裹起来的利己。比如，当管理者给员工提出建议或做出工作安排的时候，往往会很自然地认为自己这么做都是为了员工好，但实际上并非总是如此。因此，在这种时候，管理者可以扪心自问，自己给员工的这种建议或做出的工作安排到底确实是出于为员工考虑，还是在潜意识中更多是为了达到自己的目的。当然，在职场中同样也容易观察到另外一种情形——当事人有意识地把利己伪装成利他，或者用利他的形式来刻意掩盖自己的利己动机。比如，有些领导者在做出一些决策时，往往会强调自己是为了组织的利益考虑，没有掺杂半点个人的私心，但实际上，他们在进行决策时考虑的很可能是自己能够获得的利益。有些领导者为了让员工多干活或替自己承担责任，会找各种理由让员工觉得自己是为了他们好，但实际上不过是为了达到自己的某些目的而已。这些人要么是从来就没有清醒地意识到自己的私心的存在，要么就是没有勇气直面自己有私心这样一种现实，故意麻痹自己。

利己的三种不同行为

由于人在本质上是利己的，利己是人采取行动背后的最强大动力。因此，试图否认人的利己性是毫无意义的，而且对做好管理工作极为不利。事实上，如果人都是利他的，而不是利己的，管理学也就没有多大的必要存在了。因为在这种情况下，每个人都会严格按照他人的期望以及组织和社会的需要主动采取行动，而不再会有任何机会主义行为；每个人都会尽自己最大努力去工作，而不会偷懒；每个人工作都不求回报，只讲付出，或者每个人都只在乎别人得到了什么回报，而不在意自己得到的回报。果真如此，对人进行管理恐怕要比对机器设备进行管理还要容易得多，在这种情况下，还有管理的必要吗？显然，正是因为人是利己的，而且这种利己动机并不总是自动导致利他的结果，相反，由于利己动机而激发的各种机会主义行为很可能会对他人、组织或社会产生不利的后果，造成相应的损失，所以才需要对人进行管理。当然，对人进行管理的最终目的并不是改变甚至消除他们的利己动机，而是要在确保他们的行为对他人、组织甚至社会不产生负面影响或没有负外部性的前提下，尊重并满足他们的利己动机，从而实现真正的双赢或多赢。这样才能做到所谓的“管理，以人为本”。

从组织或社会的角度来看，人的利己行为可以划分为三种：第一种是利己且利他。这种主观上的利己行为产生的结果对自己和他人都有好处，当然是最好的一种利己行为，或者是具有正外部性的利己行为。这种行为是组织和社会需要大力鼓励的。第二种是利己不利他，却也不损他。这种利己行为只会对本人有利，但也不会损害他人的利益，因此属于中性的利己行为。第三种是利己但损他。这种利己行为尽管对当事人本人是有利的，但是会对他人带来损害，造成他人的利益被削弱甚至被剥夺，因而这种利己行为是最不可取的，也是从组织和社会的角度来看，最应当提高警惕加以约束、管制甚至惩罚的。进而言之，人的利己之心并不一定导致对他人利益的损害，这里的第一种和第二种利己行为是应该得到保护甚至鼓励的，从某种程度上来说，这些行为的出现会导致帕累托改善，即提升整个社会的福祉水平，因为在第一种情况下利己者不仅自己受益，同时也使得他人受益，大家的福祉、效用或满足程度都增加了，这显然是一种帕累托改善的结果。而在第二种情况下，利己者本人的福祉、效用或满足程度增加了，而他人的并没有随之下降，从社会整体的角度来看，仍然是一种帕累托改善。只有第三种情况是需要特别小心的。但第三种情况也并非全都会导致对社会整体不利的效果，这是因为，当利己者为了获得自己的利益增加而不得不损害他人的利益时，如果被损害方能够得到足够的补偿，从而弥补个人遭受的损失而有余，在这种情况下，同样会出现社会总福祉的帕累托改善，而不必然对整个社会的福祉水平产生负面影响。

然而，问题的复杂性在于，上述三类利己行为是从组织或社会这样一种第三方的角度所做的划分。即使是某种在外界看来明显属于利己且利他的行为，在当事人个人看来却很可能并非如此。举例来说，假如张三的一位同事在工作中急需某份参考资料，张三手头正好有这份资料，借给同事用一用对张三来说并没有什么损失，而且与公司的任何规章制度都不冲突。从外人的角度来看，张三把资料借给同事不仅可以帮助同事尽快完成工作，对同事有利，张三也能得到同事的感谢，提高同事之间的关系融洽度，对张三今后的工作也会更加有利。很显然，张三把资料借给同事的行为属于上述三种利己行为中的第一种，即利己且利他。那么，张三一定会像上述分析的这样理所当然地把资料借给同事吗？在现实中，很多时候我们看到的恰恰是完全相反的结果，就是张三根本不会把资料借给同事。原因很简单，张三很可能会担心，如果自己把资料借给同事，同事把工作完成得更为迅速或出色，那么这很可能会导致双方的共同上级对同事的能力和绩效产生更好的看法，而这最终有可能会对张三的年终绩效考核结果或晋升机会产生不利的影响，尤其是当企业在绩效考核中实施强制分布的情况下。也就是说，在这种情况下，张三会认为把资料借给同事压根儿不是一种利己行为，这种行为不属于我们在上面讨论过的三种利己行为中的任何一种。

很显然，管理的最主要目的就在于促进前面讨论过的第一种利己行为的发生，即员工出于利己动机产生的行为在客观上对整个组织是有利的。与此同时，管理还要设法遏制甚至惩罚第三种利己行为，这些利己行为对组织会造成不同程度的损害，这种损害既可以表现为员工的利己行为直接给组织带来损害，也可以表现为通过损害自己同事或其他部门的工作而损害整个组织的绩效。

09

制度和道德共同引导行为

员工行为背后的逻辑

“激励”是我们在管理中经常用到的一个词，其本义无非通过采取某些措施，以确保员工采取正确的行为去达成组织目标。因此，企业真正关心的实际上并非人性，而是员工的行为及其产生的结果是否符合企业的利益。也正因如此，很多企业的领导者或管理者实际上对人性的看法是非常模糊甚至是错误的，这就导致他们搞不清楚员工的行为产生的根源，从而使得搞出来的一些激励措施是低效或无效的，甚至还会产生南辕北辙的不良后果。

由于人的本性是通过谋求个人需要的满足获得满足感或幸福感，而员工个人的需要和企业的需要并不一样，换言之，员工个人的目标与组织目标并不天然一致，那么在这种情况下企业往往需要对员工进行激励，使这些本来是追求个人利益最大化的员工愿意主动自觉地为组织目标的实现而付出努力并做出真正有价值的贡献。因此，激励通常意味着通过某些干预措施去引导或影响员工的行为。不过，在激励员工的问题上，我们也不能形成一种绝对的假设，即员工本来是不愿意为企业工作的，只是看在薪酬福利等利益的份儿上才不得不做（这实际上是麦格雷戈总结出来的 X 理论的主要观点）。正如我们在前面分析过的，人的需要是多元的，既有对得到常规利益（比如金钱、升职等）的需要，也存在对很多非常规利益（比如得到认可或感受到个人的价值）的需要。比如，很多人发现让自己获得快乐和幸福的方式之一恰恰是帮助他人满足某些需要或得到幸福，在这种情况下，利他行为本身也满足了利己的需要，这时一个人不需要得到任何外在激励，就会主动去做某些事情，比如帮助他人。可见，人为企业做事的动机也会来自两个方面：一个方面是狭义上的利益驱动，即为了获得利益而为企业工作；另外一个方面则是内在需要驱动，即单纯为了满足自己的内在需要而主动自觉地去工作。所以，企业激励员工实际上可以通过两种途径：一是通过为员工提供狭义上的利益尤其是经济利益，鼓励和引导他们为企业工作；二是为员工提供在工作中满足内在需要的机会，让他们在内在动机的驱动下更加积极主动地工作。前者涉及企业的制度尤其是激励制度的设计问题，而后者则涉及组织特征及其所提供的工作特征与员工个人的内在需要之间的匹配性。

现在，我们暂时不考虑员工为了满足个人的内在需要而采取行动的情况，仅仅考虑员工为了获得常规性的个人利益而采取行动的情况。我们假定员工为了满足自己的各种需要会采取行动，但在绝大多数情况下，员工可以通过采取多种不同的行为达到自己的目的，这些行为可能是相互促进的，也可能是相互对立甚至相互排斥的，那么在这种情况下，员工会怎样做出行为选择呢？总的来说，一个人为了满足个人需要所做的路径或行为选择，在相当大程度上取决于此人的道德水平及其所处的制度中包含的利益机制。首先，人的良心或道德感以及基本的同情心等会影响人们的行为选择，道德水平高的人通常会尽可能地避免以损害别人或企业利益的方式去谋求个人利益，甚至由于不愿意受伦理道德的谴责而放弃某些个人利益，但道德水平低的人则完全不同，只要能让自己获益，他们通常不会拒绝损害甚至伤害他人或者组织的利益。其次，人的行为选择还会受到制度体系或利益安排机制的约束和引导。如果制度本身确保员工实现了组织目标才能得到个人需要的满足，同时还能够防止一个人试图以损害他人或组织利益的方式满足个人需要——在这种情况下个人需要不仅无法得到满足，反而会受到惩罚或遭受利益损失，那么，人们就会倾向于选择那些对他人和组织无害甚至有利的方式，而不是通过损人利己的方式去满足个人需要。当然，在绝大多数情况下，制度安排是一个比个人道德对员工的行为更有影响力，因而也更重要的因素。这是因为，如果一个人的道德水平足够高，制度的设计却极不合理，会造成这个人顾及他人或组织利益的利他行为最终导致个人利益严重受损，甚至是具有一致性的持续受损，那么这个人的道德对其行为的引导作用就会大大削弱，甚至完全消失。

道德的起源及其对行为的影响

关于道德或利他主义的问题，我们在前面章节中已经有所涉及，其中也谈到亚当·斯密认为，人们的行为既有利己动机，也有利他倾向，虽然个人追求自身利益，但在道德情操的引导下，人们也能关心他人福祉，并在适当的时候做出利他的行为。亚当·斯密认为，在这个世界上存在一套普遍的道德法则，这套法则并不是人为创造出来的，而是自然存在的，人们通过天生的同理心来理解和遵循这套法则。亚当·斯密指出，道德的牢固基础是人天生就有的同理心。同理心使人们可以设身处地地感受他人的情感和处境，理解他人的感受，促使我们采取行动去减轻他人的痛苦或增进他人的幸福。此外，亚当·斯密还提出了一个理想化的道德判断者即公正的旁观者，这是一个内在的、理性的自我，可以通过观察并评价我们的行为和动机帮助我们判断自己的行为是否道德。不过，尽管人们可以通过与他人的互动学习各种道德规范，通过模仿、教育和社会期望形成自己的道德观念，但道德并不是由社会强加于人的，相反，它来自人的本能以及个人利益的需要。一方面，道德的根基是人的同理心，而同理心是人与生俱来的，它能够使人产生一种“心心相通的愉悦感”；另一方面，人们的道德感形成于一个人从小到大的成长过程，人们在社会化的过程中在头脑中逐渐形成互惠交换概念，这是人类为适应社会环境自然而然形成的一种结果，因此，道德跟教导关系不大，跟理性也毫无关系。总之，在亚当·斯密看来，道德并不是与人的利己动机相冲突的，相反，道德本身对个人是有益的，因此，人们总体而言是愿意自觉遵守道德规范的。通过遵循道德规范，个体不仅能够获得社会的认同和尊重，还能够增加社会的整体福祉，因此，道德对于维护社会秩序和和谐也是至关重要的。①

20世纪最具影响力的经济学家及社会思想家之一，同时也是1974年诺贝尔经济学奖得主的弗里德里希·哈耶克（Friedrich Hayek）从道德起源与发展的角度解释了利他主义为什么是与人类共存的。哈耶克认为，人性是极其复杂的，其中包含了利己与利他、竞争与合作等多重特征。从人类社会的早期开始，便存在一种源于本能的自然道德，原因是在那个时期，孤立的人无法生存，人只有在小群体或部落中才能活下来。而在小群体或部落中，共同的目标和感受支配着成员的活动，休戚与共、利他主义就成为一种原始本能，这种本能对于促进协作起到了决定性作

① 亚当·斯密．道德情操论．北京：商务印书馆，2020.

用。不过，这种来自本能的自然道德仅限于相互了解和信任的小群体内部，人类的发展最终还是要形成一种关于人类合作的扩展秩序（extended order of human cooperation），即关于人类行为的一些规则，特别是关于私有财产、诚信、契约、交换、贸易、竞争、收获和私生活方面的规则。这些规则并不是通过人类的本能传递的，相反，它是经由教育和模仿而代代相传的。人类正是通过发展和学会遵守这样一些往往禁止他们按照本能行事的规则，从而不再依靠对事物的共同感受，最终建立起了文明，形成一种新的道德。哈耶克认为，扩展秩序超越了个人和小团体的直接互动，扩展到更为广泛的社会合作中，其中包含了复杂的分工和协作关系，使得社会成员能够利用分散的知识和技能，提高生产效率和创新能力。这种秩序不是人为设计的结果，它是个体在追求自身利益的过程中，基于自愿和互利的原则，通过个体之间的自由交换和合作而自发形成的一种社会秩序。

哈耶克实际上将道德的起源划分为两类：第一类是小群体内部的即人类本能的道德，比如群体成员休戚与共、利他主义、集体决策等等。第二类是扩展秩序演化出来的道德，比如节俭、财产、诚信、契约等等。这种道德处于本能和理性之间，是扩展秩序赖以成立的基础。哈耶克认为，市场秩序的道德不同于早期目的优先、特殊主义的小社群道德，它是一种规则优先、普遍主义的大社会道德，具有三大特点：一是抽象性，即以非人格化的、普遍性的抽象行为规则代替了特定而具体的共同目的；二是否定性，即以对一切人禁止和要求的否定性规则代替了对小社群的肯定性义务；三是互惠性，即以基于市场交换的具有互惠互利性质的利他主义，取代了小社群中出于本能的利他主义。哈耶克认为，我们实际上同时生活在既合作又冲突的道德世界中。尽管文化的进化为人类带来了分化、个体化、财富增长和扩张，但人类并没有摆脱从小群体那里承袭而来的休戚与共和利他主义等古老的本能反应，而且这些本能反应在促成自愿合作方面仍然发挥着非常重要的作用。现代人的困境在于，人们生活在两种不同的秩序和道德之中，因此为了能够遵守各自的规则，就必须不断地调整自己的生活、思想和感情。如果因遵循本能情感而把微观组织中的规则运用于宏观组织，就会破坏文明秩序。而如果把扩展秩序中的规则用于较为亲密的群体，又会使其陷入四分五裂。因而，我们必须学会同时在两个世界里生活。①

当然，亚当·斯密和哈耶克都是从一般意义上的人甚至人类发展历史的角度对道德进行分析，尽管他们对道德所做的讨论各有侧重，但有一点是共性的——道德的最初起源实际上与人的本能联系在一起，道德是人类从一开始便有的一种特征。从个体的角度来说，道德规则系统能够帮助个体预测他人的行为并协调自己的行为，遵循道德规范的个体能够获得社会的认同和尊重。从社会的角度来说，道德规范是社会合作的基础，它们使得个体能够在相互信任的基础上进行合作，从而推动社会进步和发展，增加社会的整体福祉。因此，道德与人类的本性并不违背，恰恰相反，它已经在长期的人类进化过程中通过学习和实践等方式成为人的本能之一。不过，从管理的角度来说，我们更关心的是某个具体人的道德水平或道德感，即个体对于道德规范和价值的认识、理解和内在化的程度，以及基于这些认识而形成的对自己和他人行为的道德评价和

① 弗里德里希·奥古斯特·冯·哈耶克．致命的自负．北京：中国社会科学出版社，2000.

情感反应。

一个人的道德水平之所以重要，是因为一个人在本人的利己行为会对他人或组织的利益产生损害时，通常会产生一定的心理成本，而一个人的道德水平则会直接影响这种心理成本的高低。正如功利主义学者约翰·穆勒所说，道德是人们获得幸福的一种手段，人们在做利他的善行时，会收获他人的赞美，从而满足自己的自尊心，得到内心的愉悦；相反，一旦做了恶行，就会受到谴责以及自身恐惧的袭击，从而遭受长久的痛苦。也就是说，人们在行善利他的过程中，内心会逐渐形成一种叫作良心情感的东西，从而成为功利主义的内在约束力。如果一个人的道德水平比较高，那么当他预见到自己的利己行为会损害他人或组织的利益时，就会产生较高的心理成本，从而对其利己行为产生一定的制约作用。当这种心理成本足够高时，尽管某种利己行为确实能够给自己带来实实在在的收益，但这种收益给自己带来的快乐或心理收益甚至不足以抵消因此而产生的心理成本或精神压力时，本来看上去属于利己的行为最终会收获负收益，从而变成一种对自己不利的行为，于是，此人很可能会决定停止实施这种行为，甚至从一开始就决定不实施这种行为。反之，如果一个人的道德水平比较低，他会在明知道自己的利己行为会对他人、组织或社会造成损害的情况下，仍然实施这种行为，因为毕竟损失是别人的，而收益是自己的。

然而，在这个世界上，由于每个人的生物基因、成长环境、所受教育、从事的工作以及个人的经历等多方面因素的差异，不同的人从利他行为当中能够获得的快感以及从伤害他人的行为中产生的罪恶感是差异极大的。有些人的道德意识、同情心、怜悯心、愿意帮助他人的动机确实明显强于另外一些人，这些人在帮助他人的时候获得的心理满足要超出他们为了帮助别人而付出的时间和金钱等方面的代价。而有些人则恰恰相反，更接近另外一个极端。此外，尽管每个人的道德感在一生中存在发生变化的可能性，但对于成年人来说，这种道德感是高度稳定的，改变的难度极大，甚至几乎是不可能的。有鉴于此，为了防止道德水平低的人以损害他人或组织利益的方式为自己谋利，企业就需要尽可能地选择与道德水平更高的人去交往或做交易，同时还要设法通过制度设计对那些不遵循道德规范的人进行惩处。

在实践中，绝大多数企业在管理中都高度重视员工的伦理道德以及与此相关的价值观问题，对于严重违反伦理道德要求或与公司倡导的价值观严重冲突的员工绝不姑息。企业在挑选、评价员工的时候，必须对员工的道德水平和价值观进行认真的评估，最好只雇用那些能够达到一定的道德水平、个人的价值观与企业价值观吻合的人。因为到企业来工作的人都是成年人，他们的价值观以及伦理道德标准已经形成甚至相对固化，企业很难在这些方面从本质上改变他们，企业所能做的主要是选择正确的人，而不是去改变他们的道德水平或价值观。一旦员工在工作中表现出明显不符合伦理道德标准或与企业价值观严重冲突的行为，则应当按照规章制度做出相应的处理，直至解除劳动合同或者开除。也就是说，企业无法决定员工的需要，也无法完全约束员工为满足个人的需要而采取的行动，但企业可以确定自己能够满足哪些员工的需要，以及员工用怎样的方式满足自己的需要是可以接受的，在此前提之下，企业可以主动选择跟哪些人做交易而拒绝另外一些人。

制度设计对人的行为的影响

当然，对人的行为的引导绝不能仅仅依赖于个人的道德。一方面，因为人的道德水平通常不易改变，企业管理实践即使会对员工的道德水平产生一些影响，也不会起决定性作用；另一方面，也是更为关键的是，道德仅仅是对人的行为产生影响的因素之一，要想对员工的行为产生更直接和有力的影响，必须依靠制度，因为制度会决定员工个人可以获得哪些利益以及如何才能获得这些利益（见图 9-1）。制度通常被定义为用于指导和规范个人、团体或社会行为的一系列规定和规则及其构成的框架，但更直白地说，在一个企业中，制度实际上可以明确员工想要获得个人利益必须满足的前提条件，以及哪些行为及其结果可能会导致其想要的利益反而会被减少甚至被剥夺。对于制度设计解释的最好的理论之一是委托代理理论，该理论主要研究委托人和代理人之间的关系及其产生的问题如何解决。在委托代理关系中，委托人会授权代理人去代表自己做出某些特定方面的决策并付诸实施。然而，由于委托人和代理人的目标并不完全相同，而代理人通常又会比委托人拥有更多关于行动选择和执行情况的信息，这种信息不对称的情况有可能导致代理人利用信息优势，以损害委托人利益的方式为自己谋利。因此，要想解决委托代理关系中存在的上述问题，委托人可能需要投入一定的资源对代理人进行监督和激励，即委托人需要通过建立适当的监督和控制机制减少代理人的机会主义行为；同时，通常还需通过设计一些特定的激励机制，使代理人只有使自己的行为与委托人的利益保持一致，才能确保个人利益的实现或增加。

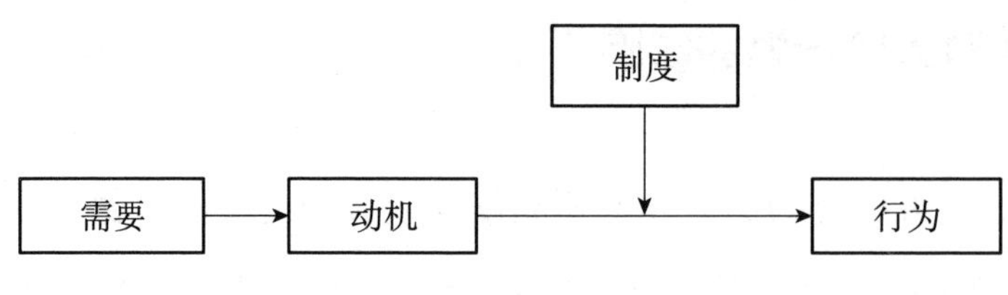

图 9－1　制度影响行为

哈耶克认为，制度应当适应人性，而不是试图改变它。也就是说，我们无法改变人们追求自己的快乐和幸福这样一种强大的原动力，但可以改变人们为实现这一目的而做出的行为选择。一个好的制度可以让一个本来道德水平并不高的人自觉约束自己，不去实施那些尽管符合个人的利益但是损害他人或组织利益的行为，因为制度会惩罚那些对组织不利的行为，增加他们获得利益的成本，从而使得原本有利可图的事情变得无利可图。而一种非常糟糕的制度很可能会让一个本来道德水平较高的人，因为遵守道德规范而遭受严重的利益损失，最终不得不违背自己的道德去做损人利己的事情。总之，好的制度会让好人变得更好，坏人都不得不装好人去做事；而坏的制度可能会让好人变坏，坏人变得更坏。因此，从这种意义上说，人性本身没有善恶，真正有善恶的反而是制度，因为制度决定了人们为了满足个人的需要会更倾向于选择那些相对善的行为还是恶的行为。

在经济史中，有一个经常被引用的例子很好地说明了制度设计会怎样影响人的行为方式及其产生的结果。18 世纪时，英国政府曾征用商船将囚犯运往澳大利亚，一开始采取的是在英国离岸时根据运送的囚犯人数向船主支付报酬的做法，结果导致船主为节省成本而在经济上压榨囚犯，囚犯在运送过程中死亡率过高。后来，英国政府将报酬支付方式改成在到达澳大利亚后根据存活囚犯人数支付报酬，结果导致囚犯在运送过程中的死亡率骤降到只有1%。在这个案例中我们可以看到，船主希望多挣钱的动机在制度改变前后丝毫没有改变，但他们的行为在制度调整之后来了个180度的大转弯，从原来采取只利己但严重损害他人利益的行为，自觉地转变为采取对自己有利同时也对他人有利的行为。由此看来，人性善恶其实无关紧要，或者说人性本来是没有善恶的，人们干好事还是干坏事，在相当大的程度上是制度引导出来的，因此我们可以说，人性没有善恶，真正有善恶的实际上是制度。制度是善还是恶才是最关键的。

经济学家针对制度对人的行为尤其是经济行为的影响做过很多研究。例如，处于战争状态的国家为了从农民那里获得必要的食物供给，常常采取强制性粮食征集政策。但不同的粮食征集政策对于农民的劳动积极性所产生的影响存在很大差别。比如，在1917—1921年，苏俄处于十月革命之后的内战时期，布尔什维克政府为了满足战时需要，仅仅给农民留下生存必需的食品，而将所有其他食物全部强行加以征收，以分配给士兵以及城市居民。由于生产出超过生存必需的粮食对农民没有任何回报，因此在这段时期，苏俄的粮食种植面积下降了27%，产量下降了50%。而在第二次世界大战期间，日本在面临同样问题时采取了完全不同的政策。尽管国家要求农民必须以很低的价格向政府出售一定数量的粮食，但允许农民以高于政府收购价的市场价格出售超出定额的粮食。这就在一定程度上保护了农民的生产积极性，因此，尽管战争导致日本在资本和劳动力两个方面都出现了短缺，但是1944年日本的稻谷产量高于1941年。[①] 很显然，在这个例子中，苏俄的粮食征收政策与我国实行家

---

① Hirshleifer J. Economic Behavior in Adversity. Chicago：University of Chicago Press，1987.

庭联产承包责任制之前的政策是非常相似的，而日本的粮食征收政策则与我国改革以后的政策是非常相似的。这个例子也就在一定程度上证明了，我国在改革开放之后通过实行家庭联产承包责任制增强了农民的种粮积极性，从而解决了吃饭问题这样一种做法是非常正确的。写到这里，我想起刚改革开放时在一份小说月刊上看到的非常形象的一个故事：某地农村有个生产队，之前在稻田插秧的时候都是集体劳动，结果有一年，队长突然宣布插秧的方式变了，先是给每家每户划分了几块稻田，然后让大家各自分别完成生产队今年的插秧任务。有个人觉得反正自己干活也没有人看见，又是给公家干活，不偷懒白不偷懒，于是根本就没把秧苗插到应该插到的深度，浮皮潦草地干完就回家了。结果，几天后生产队长宣布各家自己插秧的稻田以后就归各家自己种自己收了，这位偷懒的人暗暗叫苦，又不好意思让别人发现自己之前干活偷懒，只好趁着月色回到自己的稻田里去把秧苗重新插了一遍。这个故事尽管是虚构出来的，但非常形象地描绘了制度对于人的行为的影响。

事实上，制度不仅在微观层面对个人的行为有着极其显著的作用，在一国的经济发展中同样对作为整体的人的行为以及经济绩效具有极为重大的影响。我们在前面曾经分析了我国从计划经济体制向社会主义市场经济体制的转型对劳动者的工作动机以及经济增长产生的巨大影响。而在我国当初实现这种经济制度转型的过程中，制度经济学的基本原理对不同经济制度的优劣所做的全面而透彻的分析起到了极大的推动作用。2024 年的诺贝尔经济学奖被颁发给了在制度经济学方面做出突出贡献的三位美国经济学家达伦·阿西莫格鲁（Daron Acemoglu）、西蒙·约翰逊（Simon Johnson）和詹姆斯·罗宾逊（James Robinson），以表彰他们在制度如何形成及其如何影响繁荣方面所做的研究。他们的研究表明，制度是决定长期经济增长的关键，而不同国家政治制度和经济制度的差异则是造成国家间经济发展水平差异的根本原因。阿西莫格鲁等人采用包容性和攫取性、政治和经济这两个维度对制度进行了分类，他们指出：包容性政治制度产生包容性经济制度，攫取性政治制度产生攫取性经济制度；在包容性政治制度下不会产生攫取性经济制度，在攫取性政治制度下也不会产生包容性经济制度。包容性政治制度和包容性经济制度能够实现长期经济增长，而攫取性政治制度和攫取性经济制度即使能够在短期内带来经济增长，也无法在长期中实现持续性的经济增长。在包容性政治制度下，人民具有政治权利、能够参与政治活动，同时能够选举领导人或政策制定者。与之相匹配的包容性经济制度则强调市场公平竞争、自由进入或退出，任何人都没有通过垄断、专卖或进行市场控制获得超额利润的机会，更无法通过政治手段获得市场垄断的能力。在攫取性政治制度下，人民没有选举权或只有名义上的选举权，而与之相匹配的攫取性经济制度的特征则是：所有的经济制度和经济政策都是由当权者、精英人物加以制定，他们通过各种垄断权、专卖权、市场控制等手段剥削生产者或消费者，结果导致对生产或投资的激励严重不足。①

制度因素是破解人性善恶之谜的关键

关于制度与人性的关系问题，著名质量管理专家爱德华·戴明

① 德隆·阿西莫格鲁，詹姆斯·罗宾逊. 国家为什么会失败. 长沙：湖南科学技术出版社，2015.

（Edwards Deming）说过两句话，第一句话是“人是在一个系统中工作的，而管理就是要创建这样一种系统”，第二句话是“把一个好人放到一个坏的系统中，那么坏的系统一定会获胜，无一例外”。这两句话很好地总结出了人和制度之间的关系，即系统或制度设计是关键，即使是一个好人，如果被放到一个坏的系统之中，那么最终很可能变坏，所以与其争论人性善恶，不如把重点放在制度或系统设计上。而管理最重要的作用就是要设计出一个好的系统，在这个系统下，好人会变得更好，坏人很可能为了自身的利益不得不表现出好人的行为，哪怕是装出来的。科学管理运动的代表人物泰勒在《科学管理原理》一书中也谈到过类似的观点：“在过去，人是第一位的；而在未来，系统必须是第一位的。然而，这并不意味着不需要优秀的人。相反，任何良好的系统的首要目标都必须是发展一流的人才；在系统的管理下，最优秀的人会比以往任何时候都更确定、更迅速地升到最高层去。”

说到这里，我们可以发现，之所以几千年来人们一直陷入人性善恶的争论而不能自拔，说到底，就是因为我们一直都在纠缠于人性或人心本身的好坏问题，但是从来不敢去质疑对人的行为起着重要作用的制度体系，只能潜在地假定制度是没毛病的，当然也是永远不可改变或无须改变的。因此，数千来年，我们从来都没有触碰到制度、环境或系统的概念，仅仅在个人层面去做文章，最终一直没能破解人性善恶之谜。儒家文化一直劝说大家要当君子，不要做坏事，但我们无法解释为什么在历史上发生了那么多好人倒霉，坏人得势，奸臣谋害忠臣还屡屡得手的事情。现在我们明白了，人是环境的产物，尽管人的道德自律起作用，但人的行为及其可能产生的后果在更大的程度上取决于制度的好坏，抛开制度空谈人性注定是不会有结果的。然而，在相当长的历史时期，我们的祖先对人性的探究始终只是在人这个单一维度上展开，从来没有上升到人和制度的关系这个二维水平上。大家所追求的所谓公平正义，也从来不是制度本身的公平和正义，最终还是将维护公平和正义的希望寄托到所谓的“青天大老爷”身上，但谁又能保证这些“青天大老爷”没有自己的私心和私欲呢？他们的道德水平就靠得住吗？谁又能保证他们不干坏事呢？如果没有或者遇不到这样的“青天大老爷”，那就只能等着受罪吗？近年来，一场学习明朝大儒王阳明的思想精髓的热潮兴起，企业家用“致良知”“知行合一”这些听上去极高尚和纯粹的说法去教化自己的员工。但很多人或许没有意识到，王阳明其实也一直陷在人性善恶的泥沼中无法自拔，他的认知同样也只是在个体的层面，从来没有想到在个人之外的制度其实是对人影响更大的因素。很多企业家学习王阳明的思想，当然这在一定程度上可以帮助他们提升个人的修养和道德水平，但其实他们的另外一个目的才是关键——通过给员工灌输这些思想，让员工更加无怨无悔地自觉为企业工作，创造更多的价值。然而，仅仅对员工进行道德教化用处是不大的，关键还是要设计和落实好的制度，让真正干活的人，尤其是那些为企业做出贡献的人，能够得到与他们的付出对等的利益，否则，所有这些道德教化最后无一例外都会变成笑话。

从人性与制度关系的角度来说，制度可以分成两类：一类制度解决的是员工在圆满完成组织交给他们的职责和任务之后，他们的哪些个人需要可以得到满足以及满足到何种程度的问题；另外一类制度解决的则是如果员工不能达到组织的要求，或者实施了组织不期望看到的那些行为，或者给组织造成了损失，那么他们将会受到怎样的惩罚以及惩罚的严重程度的问题。当然，在现实中，任何一家企业的激励系统通常都是两种类型的制度都需要，既要有奖，又要有罚。不过，有些企业的激励系统将重点放在了前一种制度，即以给予或奖励为主，更多地让员工知道如果自己干得好会得到哪些利益；而另外一些企业的激励系统将重点放在后一种制度，即以剥夺或惩罚为主，让员工知道自己如果干得不好可能会失去哪些利益。很显然，是通过满足人的需要促使员工努力工作，还是通过惩罚和剥夺逼迫员工工作，这是两种不同的激励方式，但总的来说，给予型的制度设计是更符合人性的，更受员工欢迎，能产生真正的激励作用，而剥夺型的制度设计则是反人性的，这种制度只具有保健作用，即促使员工不违反规定或保住底线，却不能对他们产生实质性的激励作用。那些在市场竞争中可以长期占据优势地位的企业在对员工进行激励时，显然会更强调前者，而不是后者。

道德和制度之间的互动

虽然我们分别讨论了道德和制度对人的行为所产生的影响，但道德和制度之间存在不可分割的紧密联系。一方面，道德本身是制度设计的基础，因为道德规范对人们的行为有着深远的影响，所以制度应当与社会的道德观念相协调，那些违反基本伦理道德的制度是很难长期存在下去的。另一方面，好的制度有助于强化社会道德，即好的制度可以通过对某些严重不遵守社会道德的人施加某些限制或惩罚，以及对表现出较高社会道德水准的人提供某些特定的好处，引导所有人都提高自己的道德水平。企业在制度上强调重点提拔某些不仅个人能力强、绩效水平高，而且道德水平高的员工，或者是制定将那些存在某些严重道德问题的员工从企业中剥离出去的正式制度等，实际上就可以起到通过制度来维护和提高员工的道德水准的作用。相反，如果制度设计得很糟糕，导致在这种制度下，那些对自己的道德水平要求较高的人总是会比那些不讲道德的人获得的利益更少，甚至得不到应有的利益，久而久之，这些道德水平高的人也会被迫降低对道德的要求以获得基本的利益，最终必然导致整个组织或社会的道德水平出现滑坡。因此，如果过分强调道德而忽略了制度，甚至纵容所谓的道德要求对制度产生不利影响，则片面强调道德对组织或社会反而是一件坏事。

《吕氏春秋·先识览》中记载的两则故事有助于我们理解道德、制度以及人的行为之间的关系。一是“子贡拒金”的故事。鲁国有条法律，如果看到有本国人在外沦为奴隶，则把他们赎回来的人可从鲁国领取奖赏。孔子的弟子子贡赎回了不少鲁国人，却拒绝领取国家给予的奖赏。孔子就批评子贡说，领取奖赏不会损害你的品行，但你不领奖赏的做法很可能会导致以后再也没有人去做赎回同胞的事情了。二是“子路受牛”的故事。说的是孔子的另一位弟子子路曾救起一名溺水者，那人送给他一头牛表示感谢，子路痛痛快快地收下了。孔子赞赏子路这种做法，这样鲁国人定会更加勇于去解救落水者。尽管孔子本人向来重视仁、义、礼，这与他鼓励弟子做好事收取报酬的做法似乎很矛盾，但这实际上表明孔子认为规则和制度会比人的道德水平更重要，如果某些人因为要显示自己的道德水平，结果却导致一种好的制度失效，使道德水平没那么高的人不愿意再去做那些对他人或社会有利的事情，那么这种表面上看起来符合个人道德原则的做法反而对整个社会是有害的。从管理的角度来说，企业如果一味地强调员工的道德水平，单方面要求他们为组织做贡献甚至做出重大牺牲，但是并不对那些贡献更大的员工给予更多的报酬，那么时间一长，原本不讲报酬就努力奉献的员工也会变得油滑起来。正如老话说的那样，人学好不容易，但学坏快得很。

由于任何一家企业的管理都离不开道德和制度，因此企业对员工的道德水平所做的假设，在一定程度上会决定企业采用何种制度来对员工进行管理。在实践中，我们通常会看到两种不同的管理方式：在第一种管理方式下，企业假定员工是不可信的或员工的道德水平总体不高，即员工是自私的，只要有机会，他们就倾向于干损公肥私的事情。因此，企业在雇用员工或者考核评价的时候，并不会对候选人的道德水准进行考察或进行严格的评价。这种企业在制度设计上通常会非常注重对全体员工加强监督，同时对行为不端或给企业造成不利影响的员工施加惩罚，尽管他们也会有一些适当的正向激励措施。这种管理方式在本质上是把员工当贼防的。而在另外一种管理方式下，企业相信大多数员工都是有一定道德水准的，他们绝不是完全自私的，如果能够雇用的员工都是道德水平高或自觉的人，那么企业就不需要在监督和惩罚方面耗费太多的成本和精力。因此，这种企业在雇用员工和对员工实施考核评价的时候，会注重对员工道德水平的甄选和考察，一旦这些员工进入企业工作，公司就倾向于对员工给予信任，主要依靠共享价值观和正向激励制度来管理员工，而不是对所有员工采取严密监督的做法。比如，近年来取得高速发展的知名互联网企业奈飞采用的就是后一种管理方式。

奈飞的创始人里德·哈斯廷斯（Reed Hastings）在长期的实践和试错之后发现，依靠流程和制度对员工进行监督的效果往往无法令人满意，不仅不一定能够节省开支，反而会损害员工的责任感，抑制他们的创造力，而这对于一家极度依赖员工的创造力生存和发展的公司来说，是绝对无法忍受的。相反，如果给员工更多的自由，而不是用制度规则去阻止他们运用自己的判断力，他们会做出更好的决策，也更有责任感。哈斯廷斯认为，在大多数公司中，很多规则和流程针对的往往是那些做事不负责任、能力不行的员工，如果公司根本不招这样的员工，或者一旦发现有这样的员工就让其离开，公司完全是由高绩效员工组成的，那么大多数规则和管控措施都变得不再有必要。而一家公司的人才密度越高，企业能够给员工提供的自由度就越大。于是，奈飞最终形成了通过提供高薪提高人才密度，然后通过提高公司透明度和引入坦诚文化，最终达到减少管控直至取消大多数管控的良性循环，“自由与责任”文化成为企业文化的重要组成部分。现在的奈飞已经取消了对于休假天数的限制，把自主权交给员工本人，为了鼓励大家享受休假，哈斯廷斯本人带头增加了年休假的时间。此外，奈飞甚至取消了差旅费用报销标准的规定，让员工本人以对工作和公司有利为原则自行安排。当然，公司也并非完全没有任何预防措施，但仅仅是对员工的差旅报销情况做一些抽查而已。①

最后，我们做个小结。利己是人的真实本性，也是隐藏在人的决策和行为背后的最根本和最直接动因，但利己动机并不必然导致损害他人、组织或社会的后果。道德会对人的行为产生引导或约束的作用，但是在实现组织对员工的持久而健康的激励方面，制度比道德更为稳定和可靠，作用也会更为持久。企业要想让员工主动自觉地为公司做贡献，既要认

---

① 里德·哈斯廷斯，艾琳·迈耶．不拘一格：网飞的自由与责任工作法．北京：中信出版社，2021.

识到道德对于员工的行为所能产生的影响，又不能完全依靠员工个人的自觉或自身的道德水平去起作用，而是要注重设计和执行那种既能让员工满足个人利益需要，同时能确保他们能够为组织做出贡献的制度。正如华为在 1998 年定稿的《华为基本法》中喊出来的那句在当时近乎振聋发聩的响亮口号："我们决不让雷锋吃亏，奉献者定当得到合理的回报。"

10

激励应以人性为本

唐僧如何激励孙悟空打妖怪

在讲到激励问题时，我经常问大家，在西天取经的过程中，唐僧是靠什么去激励孙悟空打妖怪的？大家往往脱口而出：紧箍咒！确实，唐僧拥有观音菩萨赐予的紧箍咒，在孙悟空不听话或者行为不当的情况下，唐僧通过念紧箍咒使孙悟空因金箍收紧而遭受极大的痛苦，以此迫使他服从命令。显然，这是一种典型的惩罚性控制手段，这种手段在一定程度上是可以取得一些效果的，起码孙悟空在表面上不敢不服从命令。然而，这种惩罚性控制手段尽管能换来表面上的服从，但无法真正起到激励员工发自内心地努力工作的作用，尤其是当领导者对下属所从事的工作任务并不熟悉甚至完全不懂的时候。因此，仅靠紧箍咒是无法激励孙悟空一往无前地去打妖怪的。接下来，大家就开始想能够激励孙悟空去打妖怪的很多其他方面的因素。比如，道德感召和思想教育。唐僧自身的道德修养和慈悲为怀的性格在一定程度上对孙悟空具有一定的感召力，而且唐僧经常教导孙悟空，促使他克制自己的个性，用正义的力量去对抗妖怪。再比如，师徒情感也是能够起作用的一种因素。唐僧不仅对孙悟空有解救之恩，将其从五指山下解救出来，而且在取经的旅途中与孙悟空逐渐建立起深厚的师徒感情。孙悟空虽顽皮，但对唐僧有很多的尊重和感激，这种情感纽带也是激励他保护唐僧、猛打妖怪的因素之一。另外，还有人会指出，使命和愿景以及西天取经成功之后可以位列仙班的利益也是激励孙悟空打妖怪的重要因素。

然而，孙悟空奋力降妖除魔的动力仅仅是这些吗？事实上，《西游记》中的孙悟空是一个对很多常规性的利益没什么概念的人，他真正享受的其实是打妖怪的过程以及最终打赢妖怪的结果，因为这才能证明他是最厉害的。换言之，孙悟空的真正动力在于自我实现，而不是获得通俗意义上的利益。那么，孙悟空对领导者没有其他方面的要求吗？显然也不是，孙悟空其实对领导者没有什么物质利益方面的要求，他对升官发财之类的报酬是没什么概念的，他真正在乎的无非是在工作过程中领导者能否给予尊重和信任，换言之，他可以不计代价地玩命干活，但领导者不能不认可他的贡献和价值。从这一点来看，孙悟空实际上代表着当今企业中的一些极为优秀的员工，他们工作能力很强，工作动力十足，根本不需要领导者督促就可以达成非常好的工作绩效，领导者和企业一方面应该注意让他们去做自己最擅长的工作，另一方面要给他们足够多的尊重和信任。当然，与孙悟空不同的是，经济利益对这些优秀员工来说仍然是非常重要的因素，企业必须能够给他们支付足够优厚的薪酬，因为薪酬不仅是一种收入，同时也在一定程度上代表了企业对员工价值的认可。唐僧激励孙悟空打妖怪的例子很形象地说明了，要想激励员工，首先必须搞清楚员工到底想要什么，然后通过给他们想要的东西，激励他们去做组织期待他们完成的任务。激励孙悟空要以“猴性”为本，而对员工进行激励则理所当然应做到以“人性”为本。

“以人为本”不如“以人性为本”

企业或管理要“以人为本”的说法在企业界已经流传了很久，但直到今天，这句话基本可以说是一句正确的废话。原因很简单，在现实中，几乎没有多少企业能清楚地解释这四个字的真实含义，更不要谈将以人为本的管理理念转变成大家看得见的管理实践了。尽管以人为本的说法听起来让人感觉确实很不错，但仅仅停留在理念甚至口号的层面，显然对指导企业的管理实践是没有什么用处的，关键还是要解决怎样做的问题。在社会上，大家对以人为本中的这个“人”有着不同的解释，比如客户或员工等，甚至完全可以解释为企业的所有利益相关者，不仅有客户和员工，还包括供应商、分销商以及其他合作伙伴，甚至包括企业的投资人或所有者。也正因如此，企业实际上不得不对这些利益相关者的重要性进行排序。很显然，在大部分企业的价值观表述中，尤其是在企业老板的心目中，恐怕客户总是会比员工更为重要。比如，阿里巴巴在表述公司价值观的“六脉神剑”中，第一条就是“客户第一，员工第二”，华为公司则将自己的企业文化总结成这样一句话“以客户为中心，以奋斗者为本，长期坚持艰苦奋斗，坚持自我批判”。尽管也有像美国西南航空公司这样明确喊出“员工永远是第一位的，客户是第二位的”口号的公司，但它们只占极少数。因此，如果非要把“以人为本”中的“人”对应为具体的人群，就会尴尬地发现，员工几乎总是被排在客户的后面，在这种情况下，你再喊着所谓的“以人为本”的口号去激励员工，员工恐怕心知肚明：他们真的会以我们这些员工为本吗？

在现实中，企业对自己的客户确实上心，无论是对客户的需要的了解，还是对客户的服务，很多企业都可以做到极致。重视客户是非常容易理解的，毕竟客户是公司的衣食父母，他们是真正给公司带来实实在在经济利益的人，是让企业挣钱的人。至于员工，在很多企业经营者的心中，这些人都是我要花钱的对象，所以很多企业经营者很容易无意中把客户当成自己的收入来源，而把员工视为自己的成本来源。如果企业能够认识到员工对自己的重要性，同时想真正找到一条正确的道路去激励员工，那么只要参照一下自己是怎样去激励客户的，就会豁然开朗。事实上，对于企业来说，客户和员工有很多相似之处，比如，企业需要吸引和激励客户去购买自己的产品或服务，还需要想方设法让他们持续与自己进行交易，越是优质的客户越是需要花心思去维护。而当企业面对员工时，实际上也需要吸引和激励员工到企业中来工作，此时企业推销的不是自己的产品或服务，而是企业中的工作岗位以及企业本身。类似地，优秀的员工不仅对本企业贡献更大，而且他们在外部劳动力市场上的价值也更高，流动能力更强，这时，要想留住这些对公司重要的员工，企业就需要花更多的心思和代价。此外，企业要想吸引、激励、留住自己的客户，就必须能够高水平地满足客户的核心需要或关键需要，同样的道理，企业要想吸引、激励、留住员工，同样必须满足他们的核心需要或关键需要。正因为如此，我们经常把常规的客户称为外部客户，而将员工称为内部客户。企业如果不能同时善待两类客户，就很难保持长期健康发展。

然而，尽管企业对于在面对客户时如何做到以人为本非常明了，但是在管理员工的过程中对这个问题的回答往往并不清晰，甚至从来就没有认真思考过到底应当怎样管理员工才算真正做到了以人为本。不过，仅仅纠缠于怎样做才是以人为本的问题是无法找到问题的答案的，因为从字面来理解，让员工高兴，尽可能满足员工的需要应该就是以人为本。但很显然，企业存在的目的并不是取悦员工，而是必须达到自己的生存和发展的基本要求。因此，以人为本只不过是一种手段，它并非目的本身，并不意味着要单方面满足员工个人或员工群体的需要，必须同时保证企业的需要得到满足。因此我们认为，强调以人为本，不如强调以人性为本，也就说，企业在选择管理方式的主基调时，一定要清楚自己采取的是顺应人性的积极管理方式，还是逆人性甚至反人性的消极管理方式。只有在总体上以人性为本，采用顺应人性的管理方式，才能在达成企业的经营目标和战略意图的同时，形成一个可持续的发展模式。那么，所谓顺应人性的管理或激励方式到底应该是怎样的呢？下面，我们通过回答与激励有关的三大问题来加以阐释。

激励员工需回答三大问题

正如企业为了激励客户与自己做生意时，必须首先真正了解客户的真实需要，然后设法去满足他们的需要一样，企业要想激励员工为了组织的目标而努力工作，同样需要理解员工的需要并满足他们的需要。然而，正如企业不可能满足所有潜在或实际客户的所有需要一样，企业同样无法满足所有潜在或实际员工的所有需要，因此，企业还需要考虑自己能够满足客户或员工的哪些需要。此外，企业还需要考虑如果自己满足了对方的需要，对方能否满足自己的需要，只有在企业与客户或员工能彼此相互满足需要的情况下，互惠交易或等价交换才具有理论上的可行性。

当然，这里的等价交换是一种心理价值上的等价交换而不仅仅是一般意义上的货币价值等价交换。总之，要是对员工实施有效的管理，企业首先要搞清楚自己准备雇用或已经雇用的这些员工最想要的是什么以及自己能否满足他们的需要，从而决定是否要进行等价交换。换言之，破解激励难题的关键在于在理解人性的基础上清楚地回答这样三个非常重要的问题：员工的需要是什么？企业能满足员工的哪些需要？员工达到何种要求企业才能满足他们的需要？具体见图 10-1。

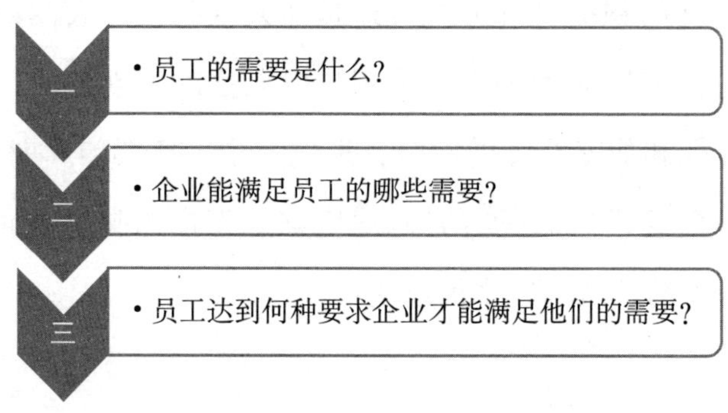

图 10－1　激励员工需要回答的三大问题

问题一：员工的需要是什么？

鉴于人的本性是趋利避害，而企业又不能以强制手段逼迫员工去工作，因此只能通过满足他们的需要来引导或激励他们去帮助组织完成任务、实现目标以及做出贡献。因此，搞清楚员工的需要就是激励员工的第一步。如果连对方的主导需要是什么都是模糊的，甚至是错误的，那么激励也就无从谈起。事实上，无论是面对员工、面对客户，还是在家庭中面对亲人、朋友，与他们建立起友好或互惠关系的前提，都是搞清楚对方的需要，然后在可能的情况下尽力去满足这种需要。而有效沟通的本质，也同样在于搞清楚对方的需要。正如我们在前面讨论过的，搞清楚一位员工的需要并不是一件很简单的事情：一是不同的员工会有各种不同的需要，即使他们有着某些相同的需要，这些需要的强度也会存在差异。二是即使是同一位员工，不仅在同一时期会同时存在多种需要，而且在人生的不同发展阶段还会发生需要的类型及强度的变化。鉴于此，从管理的角度来说，企业或领导者必须能够确切地了解员工（或准备吸引来的潜在员工）的需要到底有哪些，尤其是他们的优先需要或关键需要到底是什么。此外，企业要想持续进行对优秀人才的保留和激励工作，还必须对员工的需要正在发生的或可能发生的变化保持足够的敏感度。一个过去在组织中感到很满足的员工可能会逐渐变得不满足，如果这种不满足长期不被关注，则员工很有可能消极怠工甚至提出离职。然而，令人遗憾的是，在现实中，很多管理者在这方面经常犯错误，要么是压根儿不去花时间了解或关心员工的需要，要么是虽然想到了应该关心员工的需要，但在没有证据的情况下，就武断地对员工的需要做出简单甚至错误的假设，比如，简单地假设员工到企业里来工作就是为了挣钱，或者误认为员工的需要与自己的需要是相同的。

管理者在这方面还容易犯另外一种错误——将自己作为员工时的需要简单地投射到员工身上，以为自己当初想要得到的那些利益，比如升职、加薪等等，也同样是自己管理的员工想要的。然而，在很多时候，由于每代人成长的年代和社会环境存在差异，再加上每个人的家庭状况不同，员工的需要未必与管理者在做普通员工的时候一样。比如，在我给一家银行的管理人员上课的时候，一位支行行长告诉我，他本来非常看好一位年轻员工，认为这位年轻员工各方面的条件都很好，很有发展潜力，将来完全有可能像自己一样成为一位行长。但当他暗示这位新员工还需要再努力些、多加加班会有助于其晋升和加薪的时候，人家直接告诉他，自己家里经济条件很好，到银行来工作主要是为了让别人知道自己是可以靠本事找到一份体面工作的，至于升职加薪之类的事情，人家压根儿就不在意。2024 年新浪微博上的一位博主（实名认证为湖北省黄石市中心医院血液风湿科副主任医师）在护士节前夕发了一条内容如下的微博："护士节快到了，我想关心爱护护士的正确姿势应该是：第一，增加临床护士配比，别都找关系跑机关后勤去了。第二，真正减轻护士负担，少点折腾，让护士脱离各种检查、资料和形式主义的东西。第三，提高护士待遇，尤其是身处一线的那些无编的护士。第四，别在护士节搞各种比赛、节目、表彰、演讲等等，放半天假，发点慰问品、慰问金啥的比什么都强。"类似的情况在现实生活中其实比比皆是，很多组织嘴上喊着关心员工，但他们甚至都懒得去仔细思考这些员工到底想要的是什么，所以所谓的关心也不过是形式上的虚情假意而已，久而久之，员工不仅不会因此而感到开心，反而会感到无聊甚至厌恶。

错误地理解员工的需要在现实中往往会导致激励措施无效。美国军方为了留住西点军校毕业生在部队服务所做的金钱激励计划就是这方面的一个例子。每位美国西点军校的学员都必须承诺在毕业后至少服役 5 年时间才能享受 50 万美元的奖学金。在 20 世纪 90 年代中期，美国军方发现，大约一半的西点军校毕业生在服役满 5 年之后就退役了，也就是说，他们刚刚被培养为合格的军官就不干了。此外，尽管只要他们的服役时间满 20 年（大约 40 岁）就可以享受终身养老金了，但四分之三的人仍然选择在此之前就退役。而且，西点军校毕业生的退出比例甚至比预备役军官训练营（非军事院校学生参加的军官训练营）和候补军官学校（训练普通大学毕业生或应征士兵成为军官的学校）的毕业生都要高。服役时间最长的是候补军官学校的学员，其次是预备役军官训练营中未拿到任何奖学金的学员，再次是预备役军官训练营中拿到两年奖学金的学员，最后是西点军校学员和预备役军官训练营中拿到全额奖学金的学员。美国军方为了鼓励下级军官多服役几年专门提供了一笔留任奖金，结果，在耗费了5亿多美元之后，情况并未发生变化。那些本来就打算继续服役的人得到了奖金，而那些原来打定主意离开的人也并不会因为有了这些奖金就选择留下。后来，几位曾经或仍然在西点军校任教的教授发现，西点军校毕业生在部队服役时间短的主要原因在于过早的职业选择导致职业匹配质量不佳。军方在决定提供奖学金时，往往会首先选择那些能力强和技术水平高的人，而这些勤奋又有天赋的人在成为年轻的专家之后，很快会意识到自己在军队之外还有更多的职业选择。

事实上，西点军校的军官输送制度暴露问题的时候，恰好是美国向知识经济转变的转型期，知识型员工通过市场机制提高自身职业匹配质量的局面已经形成，而美国军方的思维还停留在工业时代，以为西点军校的毕业生还会满足于通过走专业化的道路和对组织忠诚换取优厚养老金。针对上述发现，美国军方实施军官职业满意度计划，旨在帮助那些拿到奖学金的预备役军官训练营和西点军校毕业生更好地掌握自己的职业发展；对于愿意额外服役三年的军官，他们可以增加自己的职业发展方向（步兵、情报、机械、牙科、金融、通信等诸多方向）或者可以选择服役地点。在这一计划刚开始实施的四年中，有4 000名军官同意延长自己的服务期。[①]

那么，在现实中，到底怎样才能确切地了解员工的需要呢？对策实际上非常简单，只需要采取三种最常见而且非常方便的办法，我们便能够了解员工的真实需要——看他们喜欢干什么，听他们喜欢谈什么，以及问他们想要什么。也就是通过观察员工在日常工作和生活中喜欢做些什么，倾听他们在跟大家日常沟通和闲聊的过程中喜欢谈论些什么，以及直接询问他们到底想要些什么，便可以在一定程度上了解员工的需要。可以发现，了解员工需要的这三种做法与我国中医常用的望、闻、问、切四种诊断方法实际上极为类似。不过，需要注意的是，有些员工的需要是很难通过观察员工的行为以及倾听他们的谈话判断出来的，甚至当领导者直接询问他们想要的东西是什么时，他们也有可能由于某些顾虑而不明确说明自己想要什么，或者会掩饰自己的真实需要。在一些特殊情况下，有些员工甚至可能对自己的需要没有特别明确的认知，或者无法准确地表达自己的需要。这些情况表明，对员工需要的挖掘和判断不能仅仅停留在表面，需要用多种方式以及多次交叉验证的方式来做出准确的判断。

举例来说，海底捞之所以能从那么多餐饮企业残酷的竞争中脱颖而出，有赖于很多方面的原因，但有一点可能很多人没有注意到，就是它的企业文化中有一句“倡双手改变命运之理”。估计很多人看到这句话没什么特别的感觉，并不会往深处去想。但如果我们从挖掘员工的需要的角度去考察就会发现，海底捞的张勇确实是一位极为了解人性的领导

① 大卫·爱泼斯坦．成长的边界：超专业化时代为什么通才能成功．北京：北京联合出版公司，2021.

者。大家可以想一想，餐饮行业的员工流动率那么高，为什么海底捞的员工流动率那么低？要知道，海底捞在成长的过程中也并没有能力支付比其他餐饮企业更高薪酬的能力，那么，为什么它的员工的离职率那么低呢？其实，这一切的根源就在“倡双手改变命运之理”的表述中。我在上课的时候问过很多人：在农村劳动力向城市转移的过程中，很多农村的孩子十几岁就到大城市打工，他们最大的愿望或需要是什么？每一次几乎都毫不例外地听到这样的答案：挣钱。然而，如果海底捞跟其他餐饮企业一样，仅仅将员工的需要理解为挣钱，那么它也没有更多的方式去激励员工，因为它也跟其他企业一样，并没有那么多钱去给员工支付高薪。但海底捞似乎看到的是这些底层劳动者内心更高一个层次的需要——改变命运。

对于从农村出来打工的这些人来说，何谓改变命运？与一直在农村老家干点农活挣不到什么钱相比，能通过到城市里打工挣到钱，然后回老家盖房子、结婚成家、生儿育女当然算是一种改善，但远不能说是改变命运，因为他们的下一代可能还要重复他们的老路。相反，如果他们能够通过自己的辛勤劳动最终在城市中成功生存下来，让自己的下一代从一开始就是城里人，而不是只能在自己年轻的时候拼死拼活地干活，等到年老体衰的时候被迫返乡，那才是真正的改变命运。所以，海底捞的这一口号，实际上是探察到了这些从农村来的劳动者更高一个层次的需要，而一个人为了满足自己更高层次的需要，往往会主动付出更多的努力，承受更大的压力。当然，有人会问，海底捞是怎样帮助员工改变命运的呢？对于海底捞的员工来说，如果一直做最基层的服务员，那么海底捞也不可能真正做到帮助他们改变命运。但海底捞的员工都清楚，只要自己老老实实地在海底捞干下去，不轻易跳槽，那么自己很可能会在某一天成为海底捞某个分店的店长，而一旦当上了店长，自己的命运无疑就被彻底改变了。海底捞的员工之所以对自己的未来有这样的现实憧憬，一方面是因为海底捞在成长的过程中不断开设分店，扩张速度很快，需要很多新的店长，另一方面是因为海底捞的所有店长都是从干过基层工作岗位的内部员工中提拔上来的。

问题二：企业能满足员工的哪些需要？

很显然，尽管现有员工或潜在员工的需要有很多，但企业并没有能力满足员工的所有需要。这时，企业就需要决定自己应当重点满足员工哪些方面的需要。在这方面，企业可以采取两种不同的策略、一种是“撒胡椒面”策略，即尽力同时满足员工的多种需要，但每一种需要的满足程度都不是很高；另外一种则是聚焦战略，即重点满足员工的某一种或某几种关键需要，但可以做到满足程度很高，明显超过其他企业对员工需要的满足。比如，企业既可以满足员工对获得经济报酬的需要，又可以满足他们对工作负担不要过重、压力不要过大的需要以及对工作和生活平衡的需要等等。但是在这种情况下，企业由于自身资源的有限性，可能很难做到对员工某一种需要的满足与其他企业之间产生明显的差异性。企业可以选择重点满足员工对于经济报酬的需要，给员工支付很高的薪酬，但同时要求员工必须长时间加班、接受苛刻的绩效考核要求以及承受较大的内部竞争压力等等。

在满足员工需要的问题上，员工是需求方，企业是供给方，需求和供给对等才能确保交易的实现。因此，企业一方面要了解员工或潜在员工的需要，另一方面要决定自己准备满足他们的哪些方面的需要。一旦企业明确了准备满足员工的哪些方面的需要，最好清楚地将其用文字描述出来，旗帜鲜明地告知所有求职者，这便是所谓的员工价值主张。企业的员工价值主张越清楚，就越有可能雇用到那些自己的需要与企业准备满足的需要对等的人，这样就使得雇佣关系从一开始就建立在信息透明的基础之上，从而更有可能促成一种公平自愿的交易。这种做法显然要比企业藏着掖着，不明确自己的员工价值主张，连蒙带骗地把人招到企业中好得多，对企业和员工双方都更为有利。当然，由于员工本人的需要也是会发生变化的，因此，如果企业的员工价值主张不准备发生变化，而员工的原有需要程度更高了，或者是出现了企业无法满足的一些需要，那么最好的办法就是让这些员工走掉，重新去雇用对企业准备满足的那些需要有强烈愿望的人。如果企业忽视员工的需要，或者指望通过思想教育等其他方式压抑员工的需要，那么很可能会出现员工和企业之间的双输。总之，企业可以选择与有着正确需要的员工做交易，也可以在一定程度上引导或影响员工的需要，但从终极意义上说，企业无法决定员工的需要，很难真正做到“管理”员工的需要或欲望，因为需要或欲望是一种来自员工内心的主观愿望，它是不受任何外在条件约束的。

问题三：员工达到何种要求企业才能满足他们的需要?

根据社会交换理论，企业和员工之间的雇佣关系实际上是一种交换关系，企业可以满足员工的需要，但前提是员工必须完成组织期待他们完成的任务并做出相应的贡献。否则，双方之间便不会存在一种公平合理的交换关系。为此，企业必须设计一套合理的制度体系和相关规则，引导员工按照对企业有利的方式达成既定的绩效目标，确保员工的工作结果以及达成工作结果的过程或行为都是对企业有利的。员工为了满足个人的需要而采取的行动或做法，既有可能与组织的利益保持一致，也有可能与组织的利益并不一致，甚至是以损害组织利益为代价的。因此，一个组织必须能够基于趋利避害的人性根本特征来判断在一定的制度或约束条件下，员工为了满足个人的需要可能采取哪些行动。只有确保制度设计引导员工按照对企业有利的方式来采取行动，才能确保员工个人的需要和组织的需要同时得到满足，否则很多企业自以为有效的激励手段最终产生的结果很可能南辕北辙。事实上，员工以损害企业利益的方式来达成某种企业想要的结果，从而满足个人需要的例子比比皆是。在一些管理水平较差的组织中，员工甚至在并未对组织做出贡献的情况下，依然能够得到个人需要的满足，而这种企业的未来无疑是令人担忧的。

最后，需要指出的是，在有些情况下，一个人的需要并不是显在的，他们的真实需要往往被巨大的恐惧感遮掩。比如，对死亡的恐惧背后隐藏着对安全的需要，对外人的恐惧背后隐藏着对群体的需要，对未来的恐惧背后隐藏着对清晰的需要，对混乱的恐惧背后隐藏着对权威的需要，对渺小的恐惧背后隐藏着对尊重的需要。[①] 然而，由于人处在很强的恐惧感的压迫之下，很可能并没有清晰地意识到自己的真实需要到底是什么。在这种情况下，管理者可能需要从反面来了解员工的需要，发现员工内心的恐惧感或潜在恐惧感的来源，然后探求其背后隐藏着的需要，只有这样，才能真正通过满足员工的需要帮助他们消除恐惧感，真正激励他们全身心地投入工作。然而，在现实中，我们经常看到另外一种极端情况，就是有些管理者在发现了员工存在恐惧感，并且了解了员工的恐惧

① 马库斯·白金汉．最后告诉你三条一定之规．北京：中国社会科学出版社，2008.

感来源之后，并不是想方设法地帮助员工消除恐惧感，满足与这些员工的恐惧感相对应的那些需要，反而是利用员工的恐惧感，迫使他们按照自己的要求去做事。比如，如果一位员工因为家庭经济状况很差，无法承受因丢掉工作而失去经济来源，那么优秀的管理者会想方设法地帮助员工不断提升自身的工作能力，达成更高的工作绩效，使这位员工能够获得稳定的工作以及与此相对应的薪酬，甚至还能由于业绩不断提升而获得更多的奖励甚至得到晋升。然而，另外一些管理者在了解到员工的这种恐惧感之后，很可能试图利用员工的这种恐惧感（也就是所谓的“软肋”），逼迫其去做他原本不愿意接受的工作，或者是增加其工作量，挤压其个人休息时间，与此同时却不给员工提供对等的薪酬待遇。很显然，帮助员工消除恐惧感的管理方式才是真正顺应人性的，而利用员工的恐惧感的管理方式则是反人性的。前者才是我们所说的激励，而后者根本不能算是激励。

通过回答上述三个问题，我们可以得出人力资源管理的三个方面的重要结论：一是确定并根据企业能满足的需要选择员工；二是应当保持具有适度弹性的雇佣关系；三是企业必须同时重视制度建设和文化建设两个方面的工作。

根据企业能满足的需要选择员工

人可能有多种多样的需要，而且每一种需要的强度也存在很大差异，因此任何企业都无法满足所有潜在员工的全部需要。如果一个人存在某种强烈的需要，而企业无法满足这种需要，那么即使企业一开始能够将这个人雇用到组织中来，这个人也很可能会离职。当然，更可怕的情况则是，不满意的员工因为某些方面的原因（比如缺乏外部就业机会或本人在劳动力市场上本来就没有什么竞争力）不离开企业，但也不会认真工作，而是抱着混日子的态度在企业中沉淀下来，成为一种得不到充分回报的成本。因此，企业在招募和甄选员工的时候，一方面要尽可能明确自己的员工价值主张，即企业能满足潜在员工的哪些需要，另一方面还要对员工的需要进行考察，即使员工本人再优秀，如果企业无法满足他们的需要，那第一时间就不要雇用这种人，因为即使人家来了，也留不住，最后还是不得不重新去招聘其他人，这样不仅会产生很多直接成本，还会产生机会成本，耽误很多事情，往往得不偿失。

在雇用员工的问题上，企业需要特别注意两类人：一类是需要太多、欲望太多的人。这类人的欲望往往很难得到满足，企业可能怎样努力也满足不了他们的利益诉求。如果这种人并非难以替代的稀缺人才，也不会对企业构成重大影响，最好不要雇用。否则，企业不仅很可能付出很大的代价仍然无法让他们感到满意，而且会因为这种人发出过多的抱怨和牢骚而使整个组织的氛围变得非常糟糕。另外一类人则相反，从表面上看，这类人的需要相对来说比较合理，而且企业也能够满足他们的这些需要，但关键问题在于，这类人并不满意企业对他们的基本知识、经验和能力的要求。企业显然不能不要求得到任何回报就单方面满足员工的需要，双方之间达成交易的前提是员工必须同时能够为企业创造必要的价值、做出相应的贡献。所以仅仅有需要而没有从事工作所要求的基本能力的人，也是不能雇用的。

保持具有适度弹性的雇佣关系

由于人的需要并非一成不变，在企业和员工当初建立雇佣关系的时候，也许企业是能够满足一个人的需要的，但随着这个人的各方面情况发生变化，他会产生很多新的需要，这些新的需要或许组织能够通过采取一定的措施加以满足，但仍然有可能出现一些新的需要组织无法满足的情况。如果出现后一种情况，员工认为非常重要的一些新的需要得不到满足，则雇佣关系建立的前提就不再成立，这个时候，要么员工主动要求离职，要么企业请员工离开企业，终止雇佣关系。从这个意义上来说，雇佣关系不是僵化的或强制性的终身雇佣关系，甚至不一定是长期雇佣关系，雇佣关系维持的时间长短关键在于员工和企业之间的需求能够持续性地得到对等满足的时间有多长。因此，雇佣关系的存续时间长短跟婚姻关系非常类似，正如婚姻中的双方既有一辈子到白头的，也有刚结婚不久就离婚的，还有在结婚几年甚至十几年后又离婚的，雇佣关系也可能是各种情况都有。

如果一对新婚夫妻很快就离婚了，则很可能是在双方或其中一方在对另外一方的需要并不了解的情况下就仓促结婚了，结婚之后很快发现双方的需要并不对等，而且严重不匹配，结果造成双方或其中一方无法忍受。而主动提出离婚的一方，往往是个人需要得不到满足的程度更高或更无法容忍的一方。在婚姻关系存续一段时间之后离婚的，则可能有两种情况：一种情况是夫妻双方在比较浅层上的需要是能够相互满足的，但随着时间的延长，遇到的情况和事情更多，原来很难被发现的一些深层次的需要暴露了出来，发现双方的需要存在供求不对等的情况。另一种情况则是原本彼此之间需要相互匹配的夫妻，随着时间的流逝，其中一方或双方产生了一些新的需要，而新的需要出现了严重的供求不匹配问题。如果婚姻关系一直持续，并且婚姻中的任何一方都没有受到某种外部的压力，则基本上可以表明双方的主导需要是能够得到满足的，即使不是所有的需要都能得到满足。当然，即使是在个人的需要相同程度地无法得到满足的情况下，不同的夫妻在是否离婚的问题上也会做出不同的选择，这与个人忍受需要得不到满足的能力有关，也与当事人认为自己的需要在其他人那里得到满足的可能性大小有关。举例来说，完美主义者离婚的概率肯定要大于认为人本来就不可能是完美的那些人。

雇佣关系其实也是同样的道理，企业和员工一方面在雇佣关系建立之前的招募和甄选阶段就应当尽可能搞清楚对方的需要，双方之间的信息沟通越坦率、越全面，则未来雇佣关系持续的可能性就越大。企业和员工双方都要注意动态地了解对方的需要得到满足的情况以及可能出现的新需要，尤其是要通过恰当的沟通方式了解彼此的需要，一方可以开诚布公地告知对方自己的需要得到满足的情况以及有什么新的需要，另外一方也可以主动询问对方的需要是否得到满足以及有没有什么新的需要产生，然后双方尝试通过彼此之间的相互协调，确定雇佣关系继续存在的可能性。此外，无论是企业还是员工都要清楚一点，在期待对方满足自己的需要的同时，必须思考自己能够满足对方的哪些需要。单方面要求对方满足自己的需要，或者对对方提出的要求过多、过高，比如，企业给员工的薪酬不高，但工作要求（如工作时间、工作标准、工作强度等方面的要求）很多而且不尽合理，或者员工的个人工作能力较差、绩效不佳，却要求公司提供较高的薪酬福利等，都可能使雇佣关系无法维持。

制度建设和文化建设并重

如前所述，通过选择正确的员工，然后设法去满足他们的需要是激励的重要内容，然而，企业在具体满足员工的需要方面会存在两个方面的难点。难点之一在于，员工的有些需要企业是可以直接满足的，比如员工对交通便利的地理位置的需要，对上档次的办公场所的需要，对稳定的工资收入的需要，对得到晋升的需要，对合理的工作时间长度的需要等。但员工的另外一些需要，比如对受到尊重和认可的需要，对工作成就感的需要，对受到公平公正对待的需要等，却并非那么容易直接予以满足。因为这些需要是否能够得到满足主要取决于员工个人的主观心理感受，并无相对客观的衡量标准。企业满足员工需要的难点之二在于，企业和员工之间的交易并不像在市场上的商品买卖那样可以一手交钱、一手交货，双方的需要通过一次性的交易就得到了满足。相反，企业在雇用员工之后，会要求员工能够在持续性的生产经营活动中完成一系列的工作任务，并达成相应的工作绩效，在此前提下再去满足员工的各种需要。这就要求企业必须重视制度设计和文化建设两个方面的问题。有鉴于此，企业不仅要重视通过合理的制度设计和各种人力资源管理技术相对客观地满足员工的需要，还要重视软性环境和组织文化的塑造。

首先，制度设计是关键。企业必须明确制定员工应当达到的绩效考核标准并且做好具体的绩效考核或评价工作。如果没有清晰的绩效考核标准和相对全面、客观的绩效考核体系，企业就无法确定员工是否履行了自己的承诺，很容易受到员工方面的机会主义行为的损害，即员工有可能在试图不履行对企业的承诺的情况下获得本人需要的单方面满足，而这对企业无疑是不公平的。因此，企业要在进行具体的制度设计时充分注意人性的趋利避害特征，确保设计出来的制度本身尽可能堵上员工产生机会主义行为的漏洞，促使员工以有利于企业的方式来完成任务。比如，根据员工的工作成果付酬而不是根据员工的工作时间付酬的薪酬制度设计。再比如，在对销售人员进行绩效考核时，不仅考核他们的销售业绩，同时还要考核销售人员遵守销售规章制度和销售纪律的情况；在考核生产人员的绩效时，不仅考核他们的产量，还要考核他们的质量、交货期以及生产安全；等等。

其次，为了确保员工切实完成工作任务以及达到绩效要求，企业需要注重加强企业文化建设以及领导力的提升，有三个方面的原因。一是员工的很多心理感受都来自领导者和同事在制度规定的具体实施过程中以及日常工作中对待自己的态度和方式。比如，即使企业制定了科学、规范的根据员工的绩效考核结果决定员工的加薪和晋升的制度，但如果员工认为自己的领导者或同事在绩效考核过程中对自己的绩效评价缺乏客观公正性，受到了某种对自己不利的主观影响，那么员工对公平公正的需要就没有得到满足。二是员工对于领导者和同事在日常工作中对自己是否提供了积极的支持和帮助，是否关心自己的职业成长和进步，甚至是否关心个人的家庭情况等的心理感知，同样会影响他们的很多心理需要（比如归属感等）。三是在很多情况下，企业明确了员工需要完成的工作任务以及需要达成的绩效考核标准，但员工完成这些工作任务以及达成绩效考核标准的方式可能有很多种。而在另外一些情况下，问题更麻烦，企业尽管可以明确员工需要完成的工作任务，却没办法制定清晰的绩效考核标准。在上述情况下，企业要想确保员工能够以对企业最有利的方式来完成工作任务并尽可能达到最优的工作结果，仅仅依靠科学细致的制度设计显然无法达到目的，这时候企业文化的作用就显现出来了。这就要求企业注重组织文化建设，并自觉地将其融入人力资源管理的各个环节之中，同时注意做好各级领导者和管理者的管理技能开发和领导力培养。这是因为，组织文化以及领导者和管理者与员工之间的相互作用同样会影响员工是否会采取机会主义行为。如果企业在雇用员工时就注重选择那些具有诚实正直的品质以及伦理道德感、责任心很强的人，同时在企业中通过良好的制度设计（比如利润分享等各种集体奖励计划以及员工持股计划等）、持续且一致的组织文化宣传以及领导者和管理者们的身体力行，不断强化企业和员工之间的利益共同体关系，则员工采取机会主义的做法——以对个人有利但对企业不利的方式达到企业的要求，从而换取个人需要的满足——的可能性就会大大下降。

总之，激励的核心就是基于对趋利避害的人性的理解，通过选择正确的交易对象以及有效的制度设计和组织文化，引导或激励员工以对组织有利的方式来实现组织目标。在此前提之下，企业和员工双方的重要需要就有可能同时得到满足，从而实现双赢。这便是真正的以人为本。

11

选对人是最重要的

选对人为什么极其重要

在解释人力资源管理到底是干什么的时候，一种简洁的说法就是这是一种帮助组织解决员工的选、育、用、留问题的管理职能，这种总结还是非常形象和准确的。尽管现在大家都在谈所谓的战略性人力资源管理或人才管理等概念，但人力资源管理在本质上确实是要根据企业的经营环境、战略以及文化，帮助组织吸引和甄选合适的员工，激励他们按照组织的期望完成各项工作任务以及达成相应的绩效目标。此外，人力资源管理还需要对员工进行培训和开发，不断提高他们在当前以及未来的胜任能力。最后，人力资源管理还要帮助组织留住那些优秀的人才。从表面上来看，选、育、用、留这四种职能都很重要，很难说孰重孰轻，然而无论是从理论还是实践方面来看，大家最终都会达成一个共识——选对人其实是最重要的。谷歌公司甚至认为，人才招聘是任何组织唯一最重要的人力资源管理活动。

选对人非常重要的第一个方面原因是，好员工和差员工的绩效差异远远超乎我们的想象。一般情况下，大家会认为员工的绩效或潜能大体上是符合类似钟形的正态分布或高斯分布的，然而越来越多的证据表明这种假设实际上是错误的。几项针对 60 多万名员工的研究表明，员工的绩效分布遵循的实际上是重尾分布（heavy-tailed distribution）而不是正态分布。这些研究分析了分属 50 多个科学领域的 2.5 万多名研究者的成果发表情况，同时收集了电影导演、作家、音乐家、运动员、银行柜员、呼叫中心员工、杂货店员工、电气设备装配工、电报工人等不同职业员工的生产率数据，结果发现，尽管正态分布在某些情况下尤其是在生产领域仍然适用，但在服务业占据主导地位的情况下，正态分布反而是一种例外而不是常态。[①] 比如，苹果公司顶级研发人员的绩效是其他同类公司普通软件工程师的 9 倍，诺德斯特龙公司卖场中最佳售货员的销售额至少是其他同类公司普通售货员的 8 倍，一流诊所中最好的器官移植医生的手术成功率是普通医生的6倍等。[②]乔布斯也曾经在接受采访时提到，在苹果公司所在的行业中，最好的员工和最差的员工之间的差距可以达到百倍。优秀软件人才的绩效可能达到普通软件人才的 25～50 倍，而且不仅是在软件行业，在几乎所有的行业中均存在这样的情况，因此找到最优秀的人才对企业而言是极其重要的。[③] 我自己得知这种情况之后，也多次向各行各业的人询问优秀员工和一般员工之间的绩效差距有多大。在给一批宝马汽车经销商授课的过程中我问了这个问题，得到的答案是，最好的销售员的销售额可以达到普通销售员的 6～10 倍。一些保险公司负责人也告诉我，最好的保险销售人员的销售业绩可以达到普通员工的 5～10 倍，还有一位经理的回答是 100 倍。谷歌的数据分析更是表明，最优秀的软件编程人员的绩效可以达到普通软件编程人员的 300 倍。因此，

---

① Aguinis H, O'Boyle Jr E, Gonzalez - Mulé E, et al. Cumulative Advantage: Conductors and Insulators of Heavy-tailed Productivity Distributions and Productivity Stars. Personnel Psychology, 2016, 69（1）.

② Mankins M, Bird A, Root J. Making Star Teams Out of Star Players. Harvard Business Review, 2013, 91（1-2）.

③ Steve Jobs Interview: One-on-one in 1995. Computerworld，2011.

在很多行业或职业中，优秀员工与普通员工之间的绩效差异要比我们想象的更大，在重尾分布中，那些最优秀的明星员工的绩效水平并不是围绕绩效中间值略有波动，而是呈现出一种被正态分布视为不正常的极端分布。

选对人之所以重要的第二个方面的原因在于选错人的代价很高。如果企业在雇用员工的时候选择了错误的人，那么后面需要实施的使用、培训、保留等各项职能都会变得非常被动，事倍功半还算好的，有时候甚至得不偿失。比如，如果选进来的人能力不足，那么企业在雇用员工之后的培训成本就要增加，而且即使在接受同等培训的条件下，这些人的学习速度和学习质量也比其他人更差，很可能是企业在付出了真金白银对他们进行培训，支付了不少薪酬之后，最后还得支付一笔经济补偿金将其解雇。再比如，有些员工尽管很能干，却不适应公司文化，或者不满足感总是很强烈，那么即使企业付出很大的努力或很高的代价，最终可能仍然留不住这些人。总之，选错人的代价包括企业为实施招聘而耗费的人、财、物，为对这些人进行培训而付出的直接和间接的培训成本，为遣散这些员工需要支付的经济补偿金，如果再加上不得不进行二次招聘产生的成本以及这些员工在工作期间给企业带来的直接或间接的经济损失，其成本之高可想而知。正因为如此，吉姆·柯林斯在《从优秀到卓越》一书中写道："商界人士最重要的决定不是如何做事，而是如何聘人。"桥水基金创始人瑞·达利欧也深有体会地说，领导者要做的事情很简单：一是记住自己的目标是什么；二是把目标布置给胜任的人（最佳情况），或者告诉他们怎样才能达成目标（略逊一筹的微观管理）；三是让他们尽职尽责；四是如果对他们进行培训并给了学习时间之后他们还无法胜任工作，就辞退他们。他认为，对领导者来说，“比做什么事情更为重要的是找对做事的人”，之所以要用对人，是因为用人不当的代价高昂，不仅是因为企业在招募和培训员工方面要花费大量的时间、精力和资源，还因为选错人会带来很多无形的损失，比如员工士气受到打击、因为不胜任者聚集而导致工作标准下降等等。①

亚马逊创始人贝索斯同样反复强调：在亚马逊，最重要的决策是找人！人不对，再怎么补救都没用！选错人的代价远比想象的大得多！他的一句名言是“你的人就是你的企业”。贝索斯在1998年的第二封致股东的信中专门谈到人才的招募问题，他说，如果没有非凡的人，在互联网行业就无法取得成功。贝索斯不仅在选人方面极为挑剔，还强调选人的标准应当持续提高，这样才能确保每位新人的加入都能提高组织的整体效能。他指出，要想找到非凡的人，在选人时必须问自己这样三个问题：你钦佩这个人吗？这个人的加入能提高公司的整体效能吗？这个人在哪些方面有过人之处，取得过哪些非凡成就？②

选对人之所以重要的第三方面的原因则是人与人之间在价值观、人格特点、能力等方面的差别极大，而且很多特征在一生当中可能都很难改变。先不从个人的社会成长环境角度来看，仅仅从神经学的角度来说，每个人的大脑中大概有近千亿个神经元，这些神经元被数万亿根突触联系在一起，于是，极为多元化的脑神经组合就造就了各种各样的人。而企业要想主动改变一个人的任何一种特征，难度都是极大的。一个人的

① 瑞·达利欧.原则.北京：中信出版社，2018.

② 拉姆·查兰.贝佐斯的数字帝国：亚马逊如何实现指数级增长.北京：机械工业出版社，2023.

价值观、人格特点甚至能力的形成，除了基因这个重要的决定因素之外，还跟个人的成长环境、所受的教育以及个人的经历等有一定的关联，只不过一旦到了成年阶段，人的价值观、人格特点已经成型，因而会相对稳定，在相当长的时期内甚至终生都无法改变。这一结论甚至可以从生理学中找到证据。神经学理论指出，一个初生婴儿的大脑中有上千亿个神经元，而这些神经元就是思想的原材料，人的思想就产生在这些神经元之间的联系即突触中。突触是两个神经元或神经元与肌细胞之间相互接触并借以传递信息的部位，是大脑中信息传递的基本单位，对于一个人的学习、记忆、思考和感觉等所有脑功能都至关重要。突触决定了一个人独特的心理历程，它的发育决定了一个人的性格和行为方式塑造，此后再想改变难度就会很大。由于突触的发育从一个人出生到 15 岁左右甚至更早的时候就停止了，因此在这个年龄一个人的思维方式和行为方式等基本就已经定型，以后要想改变难度极大。[①]

至于一个人的能力，虽说可以通过培训和学习等途径有所提高，其上限却是很难突破的。比如，能力偏弱甚至平均水平的员工要想达到一流员工的能力，可能性几乎没有。正因为改变一位成年人的价值观、人格特点和能力难度极高，因此企业可以采取的最为明智的做法并不是尝试去改变一个人，而是应当在第一时间尽可能选择正确的人。瑞·达利欧对这种观点深表认同，他指出，招人是一项高风险的赌博，需要非常小心，在甄选员工时需要重点关注的是价值观、能力和技能，并且这个顺序是不能改变的。这是因为，人的价值观和能力是不会有太多改变的，

① 马库斯，科夫曼．首先，打破一切常规：世界顶级管理者的成功秘诀．北京：中国青年出版社，2011.

而技能则是可以训练的。[①]

总之选对人比培训人、考核人、激励人实际上都要重要得多，选对人决定了管理在源头上是正确的，否则在管理方面付出再多的心血或付出再多的代价，可能都无法产生理想的回报！举例来说，如果选来的人具备完成本职工作所需的知识、技能和相关能力，那么可能压根儿不需要接受额外的培训，有些人因为有极强的学习能力，可能在不需要企业安排的情况下自己就去学习了。即使是在需要接受培训的情况下，那些对培训抱有积极态度，同时学习能力较强的人，往往也会以更快的速度和更高的质量完成学习，不仅有可能节约培训时间，而且有可能节约培训成本。再比如，那些个人的责任心本来就较强、诚信度和承诺度较高的员工，即使在没有硬性考核压力甚至没有额外的薪酬激励的情况下，通常也能认真负责地完成工作。而那些本来就有较强烈机会主义动机的人，即使是在有较为严格的绩效考核制度的组织中，也总是能找到推卸责任、少干活、出工不出力等偷奸耍滑的办法。

在实践中，很多企业在培训方面投入的成本要比在雇用员工方面投入的成本高得多，但谷歌公司认为，最聪明的做法是把企业的人力资本投资重心从培训这个后端环节转移到招聘这个前端环节。这是因为，大量的研究表明，相当多的培训投资实际上都打了水漂。事实上，培训要想真正见效，实际上会受到很多因素的影响，比如培训内容和培训方式的合理性、培训导师或指导者的选择、受训员工的能力和心理准备度、培训实施过程、受训员工在回归工作岗位之后应用受训内容的机会和动机等等。既然如此，企业还不如在招聘员工时多下点工夫、多花点钱。这

① 瑞·达利欧．原则．北京：中信出版社，2018.

就是谷歌强调的“人力资本投资要前置”。把选择雇用正确的人放在重要地位的还包括美国的奈飞。这家成立于1997年的在线影片租赁公司在联合创始人和首席执行官里德·哈斯廷斯的带领下快速成长，仅用5年时间便成功上市，在成立的第21年市值一举超越迪士尼公司，成为全球市值最高的媒体公司，成功进入美股科技四巨头之列（另外三家分别是脸书、亚马逊和谷歌）。奈飞的经营管理模式和企业文化引起了外界的极大关注，而该公司在自己的文化手册中总结出的八条准则中，第一条便是“我们只招成年人”，即只雇用、奖励和容忍那些完全成熟的成年人。这里所谓的成年人，显然是指那些在职场上不仅工作积极主动、认真负责，而且处处诚实守信、高度自律的人，这些人知道如何正确地使用手中的权利，不会为了获得短期个人利益做损害公司利益的事情。正因为公司雇用的都是这样一些成年人，所以奈飞才敢于打破常规地取消休假制度，员工可以在自己认为适当的时候休假，只要和经理商量好就行，同时还取消了报销政策和差旅政策，让员工自己判断应该如何在工作中花钱，因为公司员工没人去滥用这些权利。

美国西南航空公司对选人的重要性也有极其深刻的认识，该公司每年收到的求职简历通常会超过10万份，而录取率却只有1%～2%。该公司认为，在选人方面花时间之所以极其重要，是因为航空业公司的成功必须有赖于团队合作，单打独斗是不行的，而能否选到正确的人则决定了整个团队的平均水平是在上升还是在下降。一旦选错了人，不仅会使管理者不得不应对员工的低绩效、纪律惩戒甚至解雇等方面的问题，而这显然会影响管理者对那些真正有价值的工作的关注，而且有可能导致整个团队偏离公司的使命，团队氛围变得极其糟糕。此外，西南航空公司还认为，人的工作态度是很难改变的，只能依靠在用人方面做出正确的选择。该公司在雇用员工方面的座右铭就是“我们首先选态度正确的人，然后培养他们的技能”。尽管西南航空公司很少解雇员工，但当不得不解雇极少数与公司不匹配的员工时，往往并不责怪这些不合格的员工，相反，他们更多地在反省：为什么我们当初雇用了这样一位本来就不该雇用的人？我们到底在哪些地方犯了错误？ 比如，西南航空公司在招飞行员时，并不是只看飞行员的飞机驾驶技术，他们对飞行员的态度同样极其重视。他们想要雇用的飞行员是那种不仅发自内心热爱飞行，而且懂得尊重人，愿意成为一个客户服务团队一员的人，他们必须有高度的自信，但不能自负或心胸狭窄。尽管在航空业的传统文化中，机长往往享有至高无上的地位，他们的权威和做出的决策在机组中是不容置疑的，但没有任何一个人是永远不会犯错误的，很多航空事故恰恰是飞行员的错误导致的。正因为如此，西南航空公司曾经拒绝了一位在美国空军使用过多种飞机、飞行技术一流并且得到快速晋升的飞行员候选人，而他被拒的原因仅仅是在来参加面试时因过于自负而对前台的接待员态度粗暴。

除了通过面试等方法判断候选人的态度之外，西南航空公司还坚持绝不用高薪的方式挖人，因为追求短期高薪的人并不是公司需要的人，他们更看重那些因为喜欢公司的文化和快乐的工作氛围的人。因此，尽管西南航空公司的薪酬总体而言是非常有竞争力的，但很多人加入公司时的起薪低于其他公司承诺的起薪，有些人在西南航空公司的起薪甚至比他们原来在其他公司时的薪酬还要低。一位女律师最终拒绝了一家律师事务所而选择了西南航空公司，尽管其承诺的年薪要比西南航空公司高出 4 万多美元。而她选择加入西南航空公司的重要原因之一是，她在到西南航空公司接受面试时发现参与面试的一位律师助理竟然穿着一双凉鞋，而且还在脚趾上套了一个趾环，她觉得在这样的公司上班一定很有趣。此外，公司首席执行官也对招她进入公司显示了极大的诚意，在圣诞节时专门给她父母家中打去电话表示问候。①

企业选人是组织和个人之间的关系问题，但企业选对人这件事跟我们个人选择跟正确的人结婚实在是有太多的相似之处，尽管恋爱婚姻是两个人之间的关系。因此，我们在这里先不从人力资源管理的角度来谈招聘问题，而是通过大家更容易理解的婚姻问题做一个类比。

从婚姻幸福的原理说起

关于婚姻问题的讨论，近些年在网络上越来越多。不仅婚姻中出现的冲突和麻烦似乎越来越多，而且整个社会的离婚率也呈现明显的持续上升趋势。与此同时，年轻人的结婚率在下降，究其原因：一是因为年轻人对婚姻的需要没有过去强烈，很多个人的需要不结婚也可以得到满足；二是因为很多年轻人存在恐婚现象，即担心找错了人婚姻不幸福或者结婚后矛盾和麻烦太多，降低个人生活质量，所以宁愿不结婚或是结婚了也不生孩子。因此，寻找婚姻幸福的密码不仅关乎很多人的人生幸福，甚至关系到人类的延续和社会的正常发展。托尔斯泰在《安娜·卡列尼娜》的开篇语中写下了这样一句话："幸福的家庭都是相似的，不幸的家庭各有各的不幸。"那么，我们是否可以找到婚姻和家庭幸福的相似点呢？

① Parker J F. Do the Right Thing. Pearson Prentice Hall, 2007.

很多情感专家都从婚后的夫妻相处之道寻找答案，观点之一就是幸福的婚姻是夫妻双方共同经营的结果。然而，结合在日常生活中的观察思考一下不难发现，尽管夫妻双方在婚后的相处方式，尤其是在遇到问题时共同解决问题的能力对婚姻的幸福至关重要，但真正幸福的婚姻往往是从选择正确的结婚对象开始的。事实上，我们很容易发现，在面临相同的或大或小的一些家庭矛盾或难题时，有些夫妻可能会不断争吵甚至动手打架，还有可能以离婚而告终；而另外一些夫妻可以用一种相对平和的方式找到共同认可的解决办法，甚至在没有任何波澜的情况下就很容易达成共识。那么，为什么面对类似的情形，不同的夫妻很可能会做出截然不同的反应呢？这很可能跟夫妻双方当初的婚姻选择有关。

婚姻幸福的概率更大的往往是具备这样三个特征的夫妻：一是价值观一致；二是性格（人格特点）匹配；三是双方具备保障家庭生活所需的各种基本能力。价值观一致实际上是指双方对事物的重要性以及美丑、对错、好坏等的认识比较一致。举例来说，一方认为挣钱应该走正道，挣心安理得的钱，而不能坑蒙拐骗，或者夫妻二人应当尊重和孝敬各自家里的老人，或者宁愿让别人欠我的，我绝不欠别人的等，另外一方也持同样的看法。这里的价值观也可以扩大化，即当成我们平时所称的“三观”（人生观、世界观、价值观）来理解。如果两个人对于事物的根本看法不一致，在遇到一些重要的问题时，做出的决定很可能就不一致，发生矛盾甚至决裂的可能性就会比较大。在现实中，很多夫妻出现大的矛盾或冲突，表面上看是因为一些微不足道的小事，但根源上很可能是价值观的冲突导致的。比如，一对年轻夫妻在外人来看可能各方面情况都不错，妻子尽管对现状比较满意，但认为年轻人不能过于追求安逸，要积极进取。丈夫却疏于业务，在工作中得过且过，更不愿意在业余时间学习和追求进步，整天不是没完没了地打游戏，就是跟一帮朋友吃吃喝喝。妻子在业余时间一边照顾家庭一边读书学习，最终在事业上取得了明显进步。当两个人之间的差距越来越大、共同语言越来越少的时候，婚姻的质量必然会下降甚至出现危机。而所谓性格匹配，则主要是指两个人性格中没有可能会造成强烈冲突的因素，比如，过于强势或极端自私，不考虑对方的感受，或者存在极端人格或偏执型人格，脾气暴躁、情绪化严重甚至存在暴力行为，或者对另外一方缺乏基本的信任或控制欲过强等，其中一方如果存在这些人格特征，婚姻关系出现问题的可能性也会较大。最后，夫妻双方要具备保障家庭生活所需的各种基本能力，其中包括获得经济收入的能力、教育子女的能力、照顾老人的能力、社交能力、沟通能力、解决矛盾和问题的能力等等。如果一个家庭存在某种必须满足的需要，而夫妻双方都没有能力满足这种需要，也有可能会造成家庭的矛盾和冲突甚至解体。

从选人的原理到选人的实践

看到上面的分析，有人或许会问，既然价值观、性格和能力这三大特征对于婚姻幸福程度的影响是最大的，那么人们在选择结婚对象的时候，只要系统地对这三大特征做出评估，然后再做出结婚决策，那岂不是所有的家庭都可以很幸福了吗？然而令人遗憾的是，即使大家都明白了这个道理，婚姻不幸福的概率依然很高，这是为什么呢？原因很简单，就是要想了解一个人的价值观、性格和能力其实并不容易，因为这些特征并不像一个人的身高、长相、学历、工作单位、家庭背景、收入状况等特征那样可以相对直观地做出判断。要想全面了解一个人的价值观、性格和能力，需要双方有足够多的时间在一起，并且还要经历足够多的事情。即使两个人在一起的时间不短，但基本上都是在一起重复过去做过的事情，没有经历过太多的场景和问题，其实也很难真正了解对方。比如，双方在一起生活和不在一起生活的时候、在有孩子和没孩子的时候、在遇到重大问题和没有遇到重大问题的时候，双方的表现或看到的对方的表现都可能是不一样的。然而，在结婚之前，很多场景、问题或冲突可能都不容易出现，所以并没有足够多的机会考察对方上述三个方面的特征。除了双方在婚前的相处时间和经历可能不够之外，恋爱中的人往往情感占了上风，理性分析和思考能力自动下降，再加上双方都会本能地竭力表现出自己最优秀的一面，以及有些人在婚前有很强的欺骗性，这些都会导致夫妻二人至少其中一方在进入婚姻之前多多少少存在一些盲区。而婚前的盲区越大，婚后出问题的概率也就越高。

因此，从提高婚姻质量的角度来说，在结婚之前做好两件事情可能会有帮助：第一，在结婚之前，不要仅仅关注身高、相貌、学历、职业等这些容易识别的个人特征，还要有意识地去了解和评估对方的价值观、性格和能力这些无法直接观察到的个人特征。不仅如此，还要看清自己在这三个方面的特征，然后考察双方这三个方面特征的相互一致性或相互匹配程度——事实上，我们每个人要想真正认清自己在上述三个方面的特征也并非易事。对于一些能够揭示对方的价值观、性格以及能力的言语、行动或事件，要给予足够的关注。第二，一定要理解恋爱阶段的真正价值。恋爱的目的不是只谈感情，只关注甜言蜜语，更不能昏头昏脑地去享受所谓的爱。在恋爱阶段不仅要用足够多的时间去相处，而且应当尽可能共同去做一些不同的事情，这样比较容易考察两个人在面对特定的问题和情境时的价值观差异、思维差异以及在遇到冲突性问题或矛盾时的态度和行为。安排一次时间稍微长一点的单独外出旅行，就有可能发现两个人是否能够很好地相处。实际上，那种因一见钟情而闪婚的冲动决策最终的结局之所以往往并不好，就是因为没有来得及去对价值观、性格以及能力等这样一些潜在的个人特征进行辨别和评估。

在婚姻方面的上述道理，其实也大抵适用于企业招聘员工的情况。很多企业在招聘员工方面都有一些切肤之痛。一种情况是，企业在招募和甄选的时候，对候选人比较满意，但是在实际工作之后发现问题很多，有些人的实际工作能力比预料中的差很多，有些人的能力不错，但价值观或人品、个性有明显缺陷或问题突出，因而无法适应组织文化的要求或融入团队，还有些人各方面表现都不错，但对企业并不认同，留不住，很快就离职了。另外一种情况则是，企业因为招不到各方面条件都能满足要求的候选人，就先凑合着招那些存在缺陷或不能完全胜任的人，好歹有人先把眼前的工作承担起来。然而，尽管一开始这些人还能做一些工作，但时间一长，弊端越来越明显，如工作能力不足、学习能力不够，企业不得不再去招人，结果导致企业里人浮于事，员工数量不少，但真正重要的工作还是没人能干。凡是有过上述经历的企业一定对于选对人的重要性有深刻的理解。

明确选人的关键标准

在恋爱和婚姻的问题上，每个人的做法是很不相同的。有些人对于自己想找的伴侣有着比较清晰的标准（比如身高、学历、长相、家庭背景、经济状况以及性格等等），然后会尝试按照这些标准去做筛选。有些人则没有明确的标准，完全看感觉或缘分。在有明确标准的人中，幸运者能够遇到能够满足自己标准的那个人，而不幸运的人则很可能在很长时间里都找不到合适的人选，在这种情况下，有些人可能不得不调低标准继续寻找，另外一些人则绝不凑合，宁缺毋滥。而在那些没有明确的择偶标准的人中，有些人其实在心目中仍然是有一定标准的，只不过他们可能并未将这些标准特别清晰地总结出来，当他们遇到具体的人时，这些标准实际上是起作用的。他们可能在没有遇到具体的人之前对自己找人的标准并不清楚，对于谁不是自己要找的人却很容易辨别出来，而且一旦遇到正确的人，他们仍然会发现这个人满足了自己心目中的标准。当然，确实也有那么一些人，对于自己跟什么人谈恋爱或结婚是完全没概念的，不设置任何标准，全凭着感觉来。不过，在大多数情况下，在这种所谓感觉中实际上也同样隐藏着一些标准，只是还没有清晰地总结出来而已。

当然，恋爱和婚姻方面有太多的不确定性和多样性，所以在现实中，无论是在找对象时有明确标准的人，还是表面上没有明确标准的人，都有可能走入婚姻，也可能找不到结婚对象，有可能在结婚以后过得幸福，也有可能婚后并不幸福，甚至以离婚告终。但总体而言，明确地或隐含地有一定标准的人，在找对象和结婚的问题上会走更少的弯路，效率通常也会更高，而那些完全没标准的人要么容易找错人，要么不断地通过换人去试错，一切全靠运气。当然，一个人找对象的标准如果太高或者要求太多也会成问题，这是因为能够达到要求的候选人很少，如果本人的条件本来也没有那么好，要想找到合适的对象就难了。

回到选人的问题上来，很多道理也是一样的，如果企业在选人的时候，对于自己想要招的人应该至少满足哪些方面的关键标准没有概念，那么只能通过不断地试错去选人，那样不仅成本高，而且效率低。所以最有效的做法就是在选人之前认真思考一下自己想要招的人需要达到哪些条件或符合哪些关键标准。在实践中，大多数公司都会根据公司战略需要以及独特的文化制定明确的筛选标准。谷歌主要从一般认知能力（即智商）、领导力、像谷歌人（享受欢乐、谦逊、责任心、接受模糊性）、与工作相关的知识等若干方面对求职者提出了明确的甄选标准。亚马逊的创始人贝索斯也认为，公司在人才招募方面必须始终坚持极高的标准。亚马逊最看重的候选人特征被概括为三个方面：一是实干家，即既能创新，还能实干，能将梦想变成现实的实干家。二是主人翁，只有心里有主人翁的责任感，一个人才有可能会从长远考虑问题，而不会说“那不是我的工作”。三是内心强大，这相当于阿里巴巴所说的“皮实”一词中包括的抗压能力或扛事儿的能力，因为只有内心强大的人才能做到百折不挠、迎难而上，直到取得成功为止。①

美国西南航空公司也认为，人的本质是难以改变的，知识和技术是可以通过培训获得的，但工作态度很难改变。因此，该公司不仅非常重视招募和甄选工作，而且非常看重求职者的态度和价值观。由于这家公

① 拉姆·查兰. 贝佐斯的数字帝国：亚马逊如何实现指数级增长. 北京：机械工业出版社，2023.

司采用的低成本加高服务品质的竞争战略，公司对于自己需要招聘的员工类型做出了非常清晰的描述：一方面要忠诚、稳定、操作标准化，另一方面要做到友好、多技能、努力、心态好。西南航空公司极为重视员工的工作态度尤其是性格中的幽默感，公司想要招募的是那些具有幽默感和懂得如何找到快乐的人。此外，公司还特别关注员工的积极工作态度和团队协作精神。这是因为，航空业的特点决定了要想提高服务质量，就不能让员工受到狭窄的工作职位范围的制约，而是必须强调组织成员之间的密切合作和团队精神，因此西南航空公司的文化特别强调合作与团队精神，赋予员工充分的工作自主权，鼓励员工出现在需要他们的任何地方，并要求员工尽可能地去做不同的工作。为了招到符合西南航空公司文化的员工，公司曾花费很长时间识别针对良好业绩的关键行为，开发出一套严格的员工甄选方法，并且一直采用内部员工推荐与同事、客户面试相结合的面试方法。

阿里巴巴前首席流程官彭蕾谈到过，阿里巴巴的用人理念是“非凡人、平凡心，做非凡事”，也就是说，只有找到非凡人的人，用一颗平凡的心去做事，方可成事。而这里的“非凡人”，则被阿里巴巴定义为具有聪明、皮实、乐观、自省四个方面重要特征的人。第一是聪明。聪明涉及智商和情商两个方面。做任何工作，如果没有足够的智商，能力不够，不仅无法挑战有难度的工作，而且无法实现持续学习以及在做事的时候化繁为简。情商则决定了一个人是否很容易走进别人的内心，对别人的想法和感受做到感同身受，能否保持开放的心态，是否知道应该用何种合适的方式去建立与他人之间的链接。简而言之，智商是一种硬能力，而情商则是一种软能力。第二是皮实。这里实际上包括两层含义：一层含义是抗击打能力和抗挫折能力，经得起折腾，顶得住“棒杀”；另一层含义则是不会在吹捧和赞扬中迷失自我，即顶得住“捧杀”。具有这两种能力的人，无论是面对别人的赞扬还是羞辱，内心都知道自己是谁，很难让外界的状况伤害到自己。这种能力对于创业者或创业团队成员而言很重要。第三是乐观。也就是说，即使是在充分客观和理性地了解需要面对的真实情况或严峻形势的情况下，仍然能够做到积极乐观，总能找到值得自己坚持继续走下去的东西或者找到新的东西。具有这种特征的人不会轻易放弃努力，总是会在团队中传递积极向上的能量。第四是自省。这种特征就像曾子说的“吾日三省吾身”，因为一个人如果永远觉得自己是对的，问题永远都是别人的，在任何时候都不检讨或反思自己的问题，即使错了也死不悔改，那么不仅对自己不利，而且有可能对团队构成很大的杀伤力。正如彭蕾所说，如果一个人很聪明、很乐观、很皮实，但缺乏自省能力，那么很有可能会造成灾难性的后果。事实上，阿里巴巴对整个组织的自省能力同样非常看重，每年都会做高管团队的群体自我反省，即复盘。

我们将企业选人的三大表层要素和三大底层要素总结为图 11-1。

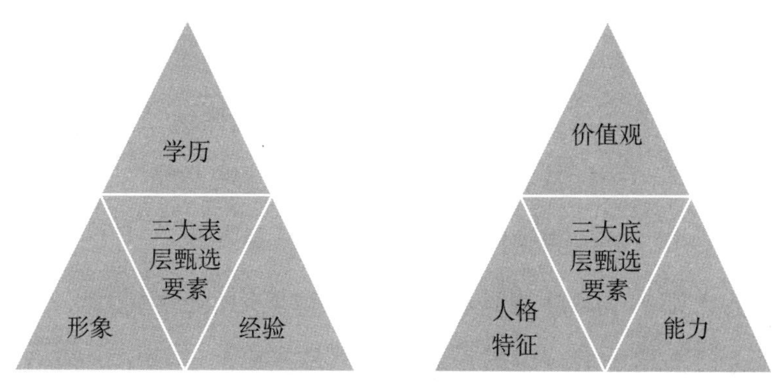

图 11－1　企业选人的三大表层要素与三大底层要素

对候选人进行测评的正确方式

讲到这里，大家都清楚了企业应当在招人时对候选人的价值观、人格特点以及能力等特征进行深入考察，我们假定企业也根据自己的独特需要制定了明确的标准，那么怎样判断一位候选人是否满足这些标准的要求呢？这涉及甄选的问题。可以用于甄选的工具和方法有很多，但并非所有的工具和方法都是有科学依据甚至是合法的。真正得到公认的、效度较高的、经得起经验的甄选工具包括一般认知能力测试（即智商测试）、样本测试（高度模拟实际工作场景的测试）、情境化结构面试（事先设计好所有候选人都一致的面试问题及标准答案）等，而一些与人格、工作动机等有关的心理测量问卷则需要慎用。很多发达国家会对企业用于选人的工具和方法能否被使用做出评估，企业如果使用无效的甄选工具甚至属于违法行为。

在我国，企业在使用各种所谓的测评工具的时候往往比较随意。比如，很多企业在实践中对候选人的价值观和人格特点进行评价时，都会采用一些比较成熟的测量问卷进行测评，认为有了这种科学的测评方式就能清楚地了解求职者或候选人的价值观或人格特点。然而需要注意的是，并非所有的量表都是科学的。学术研究的总体结论是，在企业界受到热捧的大多数相关测试实际上并不能满足信度、效度、普适性等严格学术标准的要求，对预测候选人的未来工作绩效并没有太大的实际价值。比如，广为人知的 MBTI 测试在很多企业中使用，但该测试的研发者实际上并未受过严格的心理学教育，实际上是基于对心理学家荣格（Jung）提出的人格理论的曲解，采用两极对立的方式进行人格类型的测量，不仅结果会存在偏差，而且在不同时间里测试的结果具有不稳定性，因此这种测试根本就不具备成为甄选工具的有效性和合法性。此外，由于大部分人格测试量表都属于自测量表，即由被测评者自行填写问卷的方式对本人的人格特点等做出评估，而被测评者很有可能会在填写量表时故意选择自认为对本人有利的答案，所以客观上存在造假的可能性。尽管量表本身可以通过一些技术设计发现这方面的问题，但对于真正了解量表设计原理的人来说，造假依然是可能的。最后，即使是其他一些测量效果更好的量表，在实施测量时实际上也有很多严格的要求，解读也需要谨慎。

因此，企业最好不是仅仅依赖某一种测试工具做出甄选决策，而是在通过科学的方法明确候选人应当具备的关键特征之后，尽可能多使用几种有效的测试工具来帮助自己做出甄选决策，从而提高甄选的有效性。举例来说，HubSpot 是一家于 2006 年成立的营销自动化软件公司，该企业在成立后用 8 年时间就迅速成长为一家年收入超过 1 亿美元的大公司，并且于 2014 年成功上市。这家企业的主打产品是一款基于云端的全方位市场营销软件，该软件一共有 5 个平台，分别是营销平台、销售平台、客户服务平台、内容管理平台和运营平台，能够帮助企业更有效并且更轻松地管理客户关系和营销活动，推动客户的转化。该企业的理念是营销应该更加人性化和有价值，而不是像传统的广告和销售方法一样只是简单、强硬地向潜在客户推销产品和服务。其宗旨是为中小型企业提供一种新的营销方法，帮助它们与大型企业竞争，实现更加有价值的营销，并有效地吸引和保留客户。这种营销方法被称为“集客营销”（inbound marketing），其核心理念是通过吸引潜在客户来到企业的网站，提供有价值的内容和信息来建立关系和信任，最终将他们转化为客户。

相比传统的广告和推销方式，集客营销更加注重客户的需求和体验。由于企业在创业之初最需要实现的就是让潜在的客户愿意购买本企业提供的云计算服务，因此如何招聘到对企业最有价值的销售人员就成为该企业最紧迫的任务。该企业最初从其他行业招聘了一批有着出色业绩的销售人员，但销售情况并不理想，企业意识到销售人员的优势必须与销售场景相匹配，而云计算服务的营销场景与传统的营销场景差别很大，因此必须研究自己想要招聘的销售人员到底应当具备哪些方面的独特特质，然后在此基础上开发对每一种销售特质进行评价的方法。经过实践和研究之后，该企业发现，异议处理能力、说服能力、成交能力等这样一些在传统上与销售人员取得成功相关的重要特征，与本企业的销售人员取得成功反而相关性不强。相反，那些聪明的、乐于助人的销售人员，往往比那些过于进取的销售人员更容易在销售中取得成功，其主要原因在于，互联网的出现导致在销售过程中主动权已经从卖方转移到买方，而买方不会再容忍被卖方强迫进行交易，买方更喜欢那些聪明的、对自己更有帮助的，并且能够尊重自己的销售人员。这样，真正与销售业绩相关的反而是应变能力、相关领域经验、智力、热情、过去的成功经验、干练、亲和力、声音质量、技术能力等这样一些关键特征。

该企业通过甄选销售人员的经验和数据分析，最终确定了本企业需要的销售人员需要具备的五大特征：可培养潜力、好奇心、成功历史、智力、敬业精神。其中，可培养潜力被界定为吸收上级的辅导并将其运用于实践的能力。为了评价候选人的可培养潜力，该企业会首先基于买方环境让候选人做角色扮演，之后面试官会要求候选人对自己的表现做一个自我诊断，面试官会在此后向候选人提出一些改进的建议，然后再让候选人做一遍同样场景下的角色扮演。如果候选人在此过程中能够出色地完成第二次角色扮演，那么此人很可能会成为销售明星，因为仅仅几分钟的辅导就让候选人的表现有了明显的改善，那么在多次辅导之后，这种人的进步是不可限量的。至于好奇心这种特征，该企业将其界定为通过有效提问和倾听理解潜在客户需要的能力，主要通过角色扮演，即让候选人模拟给客户打电话的方式来进行考察，看他们是否能够提出对客户有吸引力的问题，并且通过用心倾听去探索客户真正关心的问题，从而引发客户对产品的兴趣并建立起信任关系。为了考察候选人的敬业精神（即能够在日常工作中保持精力充沛的状态，积极地履行公司使命），该企业采取了观察、背景调查和行为性面试等几种不同的方法。比如，候选人回电话的速度有多快，他们完成公司交代的任务（比如填写简历、完成测试等）的速度有多快，等等。

科学的面试才会有效

企业通常会通过面试等方式来更为直观地对候选人的价值观和人格特点进行分析和判断，这就相当于准备相亲的双方即使在见面之前已经对对方的很多信息都已经有了较为明确的了解，但仍然需要通过见面来看彼此能否“找到感觉”。比如，阿里巴巴在招聘员工时，就会在面试环节安排一位“闻味官”来对候选人进行考察，担任闻味官的人最初是在阿里巴巴工作过 5 年以上的人，后来大多由阿里巴巴特有的政委来担任。闻味官的主要工作是与候选人聊天，聊工作、家庭、人生、理想以及对工作和各种问题的看法等等，其主要目的是感受候选人身上是否有一股“阿里味”。这个闻味官所做的工作实际上就是用一种相对主观的方式来感受一下候选人的价值观和人格特点是否与阿里巴巴的组织文化相匹配。当然，面试不仅仅是为了考察候选人的价值观和人格特点，还需要在此过程中考察候选人是否具备未来工作所需要的各种能力，尤其是与高绩效高度相关的那些核心能力。

尽管面试对选人极为重要，但随随便便的面试未必有用。多项研究结果表明，只有情境化结构面试才是真正有效的面试方法。所谓情境化结构面试，就是根据候选人未来的实际工作场景或情境，设计面试题目让候选人来回答。在面试之前，会针对每一个面试问题提前准备出几种可能的答案，这些答案分别代表着回答的质量高低。面试考官会将候选人的回答与评分标准进行对照，确定候选人的最终得分。总之，情境化结构面试主要有三个特点：一是面试题是与工作情境相关的；二是面试题及其答案都是事先确定的，即标准化的；三是所有的候选人均需要回答相同的面试题。情境化结构面试题目的设计通常会遵循 STAR 原则，这四个字母分别代表 Situation（即情境）、Task（即任务）、Action（即行动）和 Results（即结果）四个英文单词。也就是说，面试题会首先设置一个在某种工作场景下需要解决的问题或难题（即候选人需要完成的任务），然后询问候选人过去在工作中是怎样做的（即采取了哪些行动），最后让他们说出自己采取的做法产生的最终结果。因此，情境化结构面试通常适用于有工作经验的候选人，这样他们便可以根据自己过去的工作经验来回答，而那些没有工作经验的候选人则可以根据自己认为应当怎样做来回答，只是在这个时候，因为并不是候选人在过去已经完成的工作行动，所以无法判断采取这种行动在实践中产生的结果。

谷歌非常重视面试，在如何改善面试效果方面做了很多探索和改进。比如，谷歌为了避免在选人上犯错误，尽可能做到优中选优，甚至对一位候选人进行了15～25次面试，耗时6个月甚至更长的时间。后来，谷歌通过数据分析发现，对一位候选人面试4次实际上有86%的可能性与面试十几次、二十次得出相同的是否录用结论，此后的每次面试仅提高了1%的效用，于是谷歌下决心将面试的次数限定在4次，这样就使得原来长达90～180天的面试时间缩短为47天，共节省了10万个小时以上的面试时间。此外，早期谷歌采用的也是面试官随机发问的非结构化面试，后来改为采用情境化结构面试，对面试题目不断进行优化。比如，谷歌将早年曾经采用过的一些很常规，但是被证明并无实际价值的面试题逐渐剔除，这些面试题包括："请做一下自我介绍。""您认为自己最大的缺点或优点是什么？""请猜一猜曼哈顿地区有多少座加油站。""请估计一下在一架波音747飞机中能塞进去多少颗高尔夫球。"等等。

除了面试题的设计本身很重要之外，面试官的水平和表现也是决定面试结果的极为重要的因素。比如，谷歌非常重视对面试官的系统支持以及对他们的培训、选拔甚至考核。公司有一套专门的系统来帮助面试官了解相关岗位的求职者需要被测试哪些内容以及可以提哪些能够预测求职者未来绩效的问题，还允许面试官在系统中自行设定问题，同时会让面试官按照统一的行为锚定等级评价标准进行打分。此外，谷歌在面试官的选拔、培训和评价等方面也做了非常严格的安排。比如，谷歌会通过面试官参加的总面试次数以及他们的正确率两个指标对面试官进行评价，如果发现面试官缺乏选人的能力，则将其从面试官队伍中剔除出去。

此外，为了防止用人部门因为人手紧张而在招不到合适的人时降低录用标准，谷歌还会专门安排一些“跨职能面试官”，比如，让法律部或负责产品设计的广告团队成员对应聘销售工作的求职者进行面试。

在亚马逊发展的早期阶段，贝索斯本人对新招的每位员工都亲自面试，而且在面试结束后还会召集所有面试过同一候选人的面试官同时开会讨论，询问每位面试官的观察、评价和判断及其背后的依据。在讨论的时候，他还会在白板上用详细的证据对每位候选人进行分析，一旦大家心中对某位候选人还存有疑虑，就不会做出录用的决定。为了确保招人的高标准，亚马逊选拔了一批“把关人”，这些人不仅要面试候选人，还要带领每位面试官深入讨论、细致分析，以确保做出正确的决策。此外，亚马逊对面试官的要求也很高，面试官在面试之前需要浏览此前面试过候选人的其他面试记录，参考其他面试官的发现以及具体评价，以便调整自己的面试问题以及侧重点。在面试过程中，面试官还要详细记录候选人的回答，以便之后自己做出评价和判断时有可靠的依据，同时也可以用来回答其他人比如“把关人”对自己的询问。面试结束后，面试官还要尽快把自己的观察、评价以及判断录入系统，给予录用或不录用的结论，以供后续的其他面试官在面试之前作为参考。不仅如此，面试官还要接受“把关人”的询问，其中包括：面试时问了哪些问题？为什么要问这些问题？候选人是怎样回答的？自己的评价和判断是怎样做出的？等等，而且这些询问和回答的内容都会被记录在案。如果各位面试官之间的意见不统一，或者“把关人”认为有必要集体讨论，面试官还必须参加集体讨论。最后，亚马逊还会将新人的工作表现以及进公司以后的个人发展情况记录在案，这种做法不仅是为了考察新人，也是要对所有参与招聘过程的面试官的识人眼光进行评价，以反省当初的面试问题是否切中要害，亮点挖掘是否敏锐、准确，隐患洞察是否犀利，还包括在招聘过程中存在哪些方面的疏漏、偏差，需要吸取的经验教训等。①

千万要重视试用期和背景核查

除了各种心理测试、考试以及面试等办法外，要想判断一位求职者或候选人是否真的适合企业需要以及能否圆满达成工作要求，最简单有效的办法实际上是使其到工作岗位上干一段时间，也就是俗话说的“是骡子是马拉出来遛遛”。然而，观察期的时间确实非常有限。我国《劳动法》规定，劳动合同可以约定试用期。试用期最长不得超过六个月。也就是说，企业真正能够通过实际工作过程观察新人是否合适，从而做出留下还是让其走人的决策的时间窗口是非常有限的，最长也不能超过六个月。由于招错人的成本很可能极高，因此如果能够在试用期发现候选人不合适，企业需要为此承担的成本是最小的。从这个意义上说，试用期对企业来说是意义重大的，然而很多企业或非人力资源管理人员将试用期看成一种可有可无的设置，在此期间并不会通过专门的工作安排或提供不同的工作情境去考察新员工的表现是否符合企业的要求，结果等签订劳动合同之后才发现选错了人。

试用期就跟男女双方在结婚之前谈恋爱的那个时期一样，所以以谈恋

① 拉姆·查兰. 贝佐斯的数字帝国：亚马逊如何实现指数级增长. 北京：机械工业出版社，2023.

爱为例来谈试用期的重要性可能更容易被大家理解。谈恋爱的目的就是通过在正式结婚之前共同做很多事情或参与很多活动，考察双方在价值观、性格以及对待工作和生活的态度等方面是否相互匹配。如果双方在恋爱期间总体上是开心的，同时在遇到一些不好的事情、紧急的事情或者是存在分歧的时候，也能很好地处理，那么当双方进入婚姻之后再出现大问题的可能性就大大降低了。如果在恋爱期间发现双方其实并没有那么匹配，那么分手对大家来说反而是成本最低的一种选择，要远比结婚甚至生孩子之后再离婚成本低多了。然而，根据生活中可以看到的情况不难发现，很多年轻人在谈恋爱的时候并没有这样的理解，大家都极力展现出自己最好的一面，刻意隐藏不好的一面，或者压根儿没有注意到对方存在的非常明显的、可能会对未来的婚姻带来危机的隐患，等到结婚之后才发现对方身上带有很多自己无法容忍的缺陷或毛病。更有一些年轻人甚至去追所谓的时髦，搞所谓的“闪婚”，认识几天甚至更短的时间就登记结婚了。这些做法实际上是非常不负责任的，对自己和他人都可能会造成极大的伤害。

因此，企业必须像正确认识恋爱的功能以及用心谈恋爱一样对待试用期。在试用期的工作设计和安排方面，人力资源部门可以为用人部门负责人提供一些必要的提醒和帮助，但真正需要承担起在试用期“看人”这一职能的应该是用人部门负责人或其直属上级。也就是说，新人到了具体部门和岗位之后，部门负责人应当注意新人的工作安排，要让他们去承担各种相关的工作任务或参与各种必要的工作活动，尤其是要安排一些具体的事情，不能让他们跟着别人做一些无关紧要的杂事，甚至不大给他们安排具体工作，让他们稀里糊涂地过完试用期。在现实中，很多非人力资源部门的负责人却往往没有这方面的意识，也不愿意承担这方面的责任，以至于在很多时候，尽管人力资源部门一再提醒用人部门要仔细考察新人是否能留用，到底要不要签订劳动合同，很多用人部门仍然不当回事，而一旦他们觉得新人实在不合适，又会反过来埋怨人力资源部门选人有问题，甚至要求人力资源部门把这些不合适的人裁掉，重新给他们招人。

除了试用期之外，企业还必须重视对求职者或候选人的背景调查，尤其是在招聘级别较高的管理人员或专业技术人员的时候，这是因为很多候选人可能存在对自己的材料（包括学历、职称、工作经验、就业单位、离职原因、犯罪记录等各个方面）造假的情况。新闻媒体对此类事件已经有多次报道。比如，2017 年末，浙江省杭州市萧山区人民法院审理了一起企业告求职者的案子。2015 年 11 月，萧山区某大型企业需要招聘一位高层管理人员，猎头公司推荐了一位候选人任某，提供的资料显示，任某是清华大学工商管理硕士，持建造师执业资格证书，户籍为北京。第一轮面试的几位高管对任某的面试表现比较满意。第二轮亲自进行面试的董事长对任某感觉也不错。47 岁正是有才干又稳得住的年龄，而且任某此前也在一家大型企业担任高管。最后，双方谈妥的月薪是税后 7 万元人民币。任某在入职时提交了各种证件的复印件，企业多次要求提交原件任某均未提交。与此同时，大家逐渐发现这位新领导者的能力好像很一般。公司人力资源管理人员随手在百度上查了一下，其中一条信息提到有人用假学历等资料应聘到一家企业担任高管，被发现后予以辞退。而这家企业正是任某在简历中提到的那家公司，涉事者的名字和任某就差一个字。进一步调查发现，任某的学历、建造师执业资格证书、北京户口全系伪造。公司跟任某摊牌后，任某主动提出离职，但因此前他已从公司获取几万元工资，公司选择报警。

任某被抓后，萧山区公安局认为判定其诈骗的证据不够充分，因此允许其取保候审。没想到任某消失了，被警方列为网上追逃对象。更令人意想不到的是，任某竟然故技重施，于 2016 年 3 月成功应聘到深圳市某大型企业担任高管，4 月 20 日离职后，5 月再次成功受聘于天津市某投资集团担任高管，6 月 8 日再次离职。任某实际只有小学文化水平，受教育经历、执业资格证书以及户口和身份证均系伪造。但当他将有这些光鲜证件打底的伪造简历发到各大求职网站之后，真吸引来不少猎头公司的关注。由于猎头公司推荐的高级人才一般都是被录用后先办理入职，然后提交相应资料证件，任某就利用这一个月的时间赚取工资。他每次从入职到离职一般只间隔一个多月时间。据其交代，因经常面对大企业高管，他对面试已驾轻就熟，每次面试后基本上都能接到入职邀请。任某在法庭上反复强调，尽管自己只有小学文化，但完全有能力胜任这些高管职位。事实上，所有这些企业对他的怀疑都是从他入职后的能力和表现不佳开始的。任某被起诉的罪名有三项：伪造国家机关证件罪，伪造公司、事业单位印章罪，以及伪造身份证件罪。

要有在必要时换人的勇气和决心

当然，有人可能会问，我们尽管认识到了考察求职者或候选人的价值观、人格特点和能力三个方面的特征是极其重要的，但由于没有一种简单实用的、有明确定量标准的或一目了然的评价方法，那么如果判断失误，招错了人怎么办？其实很简单，正如两个人相互了解不充分就谈恋爱甚至结婚一样，一旦最终发现双方确实三观不合，性格不相容，没有共同建设家庭和和谐相处的能力，那么尽快分手反而是一种明智的选择。当然，正如一对恋人或夫妻要分手或离婚一样，不可能是一蹴而就的，双方之间曾经的感情、交往的过程、双方的家庭以及是否有孩子等各种因素都需要综合考虑，即使会分手或离婚，整个过程也可长可短，甚至还有双方都知道对方并不合适，但也无力改变，只能凑合的情况。当然，只要遵守国家的法律法规和基本的伦理道德，雇佣关系的解除在很多时候可能反而比恋人分手或夫妻离婚更为简单一些。事实上，企业和员工之间的关系保持和谐和长久的前提无非是两个：一是双方在相互挑选的时候都能尽可能获得对方各种特征方面的信息，从一开始就做出正确的选择；二是双方一旦发现对方无法达到自己的期望，则尽快解除雇佣关系，只留下那些真正合适的人。

事实上，无论企业或管理者如何小心谨慎地进行新员工的甄选工作，仍然存在极大的概率犯错误，这是因为预测未来总是存在风险的，世界上根本就不存在任何一种好的工具或方法能够快速而准确地评估一个人的能力、素质尤其是潜能或未来的绩效，更何况对人进行评价和最后决策的仍然是作为决策者的人，因此很难避免各种偏见或决策误差。比如人的大脑总是会根据相似度、熟悉度和亲切感做出决定，而不是去注意收集各种需要了解的信息。德鲁克在 1985 年发表于《哈佛商业评论》上的一篇关于人事决策的经典文章中就指出，高管们做出晋升决策和任命决策的平均成功率不超过三分之一。充其量有三分之一是正确的，三分之一是效果不尽如人意的，三分之一是彻底失败的。[①] 著名猎头公司亿康先达的合伙人在其著作中谈到，通用电气公司前首席执行官杰克·韦尔奇曾跟他当面坦言，做出重大的人才决策是非常困难的，自己在担任初级经理时做出的人事任命有一半是错误的，30 年后在他已经成为首席执行官的情况下，仍然有 20% 的人事决策是错误的。他要求 300 名企业的高管回答这样一个问题——如果自己的企业从头做起的话，现有的员工中有多大比例的人会被自己再次雇用，答案是大约 50%。[②]

从理论上说，一旦发现招来的人不能胜任工作，那就必须尽快采取行动，不仅应该让他们知道，而且需要让他们离开。然而，正如一对不合适的恋人或夫妻往往不是那么容易分开甚至可能一直持续下去一样，很多企业或管理者对已经发现明显不合适的人却下不去手，大多数人并不擅长让那些不合适的人离开。管理者之所以不愿意换掉不称职的人，原因可能是多方面的，比如，解雇人是一件令人不愉快的事情，大多数人实际上不愿意面对这种场景，同情心的存在促使管理者尽可能采取拖延战术。不愿意解雇人另外一个方面的原因则是规避损失的心理或沉没成本的作用，人们通常更倾向于留住已经雇用的员工，除非他们的业绩已经非常明显地不达标，既然选这些人的时候已经投入了大量的时间、精力和金钱，谁又能保证下一次能选对人呢？正如在炒股票的时候，要下决心“割肉”并非一件容易的事情。但对于管理者来说，必须认清招错人或选错人可能给企业带来的巨大代价，同时必须克服心理上的障碍，对已经发现明显不符合公司要求的人，应及时做出调整，如果在公司内

① Drucker P F. How to Make People Decisions. Harvard Business Review，1985.

② 费洛迪．合伙人：如何发掘高潜力人才．北京：中信出版集团，2013.

部无法为这些人找到其他合适的工作，那么解雇就是唯一的选择，拖延和不解雇就是对企业的不负责任。乔布斯在 1995 年接受的那次访谈中就明确指出，在管理一家公司时，自己不得不做的最困难和最痛苦的一件事情就是，一旦发现自己手下的有些人不是世界上最好的，就不得不开除他们。尽管开除那些不合格的人会让自己感到很痛苦，而那些被开除的人也可能对乔布斯恨之入骨，但这是自己的工作中无法回避的部分。虽然知道很多人实际上并不想离开，但乔布斯没有给他们提供任何其他选择。

12

“三力”合一方能给员工赋能

关于赋能概念的解读

在社会上，几乎每过一段时间，管理问题研究者或者企业界就会提出一些管理新名词，有些新名词确实代表了某种新的管理理念或管理方法，但有些时候，这些所谓的新名词无非是新瓶装旧酒，大家都喜欢用的原因就在于想要表明自己与时俱进，处于管理的“时尚圈”中，其实并没有太多具体的应用价值。最近一两年，大家嘴里说得最多的时髦概念之一便是“赋能”（empowerment）。然而，正如人们热衷于传播的很多此类管理新名词一样，赋能这个词听起来确实让人挺有感觉的，但赋能到底是什么意思呢？更为重要的是，怎样做才能真正实现赋能呢？对于这些问题，绝大多数嘴上在讲赋能的人实际上都是一知半解，而且不求甚解。当我在新浪微博上说了一句“我正在思考赋能这个问题”的时候，收到一些很有意思的回复：“我们有个应用系统起名叫赋能平台，其实就是一个在线填报系统”“以前叫培训，现在改叫赋能了”“听一位湖南同事的方言，把‘赋能’说成‘糊弄’，多形象啊”“用程序给一线无休无止地派活儿，就是赋能，破玩意儿”……这些说法很清楚地反映了赋能这个词在企业管理实践中已经被完全滥用。那么，赋能到底就是一句用来显示自己与时俱进的空洞口号，还是真的不仅很重要，而且确实能够变成企业管理实践的一部分呢？

赋能一词来源于从 20 世纪 90 年代起便在美国企业界开始得到广泛关

注的一个概念。我从 20 世纪 90 年代开始就做翻译美国人力资源管理类教科书的工作，当时第一次遇到这个英文单词的时候觉得很是疑惑，去查它的相关说明和解释，好像是给员工授权的意思。比如，剑桥英文词典对“empower”这个动词所做的解释是“to give someone official authority or the freedom to do something”，可翻译为“正式授予某人去做某事的权力或自由”。而对“empowerment”这一名词所做的解释则是“the process of gaining freedom and power to do what you want or to control what happens to you”，即“获得去做自己想做的事情或控制自己遇到的事情的自由和权力的过程”。然而，令人困惑的是，在英文中明明还有两个更直白的表明授权的概念，就是“authorization”和“delegationn”。由于当时实在是找不到一个能体现“empowerment”含义的中文词汇，所以只能硬着头皮翻译成授权。现在看来，“赋能”这样一个中文词汇确实要比“授权”更能传神地表达其真正的意味，因为常规意义上的“authorization”和“delegation”所代表的授权，更多是强调上级自上而下地将原本自己享有的某种正式管理权限正式授予下级，由下级代行某些职权。这里只是强调了权力下放这一事实，并没有涉及对下级员工的工作动力、工作状态等所产生的影响，而“empowerment”则暗含了通过授权以及其他途径（比如信任、心理支持等）强化员工的工作积极性和主动性，释放他们的能量，激励他们为组织创造更大价值。即使从授权的角度来说，“empowerment”对员工的授权也并非仅指狭义上的正式权力授予，还包括在心理上让员工感受到的自主决策以及行动的权力，在学术研究中就有“psychological empowerment”这样一个专门用来衡量对员工心理上的权力授予的概念，中国学者通常把它翻译为“心理授权”。此外，之所以说“empowerment”超越了正式权力授予的含义，还包括心理上的自由度或自主性授予，是因为“empowerment”这个词并非管理领域的创造，实际上它最早出现在积极心理学领域，是指通过言行、态度、环境的改变等给予个人更大的能量，以最大限度地发挥个人的才智与潜能。不过，积极心理学中的所谓赋能是双向的，同时包括了自我赋能和赋能他人两种情况，而我们在管理学中探讨的赋能，主要谈到的是组织或管理者对员工赋能的问题。

下面，我们先抛开英文，单在汉语的意境来对赋能一词进行剖析。从组织内部管理的角度来说，赋能可以被理解为使员工有能量，之所以将这里的“能”解释为“能量”而非“能力”，是因为“能力”通常被理解为一个人是否具有完成某项任务的知识、技能和经验以及其他个人特征，而且这种能力本身的存在与否是不以外部环境为条件的。也就是说，无论是否能够发挥或释放出来，这种能力本身依然是存在的，因此可以将能力理解为一种相对静态的东西。而能量则更多地与运动相关，这一点可以从物理学的角度做一些解释，因为它本身就是一个物理学概念。在物理学中，能量被定义为对质量的时空分布可能变化程度即物质运动的一般量度，用来表征物理系统做功的本领。能量的单位与功的单位相同，在国际单位制中是焦耳（J），此外还有常用的千瓦时（KW·h）和卡（Cal）。能量以多种形式存在，按照物质的不同运动形式可分为核能、机械能、化学能、热能、电能、辐射能、光能、生物能等各种不同能量，而且这些不同形式能量之间可以通过物理效应或化学反应相互转化。现代物理学明确了质量与能量之间的数量关系，就是爱因斯坦的质能关系式：$E=MC^2$。其中，E 是能量，单位是焦耳；M 是质量，单位是千克；C

是真空中光速（m/s）。相对论认为，物体的总质量并不等于静止质量，一个物体的实际质量为其静止质量与其通过运动多出来的质量（即动能）之和。换言之，当一组粒子构成复合物体时，由于各粒子之间有相互作用能以及有相对运动的动能，因此当物体整体静止时，它的总能量一般不等于所有粒子的静止能量之和，还存在一种结合能。不仅如此，因为在静止粒子内部仍然存在运动，所以这些带有一定内部运动能量的粒子就有一定的惯性质量，在基本粒子转化过程中，有可能把粒子内部蕴藏着的全部静止能量释放出来，变为可以利用的动能。事实上，原子弹利用的是铀和钚等较容易裂变的重原子核在核裂变瞬间发出巨大能量的原理。

尽管对于我们这些外行来说，要理解这些物理学的抽象概念确实非常困难，但从上述这些解释中不难看出，能量是一个与运动关系极大的概念，即使是一个静态的物体，其内部也存在各种分子和粒子的运动。简单概括一句话就是：能量源于运动，运动转换能量。正因为如此，我们倾向于把赋能解释为赋予员工能量而不仅仅是赋予能力，其希望表达的含义是让员工不仅有能力，还要能动起来或去做功，将静态的能力在运动中转化为能量，从而为组织创造更大的价值或做出更大的贡献。

员工赋能的三大要素

既然员工赋能可以解读为给员工赋予能量，那么接下来必须回答的一个问题就来了——怎样才能真正做到给员工赋能？我在企业管理者的培训课堂上多次问过这样的问题，最常见的回答有两个：一个是给员工授权，另外一个是对员工进行培训。尽管这两个回答都有一定的道理，但并不完善。

很多人对赋能的理解就是给员工授权，而之所以会有这样的理解，一方面是因为赋能这个词本来就有授权的意思，而且经常被翻译成授权，另一方面是因为如果不给员工足够到位的权力，员工确实很难做很多事情，无法把自己的能力通过工作活动转换为有价值的能量。所以给员工恰当的授权显然是赋能一个不可或缺的条件。但是仔细一琢磨，这里还有一个关键问题需要回答：一个人在什么时候才愿意给别人授权？当你对另外一个人不够信任的时候，你会授权他代替你去做出对你的利益有重要影响的决策吗？显然不会。换言之，授权是有前提的，当这些前提不能得到满足时，当事人是不愿意轻易给别人授权的，因为那样做存在很大风险。在日常生活中，授权某人替自己做某种决策或者做某些事情的时候，有两个因素是我们会掂量的：第一，这个人有替我做这个决策或做这件事情的能力吗？比如，这个人具备相关的知识和技能吗？这个人有没有做同样事情的历史成功经验？等等。第二，这个人愿意帮我去做吗？如果愿意帮我去做，那这个人本身是值得信赖的吗？此人会从对我最有利的立场出发去做决策或做事情吗？这个人会不会因为不是自己的事情就不当回事、不认真，甚至会不会借机损害我的利益为他们自己谋利益？同样地，当管理者在企业中给自己的下属员工授权时，他们也一定会问这两个问题。一言以蔽之，领导对员工的信任是员工的能力和动力这两个变量的某种函数。

总之，要想让管理者痛痛快快地给员工授权，就必须让他们确信员工是有能力运用这些权力的，同时还要让他们确信员工在主观上具有按照组织利益要求行事的充足动力，而不是利用可能获得的权力来为自己谋私利。只有当员工同时满足了能力和动力两个条件，管理者才会对员工有足够的信任，而这种信任是授权的前提。有鉴于此，所谓赋能，我们认为，实际上就是通过赋予员工三种重要的力量——能力、动力和权力，来强化员工达成最佳工作绩效的能量（见图 12-1）。这里的能力要素回答的是“会不会”的问题，动力要素回答的是“想不想”的问题，权力要素回答的则是“能不能”或“可不可”的问题。只有这三力合一，方能转化为对企业有价值的员工能量，这可称为给员工赋能的“三力模型”。回想一下我们在前面对能量问题所做的物理学讨论（爱因斯坦提出的能量公式 $E=MC^2$）可以发现，这里员工的能力因素就像决定能量（即 E）的质量（即 M）因素，而动力和权力则是两个决定“速度”的因素。一旦质量足够大，速度又足够快，那么员工的能量就会迸发出来。如果用一个公式来表达一家公司对员工赋能的程度，则可以如下所示：

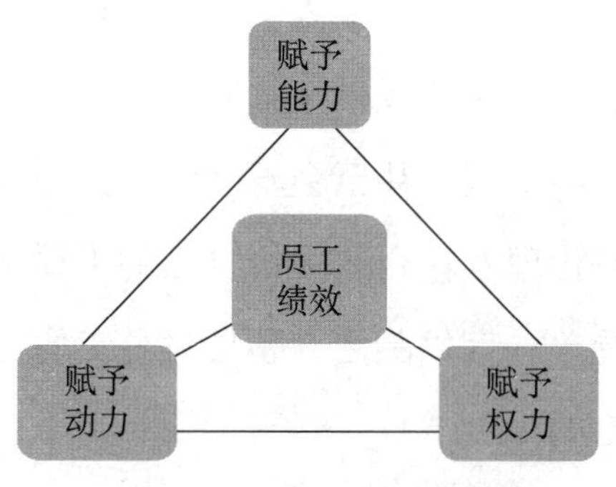

图 12－1　员工赋能的三大要素

AMO 模型与“杨三角”

从赋能的概念出发推导出来的关于员工赋能的“三力模型”，在本质上与管理学中的 AMO 模型以及著名华人管理学者杨国安教授提出的关于组织能力的“杨三角”是高度一致的。

AMO 模型有时候也称为 AOM 模型，AOM 是三个英文单词即能力（ability）、动机（motivation）和机会（opportunity）的首字母缩略语。AMO 模型是在期望理论的基础上发展而来的，它既可以用来解释员工个人绩效背后的三大关键核心推动要素，也可以用来解释组织整体绩效的三大关键驱动力或高绩效工作系统的三大关键构成。很显然，对于任何一位员工而言，要想取得高水平的工作绩效，就必须既有充分的能力，又有足够的努力动机即动力，此外还得有施展才能、发挥作用的机会。在一位员工的工作绩效不令人满意的情况下，这个模型可以很好地帮助企业和员工本人分析导致绩效不佳的原因，然后再采取有针对性的改进对策，从而在未来持续提升个人绩效。从组织的层面来说，AMO 模型可以很好地从人力资源管理的角度解释组织绩效三个非常重要的驱动因素：员工队伍整体的能力、动力以及客观上为员工发挥作用所提供的机会。在战略性人力资源管理研究中，通常把在组织内部存在的通过协调一致确保人力资源服务于企业的战略目标实现的系统性人力资源管理政策和活动称为高绩效工作系统，而 AMO 模型中的这三大要素恰恰是高绩效工作系统对组织所能产生的作用的体现。也就是说，高绩效工作系统通过强化企业员工队伍的整体能力、动力以及机会为组织创造高绩效做出贡献。

在人力资源管理实践中广为人知的“杨三角”在本质上跟AMO模型是完全一致的。“杨三角”的提出者为杨国安教授，他博士毕业于美国密歇根大学商学院，师从国际人力资源管理知名学者戴维·尤里奇（Dave Ulrich），曾任密歇根大学商学院教授和中国研究中心主任，后担任中欧国际工商学院飞利浦人力资源管理教席教授、副教务长、人力资源与组织管理研究中心主任等职。此外，他还是一位实战经验非常丰富的学者，曾担任宏碁集团首席人力资源官以及阿里巴巴、腾讯、飞利浦等多家知名企业的人力资源管理顾问。杨国安教授提出，一家企业成功与否主要取决于战略和战略执行能力（成功 = 正确的战略 × 战略执行的能力），而企业的战略执行能力就是指组织能力。而“杨三角”实际上是指组织能力的三大支柱，即员工思维模式（解决的是愿不愿意干的问题）、员工能力（解决的是会不会干的问题）、员工治理方式（解决的是允不允许干的问题）。至于强化组织能力的对策，杨国安教授的建议是：针对员工能力，可以采用能力模型、导师制、行动学习等管理方式；针对员工思维模式，可以采用高层以身作则、平衡计分卡、关键绩效指标等管理方式；针对员工治理方式，可以采用组织重组、流程重组、流程再造、六西格玛等管理方式。很显然，“杨三角”中的三大支柱及其建设组织能力的对策在本质上与AMO模型如出一辙，而用这三大支柱来解读员工赋能的含义以及如何给员工赋能的问题同样是顺理成章的。①

---

① 杨国安．组织能力的杨三角：企业持续成功的秘诀．北京：机械工业出版社，2021.

员工赋能还是要靠人力资源管理

无论是按照“三力模型”，还是按照AMO模型或“杨三角”，我们都会发现，赋能其实并不是新东西，而且也不要指望找到一种只依靠某种技术手段就能激励员工创造价值的万灵药。相反，从根本上说，真正的员工赋能还是要回到组织的人力资源管理体系建设上来。首先是员工的能力问题。员工的能力无非有两个来源：一个是在加入组织之前就已经通过受教育、接受培训以及先前的工作经验获得；另一个就是在加入组织之后，接受组织提供的正式教育培训或通过“干中学”实现的在职培训。因此，从人力资源管理的角度来说，要想确保员工具有达成高绩效所需的能力，招募甄选（人岗匹配）以及培训开发两大职能就显得至关重要。一方面，企业可以通过直接雇用那些具有完成工作的能力的员工完成工作；另一方面，企业需要制订相应的培训开发计划，其中包括岗位轮换、导师指导等多种方式，对员工进行人力资本投资，帮助他们获得完成工作的能力。其次是员工的动力问题。这涉及企业的招募甄选、制度设计以及组织文化或领导力建设方面的职能。

要想确保员工有充足的动力去实现组织目标，企业通常有三种方式：一是选择正确的人。在上面关于员工的能力部分我们也提到了选对人的重要性，但那里更多是强调员工是否具有正确的知识、技能、经验。而在这里的选对人更多强调的是员工的价值观以及人格特点，比如有些人就是比其他人更讲诚信，责任心、伦理道德意识更强等。企业如果雇用的都是这样的人，则监督管理成本会大大下降。二是通过制度设计强化员工实现组织目标的动力。在人力资源管理中，制度设计体现在很多方面，其中比较重要的是涉及个人经济利益的薪酬制度设计。从根本上说，员工个人的利益和组织利益并不天然一致，员工追求个人利益最大化的动力是与生俱来的，但并不存在关心组织利益的强大动力。在这种情况下，组织如果想要激励员工在某种程度上把组织利益视为个人利益，一个很重要的办法就是建立员工的个人利益与组织利益之间的关联关系，即只有确保组织利益达成，员工才有可能获得相应的经济利益。比如，通过建立绩效考核体系以及将绩效考核结果与薪酬挂钩的奖励体系，使员工即使出于对个人利益的关注，也有动力去努力实现组织的目标。从委托代理理论的角度来说，代理人和委托人的利益往往是不一致的，因此，委托人通常需要设计某种利益机制，从而使代理人的利益与委托人的利益捆绑在一起，使代理人即使为了个人利益的实现，也必须首先保证组织利益。此外，员工的工作动力还会受到第三种因素即组织文化或领导力的影响。组织文化本身对于员工的行为具有一定的激励和约束作用，在一个强文化的组织中，组织文化对于员工的影响更为明显。员工要么是受到组织规范的压力，要么是认同组织文化而表现出组织期待的行为。如果是在一个大家都激情满满、勇挑工作重担、注重工作成效而不是人际关系的组织中，员工大概率也会积极主动地完成工作并努力达成高绩效。反过来，如果在一个组织中，人际关系复杂，资历和关系要比业绩更受重视，甚至活干多了不仅自己受累，而且更容易受到指责，一派“能者多劳、慵者逍遥”的景象，那么员工大概率会想方设法推卸责任，浑浑噩噩混日子。与此类似，如果一个组织的最高领导者以及员工的直接领导者领导能力很强，懂得如何激发员工的工作热情，那么员工很可能工作动力十足；反之，如果领导者的领导能力很差，完全不通激励之道，员工则很可能会消极怠工甚至选择主动离开。

如果可以确信员工具有正确的能力和动力，那么可以给员工授予更多的权力。尽管在AMO模型中讨论的机会中并不仅仅包括对员工的授权，还包括通过工作设计、工作轮换以及各种员工参与形式提供的其他机会，但最终还是体现在工作中能够掌握的职权。因此，我们在这里就直接针对赋能中的第三个重要因素即权力展开讨论。虽然说授权本身并不仅仅指明确的权力范围划定，而是可以包含某种心理授权，但在员工没有得到明确权力授予的情况下，这种心理授权可能也很难产生。事实上，在那些员工能够积极主动地为了实现组织利益而采取行动的组织中，通常都会给员工明确的授权。1927年初创于美国的波士顿丽思卡尔顿酒店是全球首屈一指的奢华酒店品牌，一直是高端商务人士甚至名门政要下榻的目标酒店。在我国多地都有这家酒店。该酒店的一个广为人知的座右铭是“我们以绅士淑女的态度为绅士淑女们忠诚服务”。更重要的是，丽思卡尔顿酒店真正做到了对员工赋能，它的员工总是表现出极强的主人翁责任感，经常用各种各样的方式给客人带来一些意外的惊喜。很显然，仅仅靠口头提倡客户第一、员工要处处为客户着想是很难达到这种员工被激活的状态的。丽思卡尔顿酒店不仅在员工的招募甄选、培训开发以及组织文化建设等人力资源管理的多个方面为提供优质客户服务打下坚实的基础，同时通过明确的授权使员工获得了为顾客提供个性化服务的条件。事实上，该酒店有一个明确的规定，就是任何一位员工，无论是客房服务人员，还是门童或行李员，无须获得任何上级的批准，都可以动用不超过2 000美元的经费去为任何一位有需要的客人提供服务，一旦使用并经过报告后，酒店会重新为员工补充2 000美元的额度。这家酒店多次发生客房服务人员发现客人将护照或笔记本电脑等私人物品遗留在房间后，立即打车甚至坐飞机追过去将物品送还客人的事情。不妨想想，如果不是有这种明确的授权，普通员工怎么可能会主动去做这些需要花钱的事情。

另外一家在员工赋能方面堪称典范的是我们在前面提到过的美国西南航空公司，这家公司员工的主人翁责任感让人印象极其深刻。我最初关注这家公司是在 2002 年，当时正在广州为广东交通系统的一家企业做人力资源管理咨询项目，周末休息时转到酒店附近的天河图书城，无意中发现了一本特别吸引眼球的书，书名叫《西南航空：让员工热爱公司的疯狂秘方》。职业的本能驱使我从书架上把书拿下来翻阅了一下，这本书是与西南航空公司打了十几年交道的一对博士夫妻写的，其中的内容很吸引人，看完之后真的有一种不可思议的感觉：一家美国公司的员工竟然有中国人为之自豪的社会主义主人翁精神！！后来，我接触到的美国西南航空公司的书籍和资料越来越多，看到了该公司员工在没有得到明确的指示也不请示上级的情况下，自行决定帮助客户以及公司解决问题的很多故事。比如西南航空公司因为追求高周转率，所以不接受乘客带动物坐飞机，而当一位不知情的乘客不了解这一规定，在机场因为已经带来小狗不知所措时，西南航空公司的员工主动提出帮乘客先把小狗带回自己家代养一段时间，等乘客度假回来再还给乘客的建议，而不是仅仅提供所谓的“微笑服务”，让乘客自行去处理自己的难题。再比如，西南航空公司的员工还把需要在某个机场转机的 80 多岁老人带回自己家去照顾，而不是让老人自己去应对。该公司的员工之所以处于一种真正被赋能的状态，其根本原因在于公司不仅通过全套的人力资源管理体系和组织文化建设确保员工有足够的能力和动力，而且给了他们明确的授权，授权他们在自己认为合适的任何情况下按照自认为正确的方式先行处理问题，而不必跟上级汇报，事后公司会报销因此而发生的相关费用。

在一段讲授商业股市的视频中，我看到另外一个非常经典的例子：当“9·11”恐怖袭击发生时，西南航空公司正在飞行的航班按照美国政府的要求全部就近找机场降落，一架飞机临时降落的城市与最终的目的地城市之间是通火车的，于是一些乘客不想等待继续乘坐航班到达目的地，而是选择了坐火车走。然而，由于下机时情况紧急，很多人没能够把行李带出来，因而无钱购买火车票。于是，这架航班的机长用自己的信用卡帮所有没有带钱包但想坐火车的乘客购买了火车票，事后才将情况报告给公司，公司很快将这位机长支付的4 000多美元票款打到其个人账户。

然而，在很多企业，即使公司方面有这样的授权，员工在很多时候可能也未必敢用，这是因为，如果由于判断失误而使用了这种授权，公司很有可能会问责或追责，甚至给予处罚，要求员工补偿经济损失。正因为如此，如果真的要给员工赋能，除了授权之外，还需要有适当的免责机制，否则赋能也是一句空话。而西南航空公司在这方面就做得非常好，公司鼓励员工要勇于冒险，即使有时候存在失败的可能性，因为员工有可能在理由正当的情况下犯错。公司创始人和前首席执行官指出：“如果某位同事决定为公司做些什么，即使决定错误，我们还是会站在他背后给予支持的。”西南航空公司认为，如果员工愿意承担风险和进行创新，那么偶尔的损失和其中蕴藏的潜在利益相比根本微不足道。正因为如此，即使员工在有正当理由的情况下，因为主动采取行动而犯了严重的错误，公司也充分尊重他们，很多曾经犯过错误的员工或管理者后来都得到了正常的晋升。①

总之，在当前这种商业环境下，依靠传统的控制手段以及经济交换的金钱收买思维已经越来越难以确保企业在竞争中获胜，相反，对员工赋能已经成为企业赢得竞争优势的重要手段之一。而要真正保证员工获得这些能量，必须确保他们能够同时获得能力、动力和权力，一旦三力合一，则可能会迸发出类似原子弹爆炸那样的巨大能量。为此，企业一方面需要做好自身的人力资源管理体系的打造和组织文化的建设工作，另一方面需要通过对员工授权、与员工分享信息、让员工更多地参与决策，将企业和员工之间的关系从雇佣关系转变为伙伴关系。在新浪微博上，有位年轻人这样对我关于赋能的一个观点跟帖道："赋能？我第一反应是武侠片里一个人给另一个人传内功。"你别说，这个比喻还真的有点意思，当企业把能力、动力和权力都源源不断地输送给员工的时候，员工的能量不断增长，就可以像强大的勇士一样去帮着企业去打各种"怪兽"了。

---

① 凯文·贾娅·傅莱伯．西南航空：让员工热爱公司的疯狂处方．北京：法律出版社，1999.

13

绩效是干出来而不是考核出来的

微软取消员工强制分级

微软自成立至今总共有三位掌门人，1976—2000 年是比尔·盖茨，2000 年换成了鲍尔默（Steve Ballmer），2014 年又换成了纳德拉（Satya Nadella）。在 1999 年底，也就是比尔·盖茨交班的时候，微软是全球市值最高的科技公司（6 000 亿美元），然而 2013 年时，微软的市值仅剩下 2 200 亿美元，公司几乎所有的软件和硬件产品包括 Windows、Office、IE、MSN、Bing 以及 Surface 平板电脑等等，均遭遇业绩下滑甚至退出市场，微软面临收入增加放缓、股价低迷、部门体制僵化、官僚化、高管内斗、人才流失严重等严重问题。而随着纳德拉于 2014 年 2 月上任，微软不仅重新在 2018 年成为全球市值最高的公司（8 500 亿美元），更在 2023 年将市值拉升到 3 万亿美元左右。纳德拉在上任伊始就实施了战略转型，将鲍尔默时期制定的“设备 + 服务”战略调整为“云计算 + 移动设备”战略，不仅更加聚焦，而且最重要的是将微软的业务重点转向了云计算。为此，纳德拉先后三次对微软的组织架构进行大刀阔斧的改革，2013—2015 年沿袭原有的以 Windows 操作系统为核心的传统组织架构，只是把全部硬件业务合并为个人计算机业务，其目的是先稳住公司的现金流，与此同时，开始发力以云计算为核心的企业服务。2015—2018 年，纳德拉进一步将个人计算机业务中的硬件和操作系统加以合并，在加强针对企业客户的业务的同时，大力发展数据库、微软云以及企业服务等智慧云产品。到了 2018 年 4 月，纳德拉彻底把 Windows 团队拆掉，全面聚焦“智能云和智能尖端”，从而形成了微软智能云的三驾马车——Azure、Office 365、Dynamics 365，意图使微软成为人工智能时代的生产力平台。[①] 此后，几乎 95% 的全球“财富 500 强”企业都在使用微软云的服务，微软云创造的经营收入在微软公司 2023 年全年收入中的占比已经高达 26%，超过了 Office 和 Windows。

纳德拉在进行战略和组织架构调整的同时，展开了对公司的文化和价值观的重塑。微软最初的使命是：让每张桌子和每个家庭都有一台电脑。而在 2015 年，纳德拉重新定义了公司的使命、愿景、价值观，新的使命被修改为：为智能云和智能尖端时代的数字化转型赋能，予力全球每一个人、每一个组织，成就不凡。在企业文化方面，微软明确强调不能再像过去那样一切以 Windows 为核心，而是要以客户为中心。为此，必须在公司内部建立起合作、包容、持续致力于推动创新的文化生态，强调“同一个微软”的重要性，从过去强调单个部门和个人的重要性转变为强调整体和团队的价值，在这种情况下，员工的同理心和成长型思维就显得极其重要。微软在鲍尔默时期采用的是以各个产品线为单位对员工进行强制分级的绩效考核办法，这种做法实际上是学习杰克・韦尔奇在通用电气公司上任伊始为裁减冗员和激发员工活力而设定的绩效考核办法，即每个部门都必须将自己的员工划分为 20% 的绩效最优秀者，70% 的合格者以及 10% 的不合格者，落在最低绩效等级中的这 10% 的员工就面临着绩效改善甚至被淘汰的结局，也就是我们通常所说的末位淘汰。这种“721”的绩效考核结果比例分布据称符合活力曲线的基本原则。绩效考

① 萨提亚・纳德拉 . 刷新：重新发现商业与未来 . 北京：中信出版社，2018.

核制度刚开始在微软应用的时候是非常有效的，那个时候各个产品线只需要单独作战，各自销售自己的产品，相互之间不需要配合，只要提高了员工个人的绩效就能够确保公司每年达成 20%～30% 的收入增长。然而，随着苹果和谷歌的市场冲击力度逐渐加大，微软各部门之间如果再不合作就很难继续存活下去。在这个时候，微软也考虑过是否应该废除原有的员工强制分级制度，但最终还是没有下定决心进行彻底改革，而是试图通过打补丁的方式先对原有的绩效考核方式做一些局部的修补和完善，其主要目的是在维持原有的个人绩效考核方式的同时，设法促成不同团队之间的合作。于是，公司通过引入 360° 评估和平衡计分卡等手段，试图让员工在跨部门合作时所做的贡献能更为公平地被纳入员工个人的绩效。结果却事与愿违，这种做法不仅没有带来明显的绩效改善，反而使管理变得更加复杂，各级管理人员不得不填写更多的表格，关注更多的指标，每个部门至少背着 20 余项考核指标，只要一个考核指标出现了红灯，总部就会一查到底。在这种情况下，各级管理人员被更为繁杂的绩效考核制度牵绊，员工的创新能量也被用于内斗，最终逐渐消磨殆尽。2012 年 8 月的《名利场》杂志发表了一篇名为《微软失去的十年》的文章，指出微软文化的核心问题就是这套名为员工强制分级的管理制度。“我访谈的每一位微软现员工或前员工都将强制分级制度视为微软内部最具破坏性的因素，它已经赶走了无数的员工。”

2013 年 11 月 13 日，微软的人力资源总监向员工发出了一份内部备忘录，宣布正式废除实施了十多年的备受争议的员工强制分级制度。《华尔街日报》的报道的副标题是：“微软放弃充满争议的员工强制分级制度”，《彭博商业周刊》的网站报道标题也类似：“微软砍掉被广为憎恨的员工强制分级制度”。几年前，我指导自己的一位博士研究生写过一篇文章，专门对微软的这次绩效考核方式的变革进行剖析。我们发现，微软原来的这套强制分级制度虽然在一定程度上激发了员工的竞争精神，但也带来了一系列问题，主要表现在以下六个方面：一是不鼓励创新。创新在初期很容易失败，而一个人一旦创新失败，就可能成为末位的人选，因此这套制度对于微软的创新以及员工的诚信和道德来说近乎是一种毒药！而反观谷歌，专门为员工留出 20% 的工作时间去自由创新。二是不鼓励合作。在强制分级制度下，同事变成了事实上的对手，帮助同事就等于害自己，因此人人都会故意留一手，不去跟同事共享知识，更不会主动去帮助同事，而这样的结果显然会导致微软的创新能力和反应速度比竞争对手更差。三是鼓励制定更低的绩效目标。很显然，在制定年度个人绩效目标时，员工如果能够通过跟上级讨价还价为自己订立一个尽可能低的绩效目标，就会有助于降低自己成为被淘汰的末位者的风险。四是压制员工的进取心。员工不愿意被调动到水平更高、绩效更优秀的团队之中，因为“宁为鸡头，不为凤尾”的道理大家还是清楚的。毕竟，在高绩效团队中，自己成为垫底者的风险实在是太高了，远不如留在现在的团队中安全。这种情况显然既不利于员工个人能力的提高和职业发展，也不利于企业创新和绩效水平的提升。五是员工总是担心领导者的报复。比如，如果员工想要转调其他部门，那么原来部门的主管人员很可能会把其绩效分数压到最低，从而填补本部门必须有的绩效最差者的名额。六是管理者的感受很糟糕。这是因为如果一位主管人员手下的员工都是业界最好的人才，工作都很努力，但公司非得让这位主管人员找出一两个绩效不佳的员工，就会让主管人员很为难。

为了解决这些问题，微软引入了一种全新的绩效考核制度，将重心从原来的对员工进行强制分级，转向团队合作和员工个人成长。新的绩效考核制度鼓励员工之间分享想法和资源，促进跨部门的合作，并且强调主管人员要与员工进行频繁的绩效沟通，提供实时的绩效反馈，并注意为他们提供职业发展所需的各种资源。这套新的制度丰富了考核的维度，除了考察员工自己做了什么，同时考察员工帮助别人做了什么，以及与别人一起做了什么，“对他人的贡献”受到了前所未有的重视。微软公司希望通过这种转变，创造出一个更加积极的、有利于促进合作的工作环境，从而激发微软员工的创新潜力，提高公司的整体竞争力。与此同时，在新的绩效考核制度下，微软更加注重长期的战略里程碑和市场表现，而不是仅仅关注短期的财务指标，这种长期导向的业绩指标显然有助于公司实现更为可持续的增长和创新。

尽管过去中国企业很少采用强制分级或强制分布的做法，但根据员工的绩效水平确定一定的淘汰率即末位淘汰的做法很早就有，这种做法为中国企业界所了解，主要是因为许继集团在介绍自己取得令人瞩目的经营业绩时提到了末位淘汰的做法。许继集团最初是 20 世纪 70 年代从阿城继电器厂分出来的一个小厂，原名许昌继电器厂，1984 年王纪年成为新任厂长。面对企业在信息、人才等方面都不占优势的情况，为了扭转经营的不利局面，王纪年大刀阔斧地实施了以劳动制度、人事制度以及收入分配制度为核心的三项制度改革，使得许继集团的销售收入从 1984 年时的 1 920 万元达到 2006 年时的 48.44 亿元，实现了 252 倍的飞跃。而在许继集团对外的经验介绍中，很多企业都注意到一个“杀手锏”——末位淘汰。许继集团对全体员工进行考核评价，从总裁到每个员工都要按照详细的月度工作计划接受上级主管的考核，12 个月的考核分数汇总之后就可以确定淘汰人员名单，其中中层以上干部每年淘汰 5%，管理层每年淘汰 8%，研发人员每年转岗 8%，每年 6% 的工人会被转制（从合同工变成临时工），连续两年不合格者就会被辞退。尽管许继集团的成功既有科技创新的贡献，也有三项制度改革整体发力的作用，但很多企业在学习许继集团的经验时，只重点关注了末位淘汰这种做法，一来可能是因为这种做法新颖，容易引起关注，二来整体性地学习人家的经验太费事了，如果简单粗暴的管理手段能见效，谁还愿意费劲去学人家的一整套做法呢？因此，在那段时间里，末位淘汰的做法就如同野火一般迅速在中国各大企业蔓延，尽管在一些企业中产生了一些显著的效果，但绝大多数企业都是新鲜一阵之后就放弃了，即使是继续实行末位淘汰的企业，各级管理者也“聪明地”找到了不让自己充当坏人的做法，就是“轮流坐庄”，即在一个小单位或部门中，大家每年轮流充当那个末位者，这样就避免了同一个人因为连续两年成为末位员工而面临被淘汰的惩罚。

之所以不应该过分迷信强制分级的做法，主要有以下两个方面的原因。一是在企业处于经营状况不佳以及人浮于事、动力不足的特殊情况下，强制分级制度在短期内或许能够产生一些积极的作用，但如果长期实行，就有可能产生很多副作用。因此，甚至连通用电气公司也逐渐放弃了在 20 世纪 80 年代中期形成的严格的强制分级制度。二是对员工绩效进行强制分级的做法有一个重要前提假设，就是员工的绩效确实在大体上符合正态分布。正如我们在前面分析过的，这种假设实际上在很多领域并不存在。绩效考核以及对考核结果的分级本身都不过是管理工具和手段，绩效考核应当怎样做在很大程度上还要取决于企业的战略以及组织文化要求，同时要与组织的其他绩效管理包括整体人力资源管理体系相配合。

绩效考核不是一抓就灵

自从中国企业认识到绩效考核的重要性以来，很多企业就把绩效考核当成了达成目标和提升绩效的法宝。只要企业中出现了某方面的问题，很多领导者的第一反应就是，这事儿没受到重视，要放到考核里去。于是，我们经常会看到面对经营目标没实现、干部执行力不强、工作绩效不理想、部门之间不合作、企业文化有缺陷，甚至员工不听话等情况，企业都试图通过考核来解决，似乎只要考核到位了，企业中就没有解决不了的事儿。一家在中国较早引入 KPI 考核的电信公司曾经请我们帮他们做一个绩效考核指标梳理的咨询项目。我当时就问他们，你们在 KPI 考核方面在中国都算是做得比较早的也比较好的企业，在这方面应该很有经验了，为什么还要请我们来帮助梳理绩效考核指标？他们的回答是，一开始搞的确实是 KPI 考核，但随着领导者不断地把各种事项都往考核里面放，现在搞的已经不是 KPI 考核了，而是变成 API（all performance indicators）考核了，考核指标越来越多，大家逐渐迷失在考核指标的丛林之中，时间和精力都被耗费在跟考核指标较劲上了，而不是围着工作本身转，最终到了大家都无法忍受的地步。这种“绩效考核是个筐，什么东西都往里装”的现象在很多企业实际上都存在，动不动就搞百分考核、千分考核，似乎考核指标越多，工作落实越到位，工作成效越好。甚至有一家企业的员工告诉我，他们的管理人员经常挂在嘴边的一句话就是："再不好好干，看我怎么考核你们！"

然而，真的是"绩效考核，一抓就灵"吗？事实根本不是这样，绩效考核只是起到了衡量或测量的作用，有了衡量的结果，甚至将衡量结果与各种奖惩措施挂钩，在很多时候也并不能自动起到激励员工积极努力工作的作用。这让我想起一位小学同学，这位同学的父母是在街头做生意的，为了养家糊口已经非常辛苦了，所以平时根本没时间管孩子的学习，所以在每个学期结束时，当他父亲看到孩子拿回家的成绩单上惨不忍睹的分数时，都会忍不住把孩子打一顿，有时候下手真的很重。然而，从一年级一直被打到五年级，我这个同学已经长高到跟父亲相当的程度，他的成绩却依然还是老样子，所以仅仅是考核以及对糟糕绩效的严厉惩罚并不会自动带来绩效的改进。正如家长真正需要的是孩子的好成绩一样，企业需要的是员工个人和组织目标的达成，即实现理想的结果才是最重要的，而对工作结果的达成情况进行衡量以及制定有针对性的奖惩措施，都只不过是为了达成好的结果而采取的措施，考核是手段，结果才是目的。

很多企业可能没有意识到，自己之所以在绩效考核方面做足了文章效果却并不明显，主要是因为它们没意识到自己的做法实际上是建立在这样一个隐含假设基础之上的：绩效考核搞得越凶，绩效自然就会变得越好。但实际上这个假设在很多时候都是不成立的，两者之间并不是简单的线性相关关系。也就是说，绩效考核及其结果的应用只是达成高绩效的必要条件，却不是充分条件。正因为如此，我们经常可以看到，很多企业虽然在绩效考核方面下足了工夫，考核指标越来越多，考核目标越来越高，考核手段越来越复杂，考核的力度越来越大，企业的绩效却并未出现明显的改善，甚至还有可能变得比过去更糟糕。事实上，过于复杂的考核不仅会增加组织的运行成本，浪费各级管理者和相关职能部门的大量时间，而且会给员工的正常工作带来诸多困扰。特别是在对工作过程和细节的考核过于严格甚至问责氛围浓厚和惩罚措施过多的情况下，员工和管理者要么抱着“多一事不如少一事”的思想，能不干就不干，以免干多了错的更多，要么就会花很多的心思和时间去应对考核，而不是将精力和时间放在真正能够创造价值的工作上去。更糟糕的是，如果企业将所有的注意力都放在对绩效结果的考核和衡量以及采取相应的奖惩措施的话，还有可能诱导员工或团队以损害组织整体利益的方式来达成个人的绩效考核指标，而不是准确地找到导致某种组织绩效缺陷的真正原因，并且齐心协力最终解决绩效问题，反而加重了企业原本就存在的绩效缺陷。比如，英国卫生医疗系统曾经对所有到急诊室来就诊的患者设定了 4 个小时的诊疗目标，这个评价指标是从患者挂号到接受诊治之间的间隔时间。医院工作人员意识到，只要在医生没有能力接诊的时候不让患者挂号便可以满足考核要求。对于自己到医院就诊的患者医院无法干预，但他们可以控制通过救护车来医院的这些患者的挂号时间。于是，医院要求护理人员尽可能先将患者留在救护车上，这样便可以缩短患者的平均候诊时间。结果，医院的停车场上每天都停满了救护车，还有一些救护车则在医院里绕来绕去。再有，如果仅仅考核医院的院内死亡率，则可能会导致医院想方设法不接收疑难杂症病人或死亡概率较高的病人；如果要求公安机关必须满足“命案必破”的考核要求，则很可能会导致公安机关为满足考核要求而通过故意制造冤假错案来结案的可怕局面。

尽管绩效考核很重要，但绩效考核不是万能的，仅仅依靠考核无法解决绩效问题，也无法确保绩效达成，此外，也并非在任何情况下都需要进行严格的绩效考核，也并非所有的机构都建立了严格的绩效奖励计划。一个比较典型的案例是美国著名的医疗机构梅奥医疗集团，也称梅奥诊所，这个诊所最初是由梅奥医生于 1863 年创建的一个以救治美国南北战争伤员为主的诊所，员工总人数多达 4 万人，收入超百亿美元。梅奥医疗集团已经成为一个在世界上极具影响力、代表世界最高医疗水平的历史悠久的综合医学中心，是一个包括门诊、医院、医学研究及医学教育机构等在内的全面的医疗保健系统。在各种美国医院排行榜中，梅奥医疗集团几乎总排在前五名，在《美国新闻与世界报道》对 4 500 多家美国医院进行评比后发布的美国最佳医院排行榜中多次位居第一。尖端的医疗技术、出色的医疗效果以及大量的科研投入是确保梅奥医疗集团雄踞各大榜单的因素。梅奥医疗集团以高质量的医疗服务著称，医疗服务收费也相对较低，美国前总统奥巴马曾称其为美国最高质量、最高效率却低成本的医疗体系杰出代表。梅奥医疗集团与很多其他美国医院不同的一点是，它并不对医生进行门诊量、手术量、科研产出以及医疗质量等方面的严格考核，也不会根据任何绩效指标来给医生发奖金或分红。相反，他们给所有的医生支付完全相同的但富有竞争力的年薪。梅奥医疗集团之所以这样做，是因为它是一家“以患者为中心”的医疗机构，是最早也是最大的倡导整体性医疗的医疗机构，只要患者需要，来自各个领域的医生就会组成专家团队，综合其医疗技术和经验，解决患者在治疗过程中遇到的问题。梅奥医疗集团的每位患者都有自己的协调医生，他们负责全程协调专科门诊或者会诊。由于没有工作量以及创收等方面的压力，梅奥医疗集团的医生有足够的自由把时间花在需要治疗的病人身上，这样的做法带来了非常明显的绩效，梅奥医疗集团的病人平均住院天数短、花费少，而且需要接受 ICU 治疗的患者比率也远低于平均值，患者的满意度是极高的。①

绩效管理是战略执行的利器

很多企业之所以对绩效考核寄予厚望，主要是因为它们可能忘记了，绩效是干出来的，而不是考核出来的。因此，只有系统地分析组织绩效和员工个人绩效产生的过程，形成系统的绩效管理思维，而不是简单的绩效考核思维，才能真正实现绩效的提升甚至飞跃。那么，应当怎样全面而准确地理解绩效管理呢？在这里，我们可以通过一个关于绩效管理的经典定义来加以剖析：绩效管理是指识别、衡量以及开发个人和团队绩效，并且使绩效与组织战略目标保持一致的持续性过程。这里有三层含义。

其一，绩效分为三个层次，即组织绩效、团队或部门绩效以及员工个人绩效。很多企业一谈到绩效考核或绩效管理，就狭隘地将其设定为对员工个人的绩效所进行的考核或管理，这实际上是一种不完整的甚至是错误的理解，要知道，对员工个人绩效的考核或管理最终还是为了确保组织绩效的最优。由于员工通常是在某个部门或团队中工作的，因此，在员工绩效和组织绩效之间，往往还会有团队绩效或部门绩效这个层次，员工首先通过帮助团队或部门达成绩效，然后通过各部门之间的配合，

① 利奥纳多·贝瑞．向世界最好的医院学管理．北京：机械工业出版社，2022.

达成组织绩效目标。尽管从绩效达成的角度来看，从员工绩效到团队绩效，最后到组织绩效，这是一个自下而上层层驱动的过程，但从绩效目标设定的过程来看，这是一个自上而下进行绩效目标层层分解或拆解的过程。总之，组织绩效永远是最重要的，什么样的员工绩效考核或管理方式最有利于组织绩效的实现，这才是企业真正需要关心的，如果抛开组织绩效，仅仅关注如何对员工个人的绩效进行考核或管理，那就本末倒置了。但在现实中，这是很多企业的领导者和管理者容易犯的一个重大错误。

其二，绩效管理不仅仅指考核或衡量。事实上，绩效管理最重要的三大任务是识别绩效、衡量绩效以及开发绩效。所谓识别绩效，就是确认组织、部门或员工个人需要达成的绩效目标是什么，还有用哪些指标或方法能够衡量绩效目标是否确实达成。所谓衡量绩效，就是根据事先制定好的绩效标准和方法对组织、部门或员工个人实际的绩效达成情况进行测量或评估，即到底在多大程度上实现了预定的绩效目标。所谓开发绩效，则是在绩效衡量之后，一旦发现组织、部门或员工个人绩效不理想或存在绩效缺陷，则需要找出绩效差距，然后通过制定和实施相应的绩效改进计划或方案来谋求未来绩效的提升。

其三，绩效管理是一个连续的不间断过程，而不是仅仅在考核周期的某几个时点上开展的活动。很多企业对绩效管理的理解限定在确定绩效目标和考核绩效这两件事情上，以为把这两件事情做好，绩效管理就算完成了。然而，绩效管理实际上是一个从年头到年尾一直持续不断的管理过程，除了确定绩效目标或考核标准以及对绩效进行正式考核之外，还需要企业的各级管理人员对下属的进展情况进行及时的沟通和了解，从而确定需要及时进行纠偏或强化的地方，以保证企业、部门和员工个人的工作方向是正确的，绩效达成的过程是高效的。

理解了绩效管理的真正含义，就能够更加清晰地理解绩效管理的过程为什么是一个包括 PDCA 四大阶段的螺旋上升式循环过程了。PDCA 这四个字母分别是英文单词 Planning，Doing，Checking 和 Action 的首字母，代表的是绩效管理的四个阶段——绩效计划、绩效执行、绩效评估以及绩效改进（见图 13-1）。一个完整的绩效管理循环首先是从制订绩效计划和分解绩效指标和目标开始的，然后则是各级领导者和管理者带领下属分别按照自己的工作目标和考核要求去履行职责和完成各项必要的工作任务，在此期间，管理者的领导力和管理能力起着非常重要的作用，他们需要与下属保持密切的沟通，并时时提供反馈，接着就是根据事先制定好的绩效考核标准对绩效完成情况进行考核评价，得出相应的绩效等级，最后一步则是根据绩效考核结果，找到与预定目标或理想绩效之间的差距，并且探讨下一步改进绩效的方法和需要达成的目标，从而寻求绩效在未来的持续改进。

通过上面关于绩效管理的讲解，企业应该明白，绩效管理是企业战略执行的重要手段，是强化执行力的重要工具和方法。曾经有一段时间，中国企业的经营者特别热衷于执行力的概念，打着执行力旗号的书籍大卖，与执行力相关的培训课程很火。在那段时间里，有一位企业老板很自豪地跟我讲，他非常重视执行力，所以刚刚花了大价钱请某位培训讲师给他的员工讲了一天如何提高执行力的课程。那么为什么执行力的概念这么受到老板们的重视呢？这是因为很多企业的领导者都感觉到自己制定的战略、政策甚至布置下去的任务经常并不能得到从各级管理者到

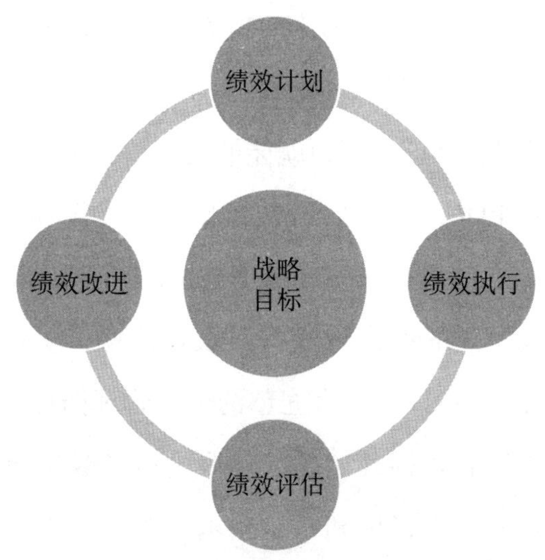

图 13－1 绩效管理的 PDCA 循环

普通员工的认真执行，以至于常常让自己的想法落空。然而，在长期的人力资源管理研究和咨询的过程中，我们发现在执行力的问题上存在一个很矛盾的情况：一方面很多企业高层管理者抱怨下属的执行力不行，另一方面企业的基层和中层管理人员，甚至副总裁或副总经理级别的高层管理人员以或隐晦或明确的方式直指老板的战略太模糊，甚至公司根本就没有战略。

关于这一现象，确实存在两种情况：一种情况是老板心中有一个相对清晰的战略，并且也将自己的战略表述出来，通过文件传达给各级管理人员了，但是由于老板与下级管理者的站位不同、能够掌握的信息不同，看到的企业发展的机会和威胁也不一样，因此，老板误以为自己已经将战略讲得很清楚了，执行不到位一定是下级的问题。但实际情况是下级真的没完全搞懂上级的战略到底是什么，或者是对于战略的可行性不抱什么希望，更不要说对战略落地的具体措施和细节的了解了。当然还有同样十分普遍的另外一种情况，就是企业领导者认为自己的战略很清晰，但实际上他们自己脑子里的战略并不清晰，只是似是而非的一团，结果下属们被搞得一头雾水，尽管企业领导者一再提出要求，但大家真的不知道企业领导者到底想要干什么，也就更不要说清晰地设计好战略的执行计划了。曾经看到一个孩子在网上吐槽妈妈与自己的一段对话，这段对话在一定程度上可以更直观地让大家理解，为什么很多企业领导者简单地将执行力不佳的原因归咎于员工是错误的。妈妈说："给我拿块抹布来。"孩子问："要哪块抹布啊？"妈妈："哪块都行。"孩子："给，这块。"妈妈："这块抹布不行，让你拿个抹布都拿不对，你还能干什么？"孩子："我……"这段对话非常形象地说明，执行力不够好或执行的效果不佳，很多时候不一定是执行者的问题，反倒是指挥者的问题。

真正的执行力往往有两个方面的重要特征：第一，执行的应当是企业的战略，而不是老板或领导者一时兴起发布的命令，甚至是一时的想法。第二，执行应该是主动的，而不应该是被动的。如果各级管理者和员工仅仅满足于围着领导者个人的命令转，以令行禁止为最佳状态，那么很容易出现的一种情况就是，由于领导者个人的想法太多、变得太快，以至于大家无所适从，甚至导致那些执行力强的人不仅很累，而且没有成就感，久而久之，大家都学会了干什么事情都"慢半拍"，甚至如果不是领导者多次催促就不会轻易采取行动。相反，如果企业领导者按照战略管理的要求，系统、明确地制定公司的战略目标，那么大家需要执行的就是公司相对稳定的战略。此外，当下属有了明确的需要达成的战略目标之后，他们在工作中就可以更加积极主动地根据实际情况选择自己的行动方案或行动时机，而不是非要等到领导者发出具体的行动指令之后才被动地采取行动。然而，在实践中我们经常看到很多古板甚至僵化的执行力案例，即一些管理者和员工完全不动脑子地严格按照领导者的命令去执行，而不敢或不愿意根据执行的具体情境进行必要的变通或灵活调整，即使领导者的指令明显存在问题甚至完全按照领导者的要求去做会给企业带来或大或小的损害。这些情况之所以广泛存在，在根源上还是因为企业的领导者以及管理者对执行力存在错误的认识。

在实践中，当一个组织的绩效管理系统本身存在缺陷，过分强调对员工个人或小单位的绩效考核，而不是引导大家真正关心整个组织的绩效时，员工的执行力越强，组织绩效很可能越糟糕。美国航空公司曾经发生的一件事就是一个经典案例。2006 年 12 月 29 日，美国航空公司一架代号为 1348 的航班在美国中部时间上午 9:10 从旧金山起飞，终点是位于达拉斯的沃思港国际机场。由于是新年前夕，机场很繁忙，飞机也是满员，这架飞机因机械故障延迟了 1 个小时才起飞。飞机延误本来不是很严重的问题，但这次延迟导致航班遭遇席卷得克萨斯州的风暴，达拉斯机场关闭，迫使该航班改飞位于达拉斯南部大约 200 英里的奥斯汀机场。还有其他 13 架航班与该航班处于类似情况，公司原计划给 14 架临时停靠的航班加油之后，等天气好转就让其飞走。然而，奥斯汀机场随后也遭受风暴袭击，机场陷入混乱，不过，随着风暴过去，一些临时停靠的航班飞走了，而 1348 航班就没有这么幸运了。尽管机长一再请求美国航空公司设在奥斯汀机场的机构安排登机门让旅客下飞机，或者提供一个更为舒服的地方停靠一下，以便在加油后继续飞行，但没有得到任何答复。结果，这个在下午 12 点 54 分就降落在奥斯汀机场的航班，一直等到晚上 9 点左右，忍无可忍的机长才强行占了一个登机口之后使旅客得以下飞机，而这些乘客此时已经被关在机舱里整整 8 个小时，离开旧金山机场更是长达 12 个小时了。此时的飞机上厕所早就满了，小孩的尿不湿也用完了。更令人气愤的是，当晚下飞机的乘客发现既没有人帮他们重新安排航班，也无人帮着联系旅店，有些人的行李被卸下了飞机，有些人的则没有。一些乘客不得不自己租车开往达拉斯，另外一些乘客则在美国航空公司的柜台等了 3 个小时也无人接待，不得不等到第二天才飞回达拉斯。很快，此事迅速成为各大媒体的头条新闻，对于美国航空公司的声誉造成了极大的损害。事实上，美国航空公司在奥斯汀机场有 4 个完全可以自主控制的登机门，这个基地的管理人员之所以在天气好转后对 1348 航班不闻不问，最根本的原因竟然是他们只关心当天计划内航班的准点率，这个临时过来的航班与他们的绩效并无直接关系！①

从战略管理的基本原理来讲，战略管理通常是一个“战略制定—战略执行—战略评价—战略反省或战略调整”的四阶段循环。在实践中企业经常遇到的却是如上所述的情况：从战略制定到战略执行之间出现一个“惊险的跳跃”，也就是说，即使领导者的战略制定得很清楚了，也未必能够执行到位。要想使这个跳跃能够顺利实现，就必须满足两个条件：一是各级管理者和员工能够准确、全面地理解战略；二是他们能够在工作中为实现战略而齐心协力地工作。正是由于理解战略对于执行战略至关重要，因此，近些年来被很多企业推崇的关于战略管理的业务领导力模型（business leadership model，BLM）与传统的战略管理模型不同，BLM 模型在从战略制定到战略执行之间特意增加了一个战略解码阶段，

① Parker J F. Do the Right Thing. Pearson Prentice Hall, 2007.

这里的战略解码实际上就是对战略的解读，其目的是让战略执行者对于下一步要干什么、怎样干以及在什么条件下干，在执行之前就有一个清晰的画面，而不是带着对战略的模糊认识甚至误解像无头的苍蝇一样去执行。BLM 模型最初是 IBM 在 2003 年左右与哈佛大学商学院合作开发出来的，后来在其为华为做咨询的过程中引入华为的战略管理过程。当然，即使一个组织的全体员工都能够真正理解公司的战略，也未必能产生足够的执行动力，如果没有足够的激励，执行力依然是个伪命题。

正因为如此，任正非精辟地将企业经营和管理的核心总结为两件事，就是“挣钱”和“分钱”。这里的“挣钱”实际上是指怎样干活的问题，即企业的全体管理人员和员工怎样围绕公司的战略目标协调一致地努力奋斗，其实就是绩效管理应该解决的问题。而“分钱”主要强调的则是企业在达成某些特定目标或实现战略意图的前提下如何让大家共同分享利益的问题，这个主题涉及的主要是薪酬管理包括股权激励等方面的问题。我在企业讲课时喜欢将这两个关乎企业命运的重要问题比喻成武侠小说中经常谈到的“任督二脉”，只有能够打通任督二脉的习武之人才有可能进入武功的最高境界。任脉和督脉中有一脉不通，你都不可能成为真正的武林高手。

绩效管理应“抓大放小”

我们在前面提到，很多企业在绩效管理或绩效考核过程中经常犯的一个错误就是不分轻重缓急，不分主次，搞得绩效指标满天飞，“眉毛胡子一把抓”，组织绩效不仅没有明显的提升，反而由于绩效考核或绩效管理过程过分复杂而形成很高的管理成本，耗费各级管理者大量的时间和精力。正确的绩效管理当然首先要从组织战略入手，但从绩效考核指标的设定以及绩效管理的过程来看，这并不意味着对影响组织绩效的所有因素一视同仁，恰恰相反，“抓大放小”的做法才是明智而有效的。很多人应该都知道“木桶原理”（又称“短板理论”）。传统的木桶是由若干块纵向排列的板子围成的，在正常情况下这些板子的长度应当是一致的，当这些板子长短不一时，木桶中能装进去的水量就取决于木桶最短的那块板子的长度。木桶原理告诉我们，组织的各方面需要均衡发展，一个组织的整体绩效不仅取决于最强的部分，还会受到最弱部分的制约。因此，提升组织整体绩效的关键是要关注并提升那些相对薄弱的环节。从绩效管理的角度来看，一个组织可以找到的用来衡量其绩效的指标可能有很多，但组织在这些绩效指标上的表现存在差异，组织在有些绩效指标上的表现相对于其他同类组织而言已经相当优秀，或者是改进的余地并不是很大，而在另外一些绩效指标上的表现却明显比其他组织要差，或者是组织自己的各个绩效指标相比，有些绩效指标的当前水平与理想水平之间还存在着明显的差距，因而有很大的改善空间，那么这些比其他组织表现差或在组织内部比较之后发现还存在较大改善余地的绩效指标，实际上就是组织的短板。因此，为了实现组织绩效的改善，企业需要重点关注这些改善余地大的短板，寻找改进之道，一旦这些关键短板得以加长或弥补，那么即使其他绩效指标水平暂时维持不变，也同样能够带来组织绩效的新一波增长。当然，当组织的某个或某些原本是短板的绩效指标得到改进之后，很可能又会出现新的短板，这时只需要继续上一轮补短板的做法，就很有可能推动组织绩效的进一步改善。

也就是说，组织的整体绩效改善实际上是一个螺旋上升的过程，而在此过程中，组织的很多绩效指标并不是整齐划一地齐步走的，而是会交错改进。

另外一个有助于形象地解释通过弥补绩效短板持续提升组织绩效的理论是植物生长中的短缺元素定律。这一定律是德国化学家尤斯图斯・冯・李比希（Justus von Liebig）在1840年左右提出的，又称李比希最小因子定律。该定律指出，植物或微生物的生长和发育速度取决于在其生长环境中缺乏或不足的那些必需的营养物质或元素。这一定律的主要内容有五项：第一，任何植物的良好生长都需要钾、氮、磷等多种元素；第二，在某个时期，严重制约植物生长的只是某一种元素，这种元素就是短缺元素；第三，只要能补充这种短缺元素，人们不必再去做其他事情，植物就会产生新一轮的快速生长；第四，植物并不短缺的元素即使增加再多，对植物生长也没有丝毫用处，反而有可能产生副作用，例如磷太多可能会烧坏植物等；第五，对任何一种植物而言，短缺元素永远都是处于变化之中的，在补足了原来的短缺元素后，又会出现新的短缺元素。总之，尽管从总体上来看，植物或微生物生长所需的各种营养元素都非常重要，都有可能成为植物在某个特定时期生长的重要制约因素，但这些营养元素并不是在植物生长的所有时候都具有相同的重要性，因此需要以动态的方式管理好这些营养元素的平衡。

植物生长的短缺元素定律对管理的启示是显而易见的：注意识别影响组织或团队绩效的关键因素并集中精力加以解决是提升绩效的重要诀窍。企业应当在某个特定时期将有限的资源集中在需要解决的关键绩效问题上，而不是像撒胡椒面一样，任何时候都将注意力和资源分散到所有关键绩效指标上去。有些关键绩效指标在某个时期表现相当好，可以暂时将其纳入观察和控制指标，而不是再花力气去考核这些指标，在这些指标上浪费时间和资源，那些已经明显成为绩效瓶颈的绩效指标或绩效问题才是真正应当重点关注的。事实上，通常要求重点关注的只有7～8个关键绩效指标。如果设置的绩效指标过多，不仅导致被考核者的注意力被分散，找不到工作重点，还会由于绩效指标之间的重叠性过高而出现重复考核的问题。例如，如果把利润、收入和成本同时纳入考核，那么一方面这三个绩效指标实际上高度相关，利润本身就等于收入减去成本，会造成重复考核的问题。另一方面，企业在不同时期的战略导向不同，需要重点关注的绩效指标也应有所不同。如果企业在某个时期的工作重点是通过增加经营收入提高市场占有率，那么可以重点考核经营收入，同时对利润水平提出适当的要求即可，对成本完全可以不考核；如果企业需要从传统业务中获得更多的利润去支持新业务的发展，那么仅仅考核传统业务需要达成的利润指标就足够了，至于如何通过增加收入和降低成本来达成利润目标的要求，完全可以交给被考核者自行去平衡。

曾在1994—2001年担任纽约市市长的鲁迪·朱利安尼（Rudy Giuliani）在执政期间的做法也同样符合“抓大放小”的思路。朱利安尼1944年生于纽约市的一个普通劳工家庭，1968年从法学院毕业之后，曾经担任律师和联邦检察官，先后将4 000多名嫌疑犯送进了监狱，其中有不少是轰动全国的帮会首领。1993年，朱利安尼首次当选纽约市市长，成为自1965年以来首位当选的共和党人。刚上任时，朱利安尼面临一系列严峻的考验。首先是犯罪问题，纽约是当时美国犯罪率最高的城市之一，尤以暴力犯罪和毒品犯罪为甚。平均每天发生近 2 000 起重大犯罪案件，平均每周有 40 多人被谋杀，是“犯罪之都”。其次是经济困境。由于当时正面临经济萧条，失业率高达 10.2%，每 7 人中就有 1 人靠福利救济，市政府的财政不堪重负，无力提供充分的公共服务和基础设施的建设维护。最后，纽约市的种族关系也很紧张，存在严重的种族歧视、种族隔离和种族不公等现象。糟糕的治安状况、脏乱差的环境、捉襟见肘的政府财政等共同构成了堕落城市的形象，极大地影响了市民和游客对纽约的认同度和满意度。朱利安尼在竞选市长时就强调要通过加强治安、公共设施建设以及城市活化等措施达到改善纽约市形象的目标。他认识到，犯罪率过高几乎是纽约市政府当时面临的所有问题的根源，通常如果能够降低犯罪率，那么其他的所有指标，比如财政收入、城市信用评级、新开办企业数量、游客人数甚至认领的孩子数量，都会有所改进。因此，他在当选后尽管也关注其他方面的绩效指标，但一直将打击犯罪和提高执法单位效率作为自己的主要施政目标，以此为突破口达到提高纽约市生活品质的最终目的。他大力改善城市治安，严厉打击有组织犯罪、毒品交易和官员腐败，同时改革福利制度、发展经济、加强教育。事实证明，他所采取的这种抓住主要矛盾的做法是富有成效的：在他的任期内，纽约市的总体犯罪率减少了 57%，凶杀案减少了三分之二，强奸和盗窃犯罪数量分别减少 1 200 起和 6.2 万起。与此同时，其他各项绩效指标也出现了明显改善，比如，成功认领的孩子数量从 1 784 人增加到 3 148 人，游客人数从 2 590 万人次增加到 3 740 万人次，穆迪评级公司将纽约市的信用从 Aaal 提高到 A2。[①] 此外，纽约市一共新增 42 万个工作岗位，领福利救济的人减少了 64 万人，23 亿美元的财政赤字也变成几十亿美元的财政盈余。2001 年是朱利亚尼任期的最后一年，在这一年“9·11”恐怖袭击事件发生之后，他的出色领导才能得到纽约市民乃至所有美国人的认可，他被《时代》杂志评选为 2001 年的年度风云人物，获得了“美国市长”的荣誉称号。

① 马库斯·白金汉 . 最后告诉你三条一定之规 . 北京：中国社会科学出版社，2008.

14

绩效改进是绩效管理的灵魂

为什么国足成绩那么差

2022 年 2 月 1 日，正值大年初一，中国国家足球队（以下简称“国足”）在亚洲杯比赛中以 1∶3 的比分输给了越南，正式出局，网上自然是骂声一片。在不久后召开的“两会”期间，全国政协委员巩汉林对国足公开提出了批评，前国足队长冯潇霆于 3 月 14 日在网上做了很长的回复，他首先开宗明义地说：“我不是来回应巩汉林老师的，我只想在此刻说说自己的心里话。”接着，他先分享了一个小故事，就是在 2018 年举行的俄罗斯世界杯上有一场经典比赛，日本队先以 2∶0 的优势领先比利时队，但在 6 分钟之内被对手连扳两球，接着比赛就进入了伤停补时阶段，日本队在获得开角球球权的情况下被比利时队反杀，整个过程仅仅用了 14 秒的时间。赛后，为了探寻这 14 秒背后的秘密，日本人对 28 台摄像机所采集的 14 秒视频进行了分析，并且邀请了当时这场比赛双方的主要球员，以及欧洲各个俱乐部的专家和选手一起来回顾和探讨。当事人和对手一起坐下来，客观冷静地分析探讨，哪些是战术的问题，哪些是心态问题，哪些是判断失误，哪些失误是可以避免的，以及当时是否有更好的选择，进行了全方位的复盘和重演。冯潇霆随后又说，这些年国足也遇到过类似情况，比如遭遇黑色 3 分钟，在打平情况下便能出线，但不同的球员总是在犯相同的错误。然而观众只关心比赛的胜负，根本不知道为什么输球。网上也是骂声一片，嚷嚷着让某某下课、让某某球员滚出足球圈。

冯潇霆也承认，在三年前的亚洲杯上因为自己出现了失误，以至于再也无缘国家队，尽管自己对于外界的批评和指责没有怨言，但是除了个人失误之外，难道就没有别的原因吗？但到最后，貌似只有球员和教练承担责任，其他人都可以站在道德制高点上对他们进行指责甚至是痛骂。

国足成绩差的问题已经被讨论了很多年，各方也想了很多办法，做了多种尝试，但效果一直不明显。很显然，除了球员和教练应当承担输球的责任之外，国家队队员和主教练的选拔机制以及总体的足球运动发展和管理体制也存在一些问题，这同样是导致国足的表现令人失望的重要因素。所以，要想提高国足的水平，就绝对不能仅仅依靠在赛后让球员和教练承担严重的后果。即使输球的球员和教练需要承担更大的责任，但这种在事后加大对球员和教练处罚的做法对于提升未来的比赛成绩没有太大的意义。如果将来继续让这批球员和教练去参加比赛，他们也并不会仅仅因为此前受到过输球的惩罚就变得能赢球，就像一个学习成绩不好的孩子并不会仅仅因为挨了打学习成绩就能变好一样。而如果输球后就不让这批球员和教练再去参加比赛，那么对他们的惩罚更是毫无意义，谁又能保证未来参加比赛的球员和教练就不会再犯同样的错误呢？不仅如此，一个组织或一个团队绩效水平的高低往往取决于多方面的因素，把绩效不佳的原因完全归咎于球员和教练也是不公平的，应该考虑这批球员和教练是怎样选出来的，这批球员所处的整体足球环境是怎样的。当然，更为重要的是，正如冯潇霆暗示的那样，一个组织到底应当把重点放在惩罚那些业绩不好的员工，还是通过帮助员工和团队查找造成绩效差距的直接原因，寻求解决问题的办法，从而不断提升未来的绩效，这才是一个真正值得思考的问题。

异曲同工的绩效管理与全面质量管理

上面关于中国足球成绩好坏的争论实际上表明，绩效管理不仅可以通过帮助组织达成战略目的，通过对员工的考核或评价达到对员工进行管理的目的，还有一个同样非常重要但经常被忽略的目的，就是绩效改进。绩效管理需要发挥绩效改进的作用，这可以从绩效管理的 PDCA 循环中看出来。这个循环实际上并非人力资源管理领域或绩效管理领域的首创，相反，它来自著名质量管理专家戴明，所以也称戴明循环。PDCA 循环实际上简明扼要地描述了全面质量管理的循环改进过程，即通过不断计划、执行、检查和行动，组织可以持续改进其产品、服务和流程。全面质量管理中对于 PDCA 的解释与绩效管理中的解释略有不同，但极为相似：首先，确定质量目标并制订实现目标的计划；其次，实施计划并收集数据；然后，检查结果并分析其与目标之间的差距；最后，根据检查结果采取行动，继续改进计划或流程。可以看出，无论是绩效管理还是全面质量管理，实际上都是非常重视改进工作的。戴明认为，企业把重心放在对员工个人进行绩效考核上是错误的，因为一个组织出现的问题 85% 的根源在于系统和流程的缺陷，而并非员工，因此，管理层需要发挥的作用是改变流程，而不是挖空心思迫使员工做得更好。戴明还指出，人和组织必须有目标，同时采取行动实现这些目标，然后收集在这些目标上取得成就的数据，在对数据进行研究和反思之后再次采取行动，在这样一个持续不断的反馈之中，人和组织就会朝着持续改进的方向发展。而这也恰恰是“改善”的含义所在。①

① 爱德华·戴明. 转危为安. 北京：机械工业出版社，2016.

全面质量管理中的“质量”不仅仅是指企业的产品或服务本身的特征或属性，还包括管理体系、流程效率、员工素质等一系列与质量相关的方面，因此，除了都强调持续改进的理念和实践之外，绩效管理与全面质量管理在其他方面还有很多相似之处。其一，两者都是以达成目标为导向的管理方法。只不过绩效管理在关注组织整体绩效目标达成的同时，也会关注员工个人绩效目标以及部门或团队绩效目标的达成情况，而全面质量管理主要关注通过提升企业的产品或服务质量来满足客户的需要。其二，两者都是以客户为导向的。绩效管理系统中通常会包括衡量客户满意度和忠诚度的指标，而全面质量管理更是强调以客户为中心，注重理解客户需要和持续提高产品或服务质量，以满足客户期望。其三，两者都倡导基于数据的决策和管理。在绩效管理中通常需要依靠数据和其他证据来对绩效结果进行评估并做出相应的决策，全面质量管理也同样重视利用数据监控质量指标的达成及其改进过程。其四，两者都强调员工的参与和沟通。绩效管理通常鼓励所有员工与上级共同设定绩效目标并通过持续沟通确保绩效目标的实现，而全面质量管理则强调所有员工都应承担质量责任，鼓励员工积极参与质量圈等质量改进活动，同时强调通过团队合作、员工培训和激励等措施提高质量。其五，两者都强调领导力的重要性。各级领导者和管理者应当为绩效管理和全面质量管理计划确定基调并提供相应的时间以及其他方面的资源支持，同时还应承担起在组织中营造一种鼓励持续改进和全员参与文化的领导责任。事实上，在企业中，负责绩效管理和全面质量管理的通常不是同一个部门，负责绩效管理的往往是战略企划部、计划财务部、人力资源部等职能部门，而负责全面质量管理的通常是质量管理部门，但两者之间实际上有很多相通之处，在实践中常常可以结合运用，相互补充，共同促进组织绩效的全面提升，强化组织竞争力。

我们前面谈到过，美国前纽约市市长朱利安尼将打击犯罪作为自己任期内的执政重点并取得了显著的成效，但纽约市的犯罪率大幅下降并不是通过简单粗暴地对纽约市警察部门进行考核获得的，相反，其绩效目标的达成是一系列努力共同作用的结果。朱利安尼在上任伊始，任命了威廉·布拉顿（William Bratton）担任纽约警察局局长，布拉顿采取了一系列有效的做法来打击犯罪，其中主要包括以下几点：

第一，对任何形式的违法行为都采取零容忍的态度，尤其是暴力犯罪和毒品犯罪。布拉顿采取强悍作风对付那些与罪犯勾结的企业，同时通过增加警力、加强巡逻和监控、提升装备和技术水平等方式，加大了对犯罪行为的打击力度，提高了执法效率。这种政策强调迅速而严厉地对犯罪行为予以制裁，以起到警示效果。

第二，布拉顿重视对一些很容易被忽视的小的违法犯罪行为的打击，他相信破窗理论，即在一个城市中，如果小的违法行为得到纵容和姑息，那么违法行为就会因为被模仿而逐渐扩大、蔓延，成为更大范围或更严重的犯罪行为。因此，即使是对一个窗户玻璃被砸破的投诉，接警中心也要认真记录，并将其纳入地图上的数据分析，对地图上的圆点不分案值大小、案情轻重，一律同等对待。例如，露宿公园和浪迹街头的青年常常是酗酒等活动的参与者，布雷顿要求不能仅仅打击和驱散这些人，还必须对这些人进行盘问，搞清楚他们从哪里来、有什么困难以及需要什么帮助，从而通过真正解决这些问题消除地图上代表犯罪的那些圆点，而不是将他们从一个区赶到另外一个区。

第三，布拉顿通过对犯罪数据及其发展趋势的统计分析，精准定位犯罪的热点区域和犯罪类型，然后有针对性地开展执法行动。杰克·梅普尔（Jack Maple）在1970年加入纽约警察局后，为了研究地铁抢劫案的发生规律，开始尝试用不同颜色的大头针跟踪地铁抢劫案发生的时间和地点，以找出其中的规律，从而预测第二天可能发生抢劫的时间和地点，这种工具被他称为“预测未来的图表”。布拉顿上任后很快任命杰克·梅普尔担任纽约警察局第一副局长，在原来的分析图表基础上开发出了CompStat（Computer Statistics的缩写），这是一种以地图为基础的统计分析系统或治安信息管理系统。在纽约市警察部门全面启用CompStat后的第二年，纽约市的地铁抢劫案减少了27%。在当时互联网还未普及的情况下，工作人员每天利用这一系统通过电话和传真从全纽约市76个警区收集数据，再将数据统一录入系统进行加总和分析。每周二和周四的早晨7点，布拉顿会召集全部警区的指挥官开会，将最新发生的案件以圆点形式标记在各辖区地图上，不同的颜色代表着不同类型的犯罪，特定位置出现成串圆点则表明那里曾发生一系列案件。各指挥官在这些“绩效指示灯”前面依次陈述自己辖区的具体情况、警力调配以及相应对策。为了保证CompStat的推行，布拉顿强硬地撤换了近三分之二执行不力的指挥官。很快，纽约市的凶杀案从1994年的1 561宗减少到1 177宗，车辆盗窃案由95 420宗减少到72 679宗，并且在此后还在不断减少。到2009年，纽约市的凶杀案已经减少到466宗，创下50年来的最低纪录，纽约市也依靠这个指标跻身全美最安全的大城市行列。

1996年，CompStat获得了哈佛大学评选的美国政府创新奖（Innovations in American Government Award）。从那时起，全美各地有近

三分之一的治安管理部门陆续复制引进了纽约市的这一管理模式，甚至美国总统克林顿在1999年的国情咨文中也提到这种新的方法和系统。后来，这种方法被证明不仅对治安管理行之有效，还可以推广到其他领域。2006年，警务研究人员通过把20多年的犯罪数据和交通事故数据整合到一起，并映射到同一张地图上发现，交通事故的高发地带恰恰也是犯罪活动的高发地带，甚至交通事故高发时间段也是犯罪活动的高发时间段。基于这一发现，美国国家公路交通安全管理局（NHTSA）、国家司法援助局（BJA）和国家司法研究所（NIJ）联合成立了“数据驱动的新方法：犯罪和交通安全”工作组，在多个城市开展了联合治理的试点，针对犯罪活动和交通事故，为基层警队建立了一套完整、严谨的数据整合、分析系统。试点工作取得了非常显著的效果，试点区域的抢劫、盗窃等犯罪活动明显减少，同时，违规驾驶的罚单明显增多。

绩效管理重在绩效改进

然而，PDCA中所说的行动在质量管理中是指持续质量改进的后续行动，在绩效管理循环中同样是指要在找到与绩效目标的差距之后采取绩效改进行动。但在现实中，很多企业都错误地将其理解为针对员工实施的各种奖励或惩罚行动，比如加薪、奖金、晋升、岗位调整、培训或者予以解雇。不得不说，这是一种极大的误解，尽管针对员工的个人绩效好坏采取管理措施很重要，但奖惩本身并非企业的真正要务，对企业更重要的是员工个人绩效以及组织整体绩效能否持续改进和优化。

绩效管理应当重视绩效改进这样一种管理思想，早在第一次工业革命时期就已经出现了萌芽，一个典型代表就是19世纪初期的英国实业家、慈善家、空想社会主义者罗伯特·欧文（Robert Owen）所做的管理探索。欧文由于在其本人开办的纺织厂中进行了一系列的开创性管理尝试，特别是实施了无惩罚的人性化管理，因此被称为“现代人事管理之父”以及人本管理的先驱。欧文认为，人是环境的产物，个体的行为和品行受周围环境的强烈影响，因此改善工作环境和生活条件的做法可以促进工人积极行动和提高生产效率。欧文也正是这样做的，他通过采取改善工厂设施、缩短工作时间、提供合理的薪酬和福利等措施，显著改善了工人的生活和工作环境。此外，欧文还废除了体罚的做法，推行以激励和教育为主的管理方式，强调对工人的尊重和关怀，认为这是提高工人满意度和生产积极性的关键。他还非常重视教育，认为教育是塑造良好社会和提高工人生活质量的关键，因此他专门建立了学校和教育机构对工人进行教育培训，提倡教育与生产劳动相结合。①

最有意思的是，欧文设计和实施了一套类似于我们今天所说的绩效考核制度，即工人评级制度。欧文将工人的表现划分为恶劣、懒惰、良好和优秀四个不同等级，并且使用黑、黄、蓝、白四种颜色的木块作为标识，放置于每个工人的工作区域前，从而使工人和管理层都能够清楚地了解每个人的评级情况。这种评级制度强调公开和透明，确保所有的工人都能够看到自己的评级和其他人的评级。欧文的评级制度并不仅仅针对工人，也包括对管理层的评级，部门主管负责评估员工，而厂长则负责评估主管人员。此外，为了保障评级的公正性，欧文还设立了申诉机

① 丹尼尔·雷恩，阿瑟·贝德安．管理思想史：第7版．北京：中国人民大学出版社，2022.

制，允许工人在感到自己的评级不公时直接向他本人提出申诉，这在当时无疑是非常先进的管理理念。

这套评级制度最为突出的一个特点就是，评价结果并不是为了用来对员工的不良绩效给予惩罚的。欧文认为，以惩罚为导向的管理会对工人造成压力和伤害，而员工都是有自尊心的，因此，他主张采用以鼓励和发展为导向的管理方法。在评价内容方面，他认为员工的道德品质和工作态度比工作技能更重要，因此鼓励员工诚实守信、勤奋刻苦、团结协作。在评价方式上，他鼓励员工定期召开会议，进行自我评价和员工之间的互评，以达到相互交流工作经验和心得、共同提高的目的。他认为，评级和考核不仅要发现员工的不足，还要帮助员工改进，因此他注重为员工提供各种教育培训机会，帮助员工提升技能水平。在他的管理下，纺织厂的生产效率大大提高，工人的生活水平也得到了显著提高，同时还促进了管理层与工人之间的沟通，在当时的英国社会乃至全世界都产生了极大的影响。

通过上述分析不难看出，欧文在200年前设计和实施的这种早期绩效考核制度，其根本目标并不是迫使员工被动地努力工作以及惩罚那些表现不佳的员工，相反，这套绩效考核制度所要做的恰恰是激发员工的内在动机以及通过培训等方式帮助员工改进自己的绩效表现。用今天的话来说，绩效考核不仅要发现员工的不足，还要帮助员工改进，企业应该为员工提供良好的学习和发展机会，帮助员工提升技能水平和绩效水平。不得不说，欧文的这种认知水平比现在很多企业领导者还要高。

关于绩效考核的目的是绩效改进还是惩罚绩效出问题的员工，网络上有人写过一个名为“玛丽拿错药之后”的非常形象的帖子。它讲的是纽约市一家医院有一名叫玛丽的护士，在此前几年的工作中一直表现不错，有一年因为气候异常住院病人激增，玛丽忙中出错，给病人发错了药，尽管因被及时发现而未酿成事故，但医院管理部门依然对这次事情展开了问责。管理部门发现，首先在玛丽负责的区域中，病人的数量近期增加了三分之一左右，但护理部并未增加相应的护士人手，因此造成玛丽的工作量加大，劳累过度，这是人力资源部的责任。其次，玛丽的孩子最近因为刚上幼儿园不适应而整夜哭闹，影响到了玛丽休息。最后，调查人员把玛丽发错的药放在一起进行对比，发现两种常用药在外观和颜色等方面颇为相似，因而容易混淆。于是，他们向药厂发函，建议药厂改变常用药的外包装或形状，以尽可能减少对药物的误识。开始那几天玛丽特别紧张，不知医院会如何处罚自己。医院的心理专家走访之后，告诉她不用担心病人的赔偿事宜，已由保险公司解决。最后，玛丽并没有受到医院的任何处罚，医院反而提供了很多便利条件帮助玛丽解决孩子的夜间照护问题，甚至还特别批准她放几天假去帮助女儿适应幼儿园的生活。此后，玛丽再也没有犯过类似的发药错误，依然从事自己喜欢的护理工作。

有网友根据上面这个故事，编了另一个版本描述护士发错药之后可能出现的连锁反应。一位在某医院工作的护士王丽因为忙中出错给病人发错了药，尽管因发现及时未酿成大祸，但医院管理部门依然对此事展开严厉问责。领导上来就劈头盖脸地训斥王丽不该犯这种低级错误，因为在医患关系紧张的情况下，这种错误搞不好会给医院带来大麻烦。接着，护理部召开紧急会议，决定扣发王丽当月的奖金，同时在全院通报批评。而患者在得知自己险些被发错药后，更是开始“医闹”，各路新闻记者也蜂拥而至，对王丽乃至整个医院大加指责。最终，在各方压力之下，院长不得不决定开除王丽。

尽管这两个故事都是虚构出来的，但形象地提醒我们：一个组织的绩效考核结果到底是应该应用在预防类似的绩效问题再次出现方面，还是惩罚出问题的员工方面。实际上，医学界为了防止各种医疗事故的出现采取了很多改进措施。1999 年，美国医学会发表了一份关于医疗安全的著名报告《医过无常：构建更安全的医疗体系》，这份报告在美国医疗史上具有里程碑意义。报告指出，医疗差错是普遍存在的，并非个别现象。美国每年有 44 万～98 万名患者是因医疗差错而死亡的，是美国的第八大死亡原因，但这些医疗差错并不是个别医护人员故意或疏忽导致的，而是医疗系统中存在的缺陷造成的。比如，医疗流程和制度不完善，医护人员的工作负荷过重，医疗信息共享不足，患者的参与度低，对医疗差错所做的调查和分析不足。正是这些缺陷导致了医护人员容易犯错，并增加了医疗差错的发生率。因此，要想提高医疗安全水平就需要从整个医疗系统入手，其中包括：建立有效的医疗安全系统，提高医护人员的培训和教育水平，加强医疗信息的共享和沟通，鼓励患者积极参与医疗决策，加强对医疗差错的调查和分析。这份报告的发布引起了美国社会的高度关注，推动了美国医疗安全领域的重大改革。在过去 20 多年时间里，美国医疗安全水平得到了显著提高。比如，医院获得性肺炎的发生率下降了 60%，手术部位感染发生率下降了 50%。不仅如此，这份报告也对世界各国的医疗安全产生了重大影响，许多国家都借鉴了该报告的经验，采取措施提高本国的医疗安全水平。

一位知名妇产科医生曾在公众号上发表了一篇题为《不要再谴责犯

错的医生护士了——谈谈病人安全的问题》的文章，其中列举了自己曾经遇到的三个典型医疗事故案例。第一个是肿瘤病房的一位护士在一天早上误将本来应该口服的一种液体放入了输液器，为病人进行静脉输液，大概输了 200 多毫升以后才发现，最后以医院赔钱和护士离职告终。第二个是一位血液科知名教授在门诊时因一时糊涂把本不能鞘内注射的化疗药长春新碱误开成鞘内注射，在门诊执行医嘱的护士虽有犹豫，但还是执行了医嘱，结果病人因神经受损而瘫痪。最终医院赔钱，而那位教授从此不再出门诊。第三个是过去在妇科做开腹子宫切除手术以后，医生通常会在患者腹部放一块酒精纱布，以防止残端感染。这块纱布通常是在手术后就取出的，但有的大夫在手术后忘记取出纱布，甚至手术后 1 个月才发现。尽管这种情况不会造成太大的问题，但忘取纱布的医生通常仅仅会被训斥，所以忘取纱布这种情况每年仍会发生。

瑞士奶酪模型（Swiss cheese model）是由英国精神医学教授詹姆斯·瑞森（James Reason）于 1990 年提出的，它提供了一种系统而全面的风险分析方法，有助于识别和消除安全隐患，防止意外发生，模型被广泛应用于医疗、航空、交通等诸多领域。该模型认为，在一个组织或系统中，意外的发生是多因素共同作用的结果。这些因素就像瑞士奶酪上的孔洞一样，当这些孔洞在一条直线上排列时，意外就会发生。瑞士奶酪模型包括以下四个层次：一是组织层，包括组织的文化、政策、程序等。这些因素会影响组织的安全文化和安全绩效。二是监督层，包括管理层对安全工作的监督和管理。有效的监督可以帮助识别和消除安全隐患。三是行为层，包括员工的安全意识和操作技能。员工的安全意识和操作技能是预防意外发生的重要因素。四是物理层，包括工作环境和设备等。安全的工作环境和设备可以降低意外发生的风险。以前面血液科教授开错药的事件为例，如果教授开药时稍加思考；如果医院的电子处方系统中有高危药物管理措施，将长春新碱开成鞘内注射在系统中就无法通过；如果药剂师在发药时发现错误能够提出异议；如果护士执行医嘱时因存疑而与教授确认，最终的错误就不会发生。但令人遗憾的是，在这次医疗事故中每一个环节上的人都犯了错误。然而，要指望人不犯错误是不现实的，要想提高医疗安全性，仅仅依赖人不犯错误是不够的，关键还是应当从系统中找到解决问题的办法。事实上，由于那家医院后来引进了高危药品管理系统，同样的事故再也没有发生。

阿图·葛文德（Atul Gawande）是美国著名的外科医生、作家和记者，他在《清单革命》一书中列举了大量案例，指出医院在手术前执行安全核对制度，可让手术死亡率和术后感染率显著下降，该制度在降低医疗差错、提高患者安全方面是有效的。例如，约翰·霍普金斯医院在使用手术部位感染预防清单后，手术部位感染率下降了60%。犹他大学医院在使用危重病人护理清单后，危重病人死亡率下降了26%。葛文德认为，医疗差错普遍存在，但这些医疗差错不能完全归咎于医护人员，清单是一种简单的工具，可以帮助减少医疗差错，保障患者安全，因此应该在医疗领域广泛应用。[①] 美国医学会在1999年的那份报告中也指出，医生是人，而是人就会犯错误，因此，对于医疗系统的安全问题，必须向航空行业学习，要停止对人的谴责，转变到对系统的关注和改进上来。

20世纪早期，坐飞机旅行很不安全，在出事之后，人们往往谴责飞

① 阿图·葛文德.清单革命：如何持续、正确、安全地把事情做好.杭州：浙江教育出版社，2022.

行员，把主要原因归咎于飞行员操作失误，但在那种时候，往往飞行员本人也已经死于空难。后来，航空业认识到，谴责飞行员失职无益于问题的解决，重点还是要把关注点放在系统本身的安全上。现在，在乘坐飞机时，乘务员会在飞机起飞前不厌其烦地进行安全教育，让大家在飞机起降阶段关闭手机，进行飞机降落前的安全检查，同时还开发了很多安全系统，比如避免飞机在空中相撞的计算机自动处理系统。此外，在航空行业有一个著名的海恩法则，它是由德国飞机涡轮机的发明者帕布斯·海恩（Pabst Hein）于 1931 年提出的。该法则认为，在每一起严重事故的背后必然有 29 次轻微事故和 300 起未遂事故以及 1 000 个事故隐患。也就是说，一次严重事故的发生并非偶然事件，而是由一系列小事件积累造成的。因此，要想避免安全事故发生，就应该要求所有的员工承担报告隐患和征兆的责任，而不用担心受到惩罚。因此，整个航空业逐渐形成了一种不指责文化（no blaming culture），鼓励大家上报隐患和征兆，逐渐补上漏洞，整个系统变得越来越安全。

当然，即使有了最先进的技术和最完善的规章制度，可能也无法完全杜绝事故，很多事故是人为的失误造成的。因此，提高人的素质和增强责任心同样是预防事故发生的关键。比如，在航空业中，飞行员每年都需要两次进入模拟驾驶舱进行模拟处理各种危急情况的培训，培训合格后才可以再飞，其目的是用一些容易记忆的标准化流程来帮助飞行员处理紧急情况，从而减少飞行员对记忆的依赖。2009 年 1 月 15 日，一架航班刚刚起飞，就因为飞鸟撞击导致两台发动机停止运转，机长成功地将飞机降落在哈德逊河，飞机上 155 人全部安全脱险。2018 年 5 月 14 日四川航空 3U8633 航班机组在从重庆到拉萨飞行时，在万米高空突遇驾驶舱风挡玻璃爆裂脱落、座舱释压的极端罕见险情，机长刘传健果断应对，带领机组成员临危不乱、正确处置，确保了机上119名旅客的生命安全。这两个典型案例都说明长期不懈的标准化飞行训练对于帮助飞行员在危急时刻采取正确的处理措施是极为重要的。毕竟再好的系统和技术、再完美的规章，还是由人来操作的，因此，人的素质和责任心同样是至关重要的。总之，选对人，然后对他们进行科学的培训，是防止安全事故的另外一个重要措施。

绩效管理的成败关键在于领导者和管理者

对于任何一个组织来说，绩效管理能否切实达成执行公司战略、持续改进绩效以及对员工进行有效管理的目的，关键并不在于考核指标的全面性和科学性，也并不在于考核结果与奖惩以及其他人力资源管理决策之间的紧密度，最为关键的是企业的最高层领导者以及各级管理者在绩效管理过程中能否承担起自己的责任，真正实现员工个人绩效乃至部门和组织绩效的不断改进。英伟达的首席执行官黄仁勋在一次接受电视访谈时表示，如果员工的绩效状况不好，自己更愿意给他们提供改进的机会，而不是简单地把他们开除了事。因为很多人都是有一定学习能力的，如果就差一点没做好，那就应该给他们提供改进的机会，他自己在成长的过程中也跟周围优秀的人学到了很多。

实际上，早在科学管理时期，泰勒在论述为什么要将管理活动从生产活动中分离，从而使其走向专业化和职业化的时候，就清楚地解释了管理者在企业中的重要任务就是不断地促进绩效改进。他指出，由于生产工人既没有能力也没有时间去进行生产方法的改进，因此管理者应当承担起这方面的责任。泰勒实际上指出了管理者在绩效管理方面应当做好的两方面重要工作：一是要研究最优工作方法，通过工作方法的创新或改进帮助员工提升工作绩效，而不是仅仅充当的员工的监督者、考核者和惩罚者。二是要真正花时间跟员工在一起，通过提供辅导和激励等手段帮助他们提升绩效，而不是整天坐在远离员工的办公室遥控现场工作。此外，质量管理专家戴明也强调，领导的目的应该是提高人和机器的绩效、提高质量、增加产量，同时给劳动者带来自豪感。领导的目的不只是发现和记录人们出现的失误，还要找到失误的原因，帮助人们以更少的努力把工作做得更好。然而，令人遗憾的是很多企业在绩效管理方面往往过分强调绩效考核指标、目标以及绩效考核结果与奖惩手段挂钩的力度等等，甚至将绩效管理视为人力资源部门的工作，对于各级管理人员在绩效管理的整个过程中应当承担的责任和应当起到的作用关注不够。

总的来说，各级管理者在绩效管理方面需要扮演的角色主要包括以下四种：一是绩效目标的分解、阐释者，二是绩效反馈与辅导者，三是绩效考核者，四是员工发展促进者。由于组织需要达成的绩效目标一定会在组织战略的指引下，经过自上而下的层层分解到达基层员工的身上，因此，各级管理者在这一过程中需要在充分理解组织的总体绩效目标的基础上，明确本部门或本团队需要在未来绩效周期中达成的绩效目标，同时将这些绩效目标分解到各位员工身上。绩效目标分解并不是将绩效目标简单地分给员工，而是要与员工展开深入细致的讨论，以确保员工不仅理解自己需要达成的绩效目标，而且能够理解这些目标的达成对于本部门或本团队的绩效目标实现的重要性。绩效目标的分解和讨论之所以非常重要，是因为根据目标管理理论的基本原理，只有在目标能够被员工认同的情况下，员工的执行力和达成目标的意愿才会更加强烈。有些管理者对让员工理解自己需要承担的绩效责任认识不足，甚至非常强势地要求员工“理解也要执行，不理解也要执行”。很显然，理解了再去执行和在不理解的情况下稀里糊涂地去执行，效果极有可能是不一样的。

在整个绩效周期内，管理者还需要与员工保持及时、有效的沟通和反馈，并提供必要的辅导。谷歌确定的优秀经理的八大特征中的第一个特征“是一位好教练”，就是指管理者为员工提供可行的反馈意见，以帮助他们改善自己的绩效表现。管理者之所以需要与下级保持及时的沟通和反馈，主要有以下三个方面的原因：一是绩效目标或者绩效目标的权重可能需要随着公司战略的调整以及外部环境的变化而做出必要的调整。二是员工需要在绩效计划的执行过程中了解一些信息，比如，在工作中遇到一些特殊难题应当怎样处理，自己目前已经完成的这些工作做得怎么样。三是管理者也需要在绩效计划的执行过程中及时掌握员工的工作进展情况，了解员工在工作中的表现及其遇到的困难，协调整个团队的工作等。过去很多企业对管理者沟通责任的强调，仅限于在整个绩效周期结束后管理者与员工进行年度绩效面谈，而现在越来越多的企业已经意识到，整个绩效周期中上下级之间进行及时且富有建设性的沟通才是更有价值的，及时发现问题及时解决显然要比等到最后再去沟通更有意义。比如，谷歌的最新绩效管理体系就要求管理者每个月都要与员工进行一次正规的绩效沟通和反馈。此外，各种数字技术的发展也为上下级之间进行及时沟通以及管理者对员工提供反馈和辅导提供了技术上的可能性。至于沟通和辅导的方式，既可以是上下级进行面对面的沟通，也可以通过办公软件以及移动终端上的应用软件进行。

管理者在绩效周期结束时，仍然需要对下属员工在整个绩效周期内的绩效表现进行考核或评价。如果在绩效目标分解和阐释阶段以及在整个绩效周期中管理者与员工的沟通和提供的反馈是充分的，那么对员工的绩效进行考核的难度就会大大降低。在考核时，管理者需要根据绩效计划回顾员工在整个绩效周期中的绩效表现，然后做出尽可能公平、合理的评价。同时，还需要就最终给出的评价结果与员工进行绩效面谈，一方面解释给出特定评价结果的理由，另一方面使员工更为清楚地了解自己存在的绩效差距以及未来努力的方向。在绩效面谈过程中，管理者应当尽可能基于事实或具体的积极行为或消极行为与员工进行沟通，鼓励员工充分参与，给他们留出足够的时间谈自己的看法，避免使用极端字眼尤其是要避免对员工的人格等进行攻击。

管理者还需要在绩效管理方面充当员工职业发展的助力者和促进者。除了在整个绩效周期中针对具体的工作与员工进行沟通并提供辅导之外，管理者还需要高度重视员工的职业发展需要。各级管理者在制订绩效计划的同时，还应当与员工通过共同协商制订切实可行的个人职业发展和改进计划，帮助员工在完成各项工作任务的同时，不断开发个人的知识和技能，提升个人胜任素质，从而能够完成更为复杂的工作任务，或者能够承担更为重要的工作职责。“己欲立而立人”，管理者如果能够真心帮助员工取得职业发展成就，员工不仅有可能更为圆满地达成绩效目标，而且有可能帮助管理者更好地承担各项工作职责和任务，从而为管理者本人的职业发展提供支持。

我曾经带着一个团队做一家总部在北京的民营寿险公司的人力资源

管理咨询项目，在咨询的过程中我们了解到，这家公司河南分公司的新任总经理临危受命，在被派到这个连续两任总经理都因工作绩效不尽如人意而被撤换的分公司之后，用了一年的时间就彻底改变了该分公司的面貌，将销售业绩做到了该公司在全国的各分公司中的第一名。于是，我专门带队对这家分公司的总经理、副总经理以及部分部门负责人进行了访谈。结果发现，这位曾经在保险领域工作多年的总经理对人力资源管理以及绩效管理的理解确实非常到位，为提升河南分公司的士气采取的措施也非常经典。这位总经理在到任之后发现河南分公司因为整体业绩很糟糕而陷入士气低下的状态，而业绩不佳的最重要原因则是管理涣散以及开展保险业务的基本功太差。于是，他首先从外部聘请了一位教授给全体管理人员讲授与管理以及人力资源管理相关的课程，树立是非观，激发管理人员的士气，然后就保险业务开展的方式进行培训。接下来，他亲自带领团队组织召开了两次保险行业职业发展说明会和保险产品说明会，让大家亲眼看到按照规范的保险业务拓展方式所能产生的效益。在此之后，他通过与各支公司负责人进行一对一进行沟通的方式分别确定各自的绩效目标。对于离分公司近的支公司，他都会亲自与这些支公司负责人进行面对面沟通，而对于距离稍远的支公司，则是通过视频的方式，用几个小时的时间进行专门的沟通。他并不是依靠自己的总经理地位强行下派工作任务和绩效目标，相反他会通过摆事实、讲道理、算数据等方式，让这些支公司负责人心甘情愿地接受这些绩效目标，有些支公司负责人甚至主动要求完成更多的任务。此外，该总经理在日常管理工作中还充分信任自己的领导班子成员，与下属的沟通也非常顺畅，善于从下属利益的角度去做思想工作。比如，当该公司核心业务部门中的一位业务骨干面临竞争对手高薪挖墙脚时，他并不是简单地试图通过加薪的方式去留住员工，而是以兄长的姿态帮助当事人分析，在本公司继续增加自己处理多模块业务的能力对于个人的职业发展更有利，还是到新公司专门处理单一模块的工作拿眼前的高工资更好。最终，这位员工选择继续在本公司发展。从这个案例中我们可以看出，真正理解人力资源管理和绩效管理本质的领导者和管理者对于一个组织的绩效管理取得成功至关重要。

来自体育界的证据

领导者和管理者的思维方式和价值观以及管理水平对于组织绩效、团队绩效乃至员工个人绩效产生影响的例子还有很多。在体育运动领域，教练员的领导力和管理能力对于一支队伍的成绩所产生的影响是非常直观的，这是因为，各运动队之间在硬件方面的差异通常不大，运动队的成绩好坏也就是绩效水平高低在相当大的程度上取决于教练员的水平。下面我们来看来自篮球领域正反两个方面的案例。

2011 年国内各大报刊体育版爆出新闻，国家青年男子篮球队（以下简称“国青男篮”）的 13 名队员联名上书，要求更换主教练 F。下面有 13 个球员的签名，并且都按了手印。一些主力球员的名字赫然在列。F 从小喜欢篮球，从某市业余体校入伍后，先进入地方军区体工队，后入选八一男篮，尽管个子小但十分聪明，是八一男篮的功臣队员之一。退役后曾担任某女篮主教练，2008 年开始担任中国青年队（U-19）主教练。2011 年 3 月 30 日，国青男篮在北京集合，按计划要集体赴美国拉练集训。

在集训的第一天，F 就把全体球员骂了一个狗血淋头。在集训首日被骂之后，有球员找了篮管中心主管国家队的副主任 H 投诉了 F 的行为。H 随后对 F 进行了劝告，希望他能变得温和一些。第二天，教练和球员相安无事。但到了第三天，上午训练结束后，F 让全队列队，又开始训话和骂球员，一直骂到了下午 1 点。球员在被骂完之后直接外出集体聚餐，决定发起“兵变”，下午直接罢训。虽然 F 堪称中国最成功的组织后卫之一，但他在教练领域一直显得郁郁不得志。一些媒体报道，F 脾气暴躁，说话非常难听，从不考虑球员的感受，想骂什么就骂什么，甚至到了侮辱人格、伤害球员自尊的地步，使球员备受心理折磨。据知情人士介绍，F 满嘴都是脏话，确实不堪入耳，而且他把很多脏话当成了口头禅，每次与队员谈话都会“出口成脏”。在某女篮执教时期，女篮球员也曾因为受不了 F 的责骂而向上级领导反映，希望更换主教练。女篮姑娘告诉记者，F 经常会认死理：“他认准的事情，别人给他的任何意见都无济于事。他觉得能赢的比赛就必须赢。”“有一次打一场挺关键的比赛，我们输了，他非常生气，不管三七二十一就开始骂，完全不顾及地点和环境。如果他觉得要赢的比赛，我们没赢，他就一定要发泄出来。我们觉得他很偏激，很自私。”从网上信息可以看到，在此次“兵变”之后，F 做了公开道歉，篮管中心也继续保留了其主教练位置，但球队在后续的比赛中并没有取得太好的成绩。

对于国青男篮的此次“兵变”，我曾经将其作为案例多次在对中高层管理人员进行培训的课堂上让学员展开讨论。尽管能够找到的相关材料仍然非常有限，但大家还是从作为领导者的 F 的个人成长经历、人格特点、行为方式、能力素质，作为被管理者的员工，以及作为上级组织的篮管中心等多个不同层面挖掘出很多有价值的管理观点。从人力资源管理的角度来看，作为管理者的 F 在球队的管理方面确实存在很多问题，比如自我管理能力不足，性格偏激，情绪容易失控；沟通能力不足，除了骂人之外，没有其他与球员进行沟通的方式；没有觉察到新生代员工与自己这一代球员的差异，完全套用自己这一代球员成功的经历来训练新生代球员；骂人大多是为了宣泄情绪，并没有让员工意识到错在哪里、如何改进，让员工感觉教练是在简单粗暴地推卸责任；等等。显然，无论是从球队的实际比赛成绩，还是从球员的反应来看，F 的执教都很难说是成功的。但正如人们常说的，“幸福的家庭都是相似的，而不幸的家庭则是各有各的不幸”，我们不花太多的篇幅去讨论 F 执教不成功的原因，而是来看一看优秀的教练员到底是怎样带队伍的。

美国篮坛乃至世界篮坛的传奇人物，美国大学男子篮球联赛（NCAA）历史上最伟大的教练约翰·伍登（John Wooden）是一位非常成功的教练员。约翰·伍登 1910 年生于美国印第安纳州，在高中时期便率领球队夺得印第安纳州冠军，三次入选州高中最佳阵容。在进入普渡大学后，伍登在 1931 年和 1932 年担任校篮球队队长，在 1932 年率队夺得全美冠军，并且在 1930—1932 年间三次入选全美最佳阵容。此后，伍登担任了 11 年的高中教练，同时还当过 9 年英语老师。第二次世界大战期间，伍登曾到美国海军服役。战后在印第安纳州立大学短暂执教两年之后，开始了其在加州大学洛杉矶分校（UCLA）棕熊队长达 27 年的执教生涯。从 1948—1949 赛季至 1974—1975 赛季，伍登执教的这支球队拿到了 10 个美国大学篮球联盟冠军，其中包括空前绝后的 7 连冠（1967—1973 年）。在这段时间里，伍登带领的球队实现了令人难以想象的 80.8%

的胜率（620 胜 147 负），不仅创造了 88 场连胜的纪录，而且在 1966—1967 赛季、1971—1972 赛季和 1972—1973 赛季，他带领的这支球队更是三次取得 30 场全胜的战绩。在美国大学篮球联盟中，20 多年能始终让一支球队保持如此恐怖的统治力，除了伍登之外没有任何人做到过。凭借这些令人生畏的成绩，伍登成为美国篮球史上以运动员和教练员双重身份入选奈史密斯篮球名人纪念堂的几人之一，六次获得最佳大学教练员称号。尽管只是大学球队的教练，但伍登的影响力却远远高于同时代的诸多篮球明星教练，他培养出的巨星弟子包括后来入选美职篮 50 大球星的卡里姆·阿布杜尔－贾巴尔（Kareem Abdul-Jabbar）以及比尔·沃顿（Bill Walton）等人。在功成身退之后，他以自己半个世纪的运动员和教练员的实践经验，不断著书立说，出版了若干部关于篮球教学、团队管理以及生活哲学等方面的很有影响力的著作。

伍登在总结自己的执教生涯时提到的很多重要经验，恰恰是一些教练最为缺乏的。他指出，领导力并不是强迫别人按照自己说的去做，那是狱警的工作。教练员最重要的任务是做一个称职的老师，就是指导学员最大限度地开发自己的潜能，帮助团队实现目标。运动领域中经验丰富的教练其实在技术水平上不相上下，掌握的信息、面对的人才库等也很相似，最终能否率领球队取得成功，关键在于能否成为一名称职的老师，调动起所有人的积极性。成功的关键在于营造勤学苦练且追求上进的氛围，挖掘出球员不可预见的潜能，帮助球员认识到自己的优点和缺点，令其在凸显自身优势的同时，以长补短。伍登还指出，价值观极其重要，价值观不仅能够吸引贾巴尔这样的一流人才，而且有助于营造正直的团队氛围。尽管比赛结果重要，但这不应该成为唯一的目标，否则球员会因为错误的原因效力，甚至为了获胜而不择手段，人和人之间的信任是很难建立的。他强调，成功源于一种内心的平静，这种平静源于对自己的满意，因为你知道已经为成为最好的自己拼尽了全力。

伍登还非常重视对球员基本功的训练和球场内外的行为细节管理，极为强调团队精神。他认为，球队成功的关键就是团队中的每一位成员都将基本功打扎实，然后再把自己的聪明才智很好地发挥出来，而在把基本功扎实的成员凝聚成一支团队的过程中，团队精神至关重要。伍登还专门谈到领导力的一些基本原则，比如，优秀的教练员首先是自己的领导者，在领导别人之前，先领导自己，只有在以身作则、控制好自己的情绪等方面严格要求自己，才能带领球队取得成功。此外，他还指出，胡萝卜比棍棒更有效，“惩罚会让人心惊胆战，我希望球员们的心中都充满自豪，而不是恐惧”[①]。

关于优秀教练员的案例有很多，有些优秀的教练员自己未必是各自领域中最优秀的运动员，他们之所以能够带出顶级的运动员或运动队，在很大程度上是因为热爱教练这个职业，尤其是教练这个职业中蕴含的成就他人的机会。他们知道怎样发现人才，同时懂得如何帮助这些潜在明星一再弥补自己的短板持续刷新成绩。尽管也会不断地通过比赛来考核运动员或运动队的成绩，但他们一定不是单纯的考核者，相反，他们是强大的助推者。而这恰恰是领导者和管理者在绩效管理中真正需要扮演的角色。

---

① 约翰·伍登，史蒂夫·贾米森．冠军团队．上海：东方出版社，2010.

后记

写这本书的念头已经动了很长时间。上一次出版类似风格的书还是2007年，那年5月我的《人本之道：中国人力资源管理沉思录》正式出版，算是对自己博士毕业工作10年时间里对中国人力资源管理的理论和实践进行研究和思考的一个小结。也是在那一年，我评上了教授，就在我思考接下来自己到底要做些什么以及应该怎样做时，学校建议我申请中美富布赖特高级访问学者项目。经过资料审查和面试之后，我的申请最终获批，2009年我去了哈佛大学，有了一个开阔视野、换换脑子、想想事情的机会。2010年回国之后，我重新回到忙碌的工作和生活之中，除了正常的教学、科研之外，也给EMBA学员以及很多企业的中高层管理人员讲授战略性人力资源管理、员工激励与领导力、绩效管理、薪酬管理等方面的课程，2011年被学院派去美国密歇根大学公共政策学院给研究生讲授中国经济政策改革课程。在讲课的过程中我对很多过去没有注意到或没有想清楚的问题有了新的或更深入的理解，于是就有了将这些逐渐成形的观点写出来的想法。这种想法在2020年左右变得越来越强烈，我忽然意识到，这已经是我从哈佛大学访问归来的第10个年头。又一个10年竟然就这样不知不觉过去了，是该再次做一个小结了。于是，我从2020年开始构思这本书的各章标题，正式动笔大约在2021年，到现在完稿，四年左右的时间又过去了。

在我写《人本之道：中国人力资源管理沉思录》那本书时，我国企业对人力资源管理问题的关注度整体上不是很高，而且大家主要关心的是如何使用各种人力资源管理的工具和方法解决现实问题，至于对人力资源管理理念以及很多更为深层次问题的思考，都还没有太多的触及。在那段时间里，除了完成学校的各项工作之外，我还帮助企业做一些人力资源管理方面的咨询项目，感受将理论运用于实践的快乐，同时也希望通过这种方式弥补自己没有真正全职从事过人力资源管理工作的不足。尽管在咨询过程中我也会跟很多企业的中高管接触，但更多地是跟企业的人力资源部门合作。而从哈佛大学访问归来的十几年时间里，中国企业的人力资源管理水平已经大大提高，人力资源管理专业队伍的素质也得到极大的增强，将人力资源管理工具和方法运用于实践的工作已经不需要大学教授事无巨细地参与，所以除了担任一些企业的人力资源管理顾问，我几乎不再承接具体的人力资源管理咨询项目。与此同时，我在社会上讲课的对象中人力资源管理专业人员反而占比很小，更多的时候是在给企业的中高层管理人员以及 EMBA 学员讲授战略性人力资源管理、非人力资源经理的人力资源管理、绩效管理以及员工激励和领导力等方面的课程。一个在不知不觉中发生的变化是，越来越多的中国企业逐渐意识到，领导者和管理者才是人力资源管理和绩效管理工作的真正责任人，人力资源管理在企业中的地位与过去相比有了很大的提升。因此，本书面向的主要是企业的领导者和管理者，如果他们不懂人力资源管理的基本原理以及自己需要承担的人力资源管理责任，那么即使人力资源管理人员再专业、再努力，企业的人力资源管理水平也将难以达到战略高度。

今天的世界形势与之前相比发生了很大的变化，第四次工业革命已经悄然来临，人工智能日新月异的发展正在改变我们的工作和生活，很多职业都面临巨大的冲击，管理的方方面面也需要不断更新甚至重构。正如《情感经济：人工智能颠覆性变革与人类未来》一书的作者罗兰·拉斯特等人所说的那样，人类社会已经从体力经济时代逐渐过渡到智力占主导因素的思维经济时代，而下一步则很可能会过渡到情感经济时代。随着人工智能的思考能力越来越强，人类智能反而需要更多地强调感受和人际关系。在新型经济中，人工智能可能会与人类智能紧密合作，而人类也将面临调整和适应过程。然而，我们在接受“唯一不变的是变化”这种已经快要变成老生常谈的说法的同时，没必要产生恐慌和绝望。无论怎样变，总还是有一些东西是不变的，比如管理工具和管理方式等都是可以随着各种情境因素的变化而不断调整的，但人的本性或人性是不变的，换言之，尽管人的欲望或需要是会变化的，但趋利避害这种人的本性是永远不会变化的。最近这些年我在讲课时经常会谈到马斯克强调的第一性原理，这个原理告诉我们，无论如何变化，总有一些东西是不变的，正是这些不变的东西才是不应被忽略的，如果能够在变幻无穷的世界里找到这样的第一性原理，那么我们就不会为各种现象所迷惑，而是可以从容、积极地去应对变化。这个道理也适用于管理领域。

纵观人类的管理思想和管理实践发展历程，我们会看到，尽管很多管理内容以及管理实践侧重点在发生变化，但无论是管理理论还是管理实践中的很多所谓新东西，其实不过是换了一种形式的旧东西而已，其根源仍然在于过去。正如《管理学的进化》一书的作者托德·布里奇曼等人所说的那样，并不是一直到梅奥等人在20世纪二三十年代完成了霍桑实验，人类社会才发现人不仅会受到金钱的激励，还会受到很多其他社会需要的激励。事实上，这样的发现早就有了，霍桑实验只不过是通过科学研究又证明了一次而已。同样的情况也出现在管理思想领域，很多人可能从来都没认真读过弗雷德里克·泰勒写的那本被视为管理学奠基之作的《科学管理原理》，然后就认定泰勒的科学管理原理在当今管理领域早已失效甚至一无是处。然而，事实是我们可能压根儿就没真正搞清楚泰勒讲了些什么。在读过这本书多次之后，我发现泰勒的很多思想和观点即使放在今天仍然有极高价值，尤其是对错过第一次工业革命和第二次工业革命的我国来说。类似地，在我国管理领域存在的一种常见现象就是为了宣扬所谓的新管理理念或管理工具，很多人往往采取以偏概全地否认甚至曲解过去的做法，但真正深入而全面地学习之后大家就会发现，这些新管理理念或管理工具背后的很多东西其实并未改变。

这些年在学习和研究人力资源管理过程中产生的一个非常深刻的感受就是，国家治理、企业管理乃至家庭经营，其道理是相通的。这是因为，无论是国家、企业还是家庭，其核心其实都是人，任何组织的存在都要依靠人，没有人，国家、企业和家庭也就都不存在了。然而，令人遗憾的是，国家、企业和家庭存在的理由和目的常常并不为人所关注，这就导致人们对于国家治理、企业管理和家庭经营中的很多问题产生了很多分歧甚至激烈的争执。然而，人活着就是要追求幸福的，国家、企业和家庭都应该让自己的国民、员工以及家庭成员变得更加幸福，而要达到此目标，首先要对人和人性的本质以及人与制度之间的关系有更加深刻的认识，然后在此基础上探讨对人进行管理的正确方法。

本书的内容算是对我从1987年进入中国人民大学劳动人事学院学习以来，通过30多年的读书、教学、科研、出访以及企业管理咨询对于管理特别是对人的管理产生的一些心得体会做的一个阶段性总结。其实，还有很多想写的内容，但是考虑到本书的篇幅不能过长，再加上自己对很多问题的理解本身也处于发展变化之中，想要在一本书中把自己的见解和想法都写出来也不是很现实，所以很多想法会在后面继续丰富和完善，于是决定写到这里就先打住。留下一些还没有说完的话，有一点缺憾，或许会成为促使自己写下一本书的动力。

管理是一门需要在理论和实践两个方面都有足够多的积累才能真正理解的学问，所以我一直以明代书画家董其昌在《画禅室随笔》中所说的那句“读万卷书，行万里路”为座右铭，这些年来在理论和实践两个方面努力弥补自己的缺陷和不足。然而，需要读的好书实在太多，需要探索和解析的管理实践也无穷无尽，我深感自己读过的书和走过的路都远不够，尽管写下了这本书，心中仍然极为忐忑。我深知书中的很多观点仍需斟酌，相关的阐述也不一定妥当，错误疏漏之处一定不少，但考虑到“千里之行，始于足下”，所以决定还是先把书呈现出来，权当一个跟学界和业界人士求教的媒介。

热切期盼各位新朋旧友的批评指正，我的电子邮箱是：lxin@ruc.edu.cn。新浪微博账号：刘昕RUC。

图书在版编目（CIP）数据

以人成事 / 刘昕著. -- 北京：中国人民大学出版社，2025. 4. --ISBN 978-7-300-33669-5

Ⅰ. F272.92

中国国家版本馆 CIP 数据核字第 2025S209V0 号

以人成事

刘 昕 著

Yiren Chengshi

出版发行	中国人民大学出版社		
社　　址	北京中关村大街31号	**邮政编码**	100080
电　　话	010–62511242（总编室）		010–62511770（质管部）
	010–82501766（邮购部）		010–62514148（门市部）
	010–62515195（发行公司）		010–62515275（盗版举报）
网　　址	http://www.crup.com.cn		
经　　销	新华书店		
印　　刷	涿州市星河印刷有限公司		
开　　本	720 mm × 1000 mm　1/16	**版　　次**	2025 年 4 月第 1 版
印　　张	23.25　插页1	**印　　次**	2025 年 4 月第 1 次印刷
字　　数	262 000	**定　　价**	79.00元